“双一流”建设专业学位研究生教学案例

金融证券犯罪教学案例精选

（第二辑）

郭　华　主编

中国财经出版传媒集团
中国财政经济出版社
·北京·

图书在版编目（CIP）数据

金融证券犯罪教学案例精选. 第二辑 / 郭华主编. 北京 : 中国财政经济出版社, 2025. 6. -- （“双一流”建设专业学位研究生教学案例）. -- ISBN 978-7-5223-3826-2

Ⅰ. D924.335

中国国家版本馆CIP数据核字第20259UU458号

责任编辑：孙　琛　　责任校对：胡永立

封面设计：陈宇琰　　责任印制：党　辉

金融证券犯罪教学案例精选（第二辑）

JINRONG ZHENGQUAN FANZUI JIAOXUE ANLI JINGXUAN（DIERJI）

中国财政经济出版社 出版

URL：http：//www. cfeph. cn

E－mail：cfeph@ cfeph. cn

社址：北京市海淀区阜成路甲 28 号　邮政编码：100142

营销中心电话：010－88191522

天猫网店：中国财政经济出版社旗舰店

网址：https：//zgczjjcbs. tmall. com

涿州汇美亿浓印刷有限公司印刷　各地新华书店经销

成品尺寸：185mm×260mm　16 开　18.25 印张　340 000 字

2025 年 6 月第 1 版　2025 年 6 月河北第 1 次印刷

定价：78.00 元

ISBN 978－7－5223－3826－2

（图书出现印装问题，本社负责调换，电话：010－88190548）

本社质量投诉电话：010－88190744

打击盗版举报热线：010－88191661　QQ：2242791300

总 序

专业学位研究生教育是培养高层次应用型专门人才的主渠道。中央财经大学自2003年开始实行专业学位教育以来，逐步构建了具有财经特色的高层次应用型专门人才培养体系，为经济社会发展作出重要贡献。截至2021年9月30日，学校在校硕士研究生5652人，其中，学术型硕士1751人，专业学位硕士3901人，分别占在校硕士研究生比例为31%和69%，专业学位研究生已经成为学校研究生教育的主体。

中央财经大学专业学位研究生教育始终坚持“质量优先、特色发展”的原则，目前已经形成了较为完备的、有一定特色的专业学位研究生培养体系。学校基本形成了以优质课程引领的课程体系和以案例教学为突破口的实践教学体系，促进科教融合和产教融合，加强国际合作，着力增强研究生实践能力、创新能力，取得了一定的成效。

但是面对新时代的新要求，当前专业学位研究生教育还存在着“培养方案不够优、案例教学不够深、专业实践不够实、教学师资不够专、论文标准不够明”等问题。专业学位硕士与学术硕士培养方案在课程设置方面差异不明显，同质化现象仍普遍存在。专业学位硕士案例开发与教学虽取得一定成果，但仍有较大提升空间。专业实践教学流于形式，组织不力。实践基地挂牌的多，发挥实效的少，管理和规范力度不够，远未形成产教融合发展的格局。专业学位硕士“双师型”导师队伍建设不够完善，校内外导师未能建立有效的沟通协调与合作指导机制。专业学位硕士学位论文写作和评判标准不够明确，大多参考学术硕士论文的评审标准，难以发挥学位论文评审对培养过程和学位论文写作的导向性作用。

针对上述问题，尤其是专业学位研究生案例教学方面的短板，近年来，学校坚持“科学规划、突出特色、鼓励创新、择优资助”的原则，高度重视研究生教材和案例集建设工作。学校围绕立德树人根本任务，以一流学科建设为目标，设立专项资金资助研究生教材和专业学位研究生案例集建设。推动习近平新时代中国特色社会主义思想和社会主义核心价值观念融入教材建设、融入课堂教学，培育学生经世济民、诚信服务、德法兼修的职业素养，初步建立了具有中央财经大学“财经黄埔”品牌特色的研究生精品教材体系。鼓励校内外教师、行业专家合作建设高质量教学案例库，推动编写案例教材、开展案例教学方法研究、加大案例教学比重，着力组织建设一批国际化、高水平的专业学位研究生教学案例集。

呈现在读者面前的专业学位研究生教学案例集由经济学、管理学、法学等学科的教学案例集构成，均由教学经验丰富、学术研究能力突出的一线教师组织编写。编者中既有国家级教学名师等称号的获得者，也不乏在专业领域造诣颇深的中青年学者。本系列教学案例集的出版得到了“中央高校建设世界一流大学（学科）和特色发展引导专项资金”的支持。我们希望本系列教学案例集的出版能够为专业学位研究生培养提供一线的案例素材，打造以专业能力训练为导向的案例教学体系，提高专业学位研究生的培养质量。

在编写专业学位研究生教学案例集的过程中，我们虽力求完善，但也难免存在不足，恳请广大同行和读者批评指正。

专业学位研究生教学案例集编委会

2025 年 1 月于北京

目 录

第四部分　金融职权犯罪

导　论

为了全面贯彻2023年中央金融工作会议“有效防范化解金融风险”“严厉打击非法金融活动”的精神以及党中央和国务院印发的《党和国家机构改革方案》等相关要求，推动学习贯彻习近平总书记关于金融工作重要论述精神走深走实，认真落实2023年中共中央办公厅、国务院办公厅《关于加强新时代法学教育和法学理论研究的意见》以及2021年中央办公厅、国务院办公厅《关于依法从严打击证券违法活动的意见》，2024年最高人民法院、最高人民检察院、公安部、中国证券监督管理委员会发布了《关于办理证券期货违法犯罪案件工作若干问题的意见》，2024年国家金融监督管理总局发布了《金融机构涉刑案件管理办法》等相关规定。上述意见和办法要求牢牢守住不发生系统性区域性金融风险的底线，对非法金融业务违法犯罪进行严厉打击和有效惩治，有力支持经济持续健康发展，积极营造市场化、法治化、国际化一流的营商环境。中国刑法历来重视对金融证券犯罪的惩罚，自1979年《中华人民共和国刑法》颁布以来，从1997年《中华人民共和国刑法》修改后又进行了12次修正，涉及金融证券犯罪的条文共有38条，金融证券犯罪的罪名高达69个，特别2020年《中华人民共和国刑法修正案十一》金融犯罪刑事立法秉承重刑化的趋势，2023年《中华人民共和国刑法修正案十二》基于加强平等保护以及积极回应了企业家关切的问题，对国有公司、企业相关人员非法经营同类营业罪、为亲友非法牟利罪和徇私舞弊低价折股、出售国有资产罪进行修改。基于上述法律修改以及我国金融体制改革、金融监管创新以及证券监管机制的变化，特别是资本市场的国际化和科技化，金融证券犯罪出现跨区域、跨市场、隐蔽性、智能化的趋势，无论是理论研究还是司法部门，抑或教学实践更需要对金融证券犯罪给予密切关注和保持高度的警惕，通过典型案例的展示以及定罪量刑控辩审三方的分歧与理论观点的分析，可为深化金融证券领域犯罪案件相关法律适用，维护金融管理秩序和国家金融安全稳定，提供必要的专业知识储备与认识理解分析能力锻炼，具有重要指导价值与启发意义。

一、金融证券犯罪的新问题与新趋势

金融是国家经济的血脉，是国民经济的“血液循环系统”，是国家核心竞争力的组成部分，是市场资源配置关系的主要形式和国家宏观调控经济的重要手段。金融证券市场是一种跨时间或者跨空间进行价值交换以获取利益的交易活动，虽然交易本身并不生产社会财富，但是它具有引导众多分散的小额资金汇聚成可投入社会再生产的资金集合这一功能。同时，金融证券市场凭借金融资产的流动性能够促进社会经济发展，进而给人们的生活带来积极意义。在中国，金融体制改革与创新以及交易活动中时常衍生出一些扰乱金融秩序的金融证券违法犯罪，这种违法犯罪在市场经济繁荣时期逐渐蔓延并呈现高发和频发态势。由于金融证券犯罪专业性突出，上下游交织现象明显，犯罪行为隐蔽，“暗腐败”“微腐败”以及“同盟型腐败”严重，上市公司因财务造假违法犯罪凸显，银行类保险类机成为金融犯罪重灾区。据《中国金融机构从业人员犯罪问题研究白皮书（2022）》，2015—2022 年，全国法院审结的金融机构从业人员犯罪案件（3594 件）中，银行类金融机构涉诉案件量最高，占比 58.07%；保险类金融机构涉诉案件占比 17.64%；其他金融机构涉诉案件占 14.19%。其中，金融机构从业人员犯罪案件在两个维度指标上呈现比较明显的“集中性”：一是在金融机构从业人员犯罪的罪名集中，业务关联性犯罪与职务关联性犯罪几乎“各执半壁”；二是金融机构从业人员犯罪所涉金融机构集中，银行类金融机构涉诉占比近六成。这源于部分农村商业银行、农村信用合作社等地方银行类金融机构的合规管理机制不完善，容易滋生违法犯罪风险，以及银行类金融机构从业人员的基数庞大、业务复杂，与之伴随的衍生风险也较多①。据最高人民检察院公布的统计数据，2022 年全国检察机关共起诉各类证券、期货犯罪 300 余人，同比上升 38.4%。2023 年检察机关起诉金融诈骗、破坏金融管理秩序犯罪 2.7 万人，起诉洗钱犯罪 2971 人，同比上升 14.9%②。仅 2024 年上半年，检察机关就起诉金融犯罪 1.2 万人，同比上升 7.6%；起诉证券犯罪 161 人；起诉洗钱罪 1391 人，同比上升 28.4%③。特别是一些案件涉案金额巨大，受害人数众多，作案周期较长，案发后大部分资金已被挥霍、转移、隐匿，资金返还率低，给集资群众带来的损失极其惨重，在处理过程中频频引发聚众上访等群体性事件或者恶性事件，特别需要从控制犯罪的视角进行原因分析，以便准确适用刑事法律。为此，最高人民法院于 2022 年发布了依法惩治金融犯罪的 10 个典型案例④；最高人民检察院 2023 年公布的第四十七批指导性案例，其中涉及银行、期货、资产管理等国有金融机构，犯罪事实覆盖金融理财产品承销、金融票证出具、贷款发放、股权收益权代持和利用非公开信息证券交易等领域。同时，北京、上海、重庆地方司法机关也发布了金融证券犯罪白皮书及典型案例，如 2024 年北京第三中级人民法

① 张莫和柯振嘉：《报告：金融从业人员犯罪案件呈波动下降趋势》，《经济参考报》，2023 年 3 月 29 日。

② 参见 2024 年 3 月 8 日最高人民检察院检察长应勇向第十四届全国人民代表大会第二次会议作的《最高人民检察院工作报告》。

③ 参见《一图读懂 2024 年上半年检察工作情况》，最高人民检察院网站，https：//www.spp.gov.cn/zdgz/tj/202407/t20240729_661865.shtml. 访问时间：2024 年 10 月 13 日。

④ 最高人民法院的 10 个典型案例为：“e 租宝”集资诈骗、非法吸收公众存款案，“昆明泛亚”非法吸收公众存款案，上海“阜兴”集资诈骗案，沈阳“老妈乐”集资诈骗案，江西“老庆祥”非法吸收公众存款执行案，丹东欣泰电气股份有限公司、温德乙等欺诈发行股票、违规披露重要信息案，张家港保税区伊世顿国际贸易有限公司、金文献等操纵期货市场案，远大石化有限公司、吴向东操纵期货市场案和袁钢志洗钱案。

院对该院证券期货犯罪审判基地审理案件的基本情况进行通报，并公布多起涉内幕交易及违规信息披露典型案例①；上海市人民检察院发布了《2023年度上海金融检察白皮书》以及2023年度“惩治金融犯罪、防范金融风险”相关案例；重庆市第一中级人民法院发布《重庆市第一中级人民法院证券期货犯罪审判基地工作白皮书（2021年6月至2024年6月）》以及证券期货犯罪审判5起典型案例。上述典型案例均对司法实践具有较强代表性、指导性，也对依法惩治金融腐败具有示范指引作用，也是法学理论研究和法学（律）研究生研习的重点内容。

随着数字经济和金融科技嵌入金融业以及智能化技术推动金融服务手段现代化的出现，金融数字化、智能化、信息化在给金融证券业带来交易便捷的同时也带来了更高的风险，甚至给犯罪分子实施金融证券犯罪创设了更为有利的“施展空间”与“滋生土壤”，使得一些犯罪分子在犯罪问题上不断地铤而走险甚至孤注一掷。金融投资领域出现了以炒股理财、房产售后回租、海外基金、投资伦敦金、私募基金、创投基金及理财产品等诸多名义实施的金融犯罪的案件。这类案件频发与多发，不仅吞噬了社会公众投资者的巨额财产，致使投资者遭受巨大损失，而且影响了我国的社会稳定。由于金融证券犯罪活动与金融证券民事纠纷、行政违法相互交融，违法犯罪的发生多数存在一个由合法到非法再到犯罪的渐进过程，有些犯罪被合法的面纱遮蔽，具有较长的潜伏期，从作案到案发一般有2—3年的周期。因此，不能懈怠对此类犯罪危害性的认识，更不能放松对此类犯罪的打击决心，也不得减弱对此类犯罪的惩罚力度。如若纵容此类犯罪，则会妨碍和牵制“推进金融创新，维护金融稳定”。由于金融犯罪已经渗透金融领域各个方面，不仅发生在货币、信贷、结算、证券、信用卡、信用证等各种金融业务过程中，而且在一些新的金融业务品种领域也有蔓延，呈现出职业化、组织化、智能化甚至国际化的趋势。随着金融业务的国际化程度的提高，跨国境、跨边境或者向国外、境外延伸的金融证券犯罪也随之增加。基于此，无论是国家还是社会，无论是学界还是金融消费者或者股民，均需要对此类犯罪予以高度的关注，而法律、经济、金融等专业学位的研究生，更应该将其纳入研习范围。通过剖析这些典型案件，尤其是针对其中一些复杂、争议性大的社会敏感事件和犯罪案件展开讨论，在我国金融改革与创新的大背景下，从制度机制层面探索预防、打击和治理金融证券犯罪的对策。只有这样，才能确保实践型人才的培养具备适应金融体制创新所需的知识储备，使这些研究生真正成为拥有一定实践经验的专业学位人才。

---

① 吴晓璐：《北京三中院：内幕交易、泄露内幕信息案成当前审理证券犯罪案件的“第一大罪”》，证券日报网，http：//www. zqrb. cn/stock/gupiaoyaowen/2024 - 08 - 20/A1724137634208. html. 访问时间：2024年11月3日。

二、金融证券犯罪的新特点与新变化

中国金融供给侧的市场上出现了多样化的融资工具。这些工具不仅能为资金供应者的资金寻求合适的投资领域寻找出路，还能够通过市场将资金资源从低效率利用的公司企业转移到高效率的公司企业，使一个社会的经济资源获得最有效的配置，配置在效率最高或效用最大的用途上发挥作用。同时，这种交易也会促使厌恶金融风险程度较高的人将风险转嫁给厌恶风险程度较低的人，对风险再次进行分配。金融证券犯罪手段、形态随着金融证券市场的变化也在不断改变，“区块链”“元宇宙”“天使股权投资”等新技术概念成为非法集资的工具，虚拟币、网络第四方支付、网络直播的新业态成为洗钱以及转移、掩饰、隐瞒金融证券犯罪资金的新通道。金融犯罪案件呈现出新情况：一是案件数量多，非法集资案件占比大，约占全部金融犯罪案件的40%；二是涉案金额大，社会危害严重，一些重大非法集资、操纵证券、期货市场犯罪案件，涉案金额动辄上亿元，有的高达几百亿元，甚至上千亿元；三是犯罪手段网络化、智能化、隐蔽性强；四是犯罪利用信息技术优势操纵证券、期货市场通过公司化“流水线作业”更加专业化。

金融证券犯罪出现以下新变化。

一是犯罪领域从原来集中在银行系统发展到金融系统的每一项金融业务、每一个金融市场、每一个金融机构，涉及多个地区、数个单位，跨省作案、境内外勾结作案的案件屡见不鲜，少数金融机构从业人员犯罪行为更趋隐蔽，业务关联性犯罪业务“合法”与“非法”问题有所交织，其犯罪数额触目惊心。据《中国金融机构从业人员犯罪问题研究白皮书（2022）》统计，涉案金额在1亿元以上的案件占比6.73%；涉案金额多集中在1万元（含）以上1000万元（含）以下，此类案件占比74.35%。金融机构从业人员犯罪的罪名呈现“集中性”，以业务关联性风险和职务关联性风险为主，分别占比46.11%和39.28%。银行类金融机构涉诉占比高达58.07%，呈现出金融机构从业人员犯罪所涉金融机构的“集中性”，上下游犯罪紧密联系促进犯罪链条形成，犯罪类型从核心犯罪扩展到关联犯罪，并呈现“扎堆”“炸窝”的新变化。

二是利用证券、期货、金融衍生品、私募基金、信托、资产管理计划等专业性相对较强的金融业务进行犯罪活动的案件增多，犯罪过程更隐蔽，潜藏风险更严重，体现出不同以往的新变化。主要表现为：上市公司财务造假仍然多发，违规方式更为隐蔽，供应链金融、商业保理等新业态、新模式逐渐成为掩盖造假的“马甲”，个别案件呈现系列化发展态势。大股东资金占用、违规担保等多种套取公司资金方式，严重损害上市公司利益；企业从事证券违法行为与债券违约、重大违法强制退市等风险隐患相互交织；内幕交易“窝案”增多，知情人违规交易时有发生，并购重组领域仍为内幕交易违法“重灾区”。实控人、董监高等“上市公司内部人”内幕交易多发，标的公司、对手方高管涉案亦呈高发态势，内幕信息管控存在缺陷。窝案、串案增多，借用账户实施内幕交易现象较为普遍，避损型内幕交易时有发生；操纵市场案案件数量下降，专业化、链条化、圈子化特征突出。大股东高比例质押上市公司股票，滋生“伪市值管理”不良动机，伙同配资中介、市场掮客、股市“黑嘴”、资管机构形成灰黑利益链条。据统计，2018 年 1 月至 2022 年 8 月，全国公安机关侦办内幕交易、利用未公开信息交易、操纵市场、违规信息披露、欺诈发行等证券期货犯罪案件 700 余起，先后组织侦破了康美药业、康得新财务造假案、叶飞爆料系列案件、嘉美包装黑嘴案等市场影响大、社会关注度高的重特大证券犯罪案件；侦办非法经营证券、期货犯罪案件 1400 余起[①]。2022 年最高人民法院、最高人民检察院、公安部、证监会四部门联合发布了《关于印发依法从严打击证券犯罪典型案例的通知》，选编了涉及违规披露、不披露重要信息罪，操纵证券市场罪，利用未公开信息交易罪，内幕交易罪，背信损害上市公司利益罪等证券犯罪 5 件典型证券犯罪案例[②]。随着金融全球发展的趋势，金融证券犯罪也必然会向跨国的方向发展，出现了以假融资、信用证欺诈、金融票据欺诈、信用卡欺诈等伪造、欺诈为主要犯罪形式的国际性犯罪。同时，国际金融证券犯罪组织为在全球范围内争取更多的犯罪空间与机遇，其触角不断向中国金融证券领域延伸，金融证券成为犯罪分子转移、隐匿非法所得从而逃避追缴的重要手段，促发了洗钱犯罪的增多，犯罪类型出现新变化。

三是基于网络的虚拟生态以及可供利用的专业、技术、资源等，出现为不法行为提供网络资源数据、技术工具、平台环境、获利变现等一系列分工明确、合作松散、规模化、专业化技术支撑与帮助、牟取不法利益的黑灰产业链条式产业形态，致使金融证券犯罪出现了新变化。如涉众型金融犯罪对个人信息的需求催生以大数据爬取、黑客入侵、网络诱骗、内部泄露等途径非法获取大量公民个人金融信息数据的犯罪活动，形成了侵犯公民个人金融信息的网络黑产链条；涉案公司常联合银行或者小贷公司工作人员、贷款中介、公证人员，从房产抵押、公证办理、借款贷款、资金投入到

---

① 参见《公安部依法从严打击证券期货犯罪　近五年来侦办内幕交易等证券期货犯罪案件 700 余起》，公安部网站，https：//www. mps. gov. cn/index. html. 访问时间：2024 年 11 月 2 日。

② 上述 5 个案例为：马某田等人违规披露、不披露重要信息、操纵证券市场案，郭某军等人违规披露、不披露重要信息案，王某、李某内幕交易案，姜某君、柳某利用未公开信息交易案，鲜某背信损害上市公司利益、操纵证券市场案。

利息偿还，提供完整“配套服务”，诱使投资人以房产等资产抵押借款并投资；涉案公司成立专门的渠道部门和公关部门来和银行、保险机构的大客户经理“交友”，以高额提成、返佣，诱使其向客户推介项目；网络平台违背中介属性，私下与真实借款人签订借款协议，允许借款单位或个人通过大量虚标、假标申请借款并归集资金，形成大量隐形的超级借款人；有犯罪分子瞄上此商机，成立投资咨询公司、中介公司并联合律所，以介绍投资公司、帮助融资为由，金融诈骗犯罪。在黑灰产业链条式的加持下，金融证券犯罪呈现新变化。

基于上述金融证券犯罪的新特点和新变化，对其分析与研究需要从现实存在的一些颇具典型或者存在较大争议的案例作为内容，从规范刑法学、犯罪学以及金融学、社会学的视角进行透彻分析，为专业学位研究生研习以及案例教学提供鲜活的素材，也为其在将来参加工作中提供不可或缺的知识储备，提升其解决现实问题的能力。

三、金融证券犯罪防控的新思路与新策略

金融体制改革属于一种社会治理的创新，而金融证券犯罪在一定程度上又是伴随改革衍生的产物，是一种不可避免的社会现象。随着资本市场经济的发达，利益格局的重新配置，需要对法律控制的“盲点”从理论和实践上予以诠释与覆盖。为了精准打击犯罪，解决办理金融犯罪刑事案件中遇到的法律问题，除了《中华人民共和国刑法》对其作出专门规定外，司法机关以及相关部门还制定了一系列的司法解释与相应的规定。如 2009 年 11 月最高人民检察院、最高人民法院、公安部《关于办理妨害信用卡管理刑事案件具体应用法律若干问题的解释》，2001 年最高人民法院《全国法院审理金融犯罪案件工作座谈会纪要》，2010 年最高检察院、公安部《关于公安机关管辖的刑事案件立案追诉标准的规定（二）》（2022 年修订）以及 2012 年最高人民法院、最高人民检察院发布的《关于办理内幕交易、泄露内幕信息刑事案件具体应用法律若干问题的解释》，2017 年最高人民检察院出台了《关于办理涉互联网金融犯罪案件有关问题座谈会纪要》（高检诉〔2017〕14 号），2024 年最高人民法院、最高人民检察院、公安部、中国证券监督管理委员会联合制定了《关于办理证券期货违法犯罪案件工作若干问题的意见》，2024 年国家金融监督管理总局《金融机构涉刑案件管理办法》，特别是 2021 年中共中央办公厅、国务院办公厅印发了《关于依法从严打击证券违法活动的意见》以及 2024 年中央办公厅转发的中国证监会、公安部、财政部、中国人民银行、金融监管总局、国务院国资委《关于进一步做好资本市场财务造假综合惩防工作的意见》（国办发〔2024〕34 号）等。这些金融证券犯罪法律、司法解释、

相关规定以及典型案例，不仅是财经类院校法学专业学位研究生需要学习和掌握的，也是经济金融等专业学位研究生需要了解和认识的。因为刑法规范是金融证券活动不可触及的底线或者高压线，金融体制创新应当以此作为底线，必须遵守，不得违反，即不得在改革的政策或者创新设计上使金融创新活动误入金融犯罪的雷区。本书以金融证券犯罪案例作为学习的基础，在学习过程中需要结合本书分析与探讨的金融证券犯罪问题，进而激发学生观察与分析这些案件的兴趣，并从兴趣中寻找制约金融体制改革的重点与焦点，在金融创新的同时注重构建控制金融证券犯罪的机制。通过研习这些案例可以窥探出我国目前金融制度创新与改革中的一些缺陷，为保障金融制度改革开放献计献策。

金融领域的“庞氏骗局”作为相对古老金融犯罪方式，当其嵌套在现代信息技术中时，如果控制不当，还会魔力无限，尤其是这种魔力诱惑不计代价参与希望能使其一夜暴富的投机者，难免成为“韭菜”而金融证券犯罪分子“收割”，甚至演绎着“韭菜割不尽，春风吹又生”的令人喜恨叠加的戏剧。面对这些现象与问题，既需要通过金融原理的“风险警示”来说服，也需要通过叙述犯罪带来悲催的故事来弥补，“并规诫其他人不要重蹈覆辙。”“预防犯罪比惩罚犯罪更高明，这乃是一切优秀立法的主要目的。”[①] 因此，预防犯罪在金融制度改革中必然是研究金融证券犯罪的内容之一。对金融证券犯罪不仅需要惩罚，更为重要的是加强预防，建立金融的安全防范体系，以免危害金融安全的各种违法犯罪乘虚而入。预防金融证券犯罪应当以实然的现实案例作为出发点，观察其犯罪发生的原因、影响因素以及防范的薄弱环节，从而有效预防和制止可能发生和正在发生的违法犯罪行为，将金融违法犯罪消灭在萌芽与预备之中。这些经验的获得如果仅仅依靠“吃一堑长一智”，不仅付出的成本太高，而且还会出现防不胜防、屡战屡败的循环性恶果。简言之，人们面对金融证券犯罪不再通过“吃一堑”也能“长一智”的话，就需要从过往的一个个生动形象的案例中获取间接经验，发现一些带有规律性的东西，从中增长控制金融证券违法犯罪的智慧。基于此，对金融证券犯罪的认识与理解不仅需要从刑法学的视角来了解，也需要从犯罪学的视野来观察，更需要从中现实典型案例分析与研习获得有益的启示与启迪，故本书专门安排【立法背景】【案件情况】【控辩意见】【判决结果】【理论解说】【风险警示】与【问题思考】的内容与相应素材，从罪与非罪、此罪与彼罪进行刑法学、犯罪学分析，并基于上述的分析作出风险警示，并结合不同案例提出问题，以便帮助研习人员进一步思考，并产生一些新想法和新策略。鉴于此，金融证券犯罪案例教学也

① 【意】贝卡利亚：《论犯罪与刑罚》，黄风译，中国大百科全书出版社 1993 年版，第 104 页。

就成为学习金融证券课程不可多得的间接性的实践性课程。

四、研习金融证券犯罪案件的新方法与新途径

金融业在融入全球化浪潮中的同时，面对“风高浪急”“惊涛骇浪”的国外金融风暴形势，我国如何应对国外金融证券风险传染是一个需要思考的问题。“金融业的各个层级和各类上市公司都有不断行为，而且这些行为不是偶发和孤立的，它们常常利于特定时期的特有机会。”[①] 对待这些问题和面对新时代的金融风险形势需要从不同的视角对影响我国金融制度和安全的现实案例进行分析并寻找相对有效应对方法和途径。金融证券犯罪是指以伪造、诈骗及其他方法侵犯银行管理、货币管理、票据管理、信贷管理、证券管理、外汇管理、保险管理及其他金融管理，破坏金融秩序以及资金聚集和分配体系的行为，对其仅仅从犯罪学和规范刑法学的视角进行分析是不够的，还需要从金融学的视野来探讨，将金融安全放置在国家安全的高度来认识。因为金融安全与国家安全之间是相互依存、相辅相成的关系，不良金融事件不仅威胁着国家经济发展，同时也对国家安全带来了负面影响。一旦金融安全受到威胁，不仅会导致经济衰退，也可能引发社会动荡、政治危机等问题。我国《国家安全法》第 20 条规定：国家健全金融宏观审慎管理和金融风险防范、处置机制，加强金融基础设施和基础能力建设，防范和化解系统性、区域性金融风险，防范和抵御外部金融风险的冲击。针对金融证券犯罪问题，理论界和实务界对金融证券犯罪的一些观点与评论，多数是从规范刑法的视角对其进行探讨，在犯罪学意义上的探索未能充分展开，在一定程序上影响了预防犯罪功能的发挥。面对目前金融证券犯罪发生的变化，不仅需要立法机关和公检法机关对金融证券犯罪惩治予以重视，还需要借助于金融证券犯罪预测以及通过立法的完善来加大对此类犯罪的打击，也需要金融证券监管部门以及从事金融证券活动人员从犯罪学层面予以回应，继而有效控制金融证券犯罪，从而降低金融证券违法犯罪带来的负面效应。这也是本书从司法实践中选择了典型性且在实践与理论上颇具争议案例作为讨论的初衷。

基于上述金融证券犯罪的新问题、新特点、新变化和新趋势，研习与探讨金融证券犯罪的方法也应当是多元的，研习金融证券犯罪的案例也应从不同的路径展开分析与反思，这样，更有利于金融制度改革开放和创新。基于此，本书作为专业学位研究生的案例教材，分“金融监管犯罪”“证券期货犯罪”“金融诈骗犯罪”“金融职权犯

① 【英】里奥．高夫：《金融的狼性 惊世骗局大揭底》，王佳亿译，中国人民大学出版社 2015 年版，第 3 页。

罪”四章展开阐述[1]。这些金融证券犯罪案例并非完全按照刑法规定顺序而编排，有些章中虽然以“金融”的术语表述，其内容不乏存在证券期货以及其他有关财产犯罪的内容。本书之所以将金融职权犯罪独立成章，是基于落实2021年中共中央办公厅、国务院办公厅《关于依法从严打击证券违法活动的意见》要求“执法司法机关与纪检监察机关协同推进风险处置和金融领域反腐败工作，坚决查处金融风险背后的各种腐败问题，同时注重防范腐败案件可能诱发的资本市场风险。优先查处可能影响资本市场重大改革进程、可能引发系统性风险的案件，以及监管工作人员与市场人员内外勾连等案件。”本书的每章的结构除对该犯罪的立法背景进行介绍外，在案例部分还针对案件情况、辩护理由或者争议分歧以及判决结果进行展示；在案例分析中，主要从刑法学上进行规范分析、犯罪学上进行犯罪现象与原因透析以及根据案件情况总结防范措施，并以案例折射出问题作为警示，加强对金融犯罪背后深层次原因的分析研判，防止仅仅对金融证券犯罪惩治无法展示出案例的全部价值。

本书作为财经类院校的专业学位的研究生以及本科生尤其研习金融证券专业以及法律专业的学生而言，是一本不可或缺的实践性案例研习教材，也是丰富其知识结构应用性必读教材。本书通过解剖案例、阐述规范、诠释原因以及展示观点争鸣，旨在为培养实用性新型交叉复合型人才提供必备实践素材，为培养发现问题的能力、解决问题的新方法以及运用知识新途径提供真实资料，避免专业学位研究知识结构的不完整或者不全面、不系统影响其将来从业能力甚至制约其未来事业的发展。研习金融证券犯罪案件的现实意义就在于此，探讨金融证券犯罪案件的现实价值也在于此。

---

① 需要说明的是，本书的金融证券犯罪案例精选是2015—2024年近10年的案例；2015年之前金融证券犯罪案例精选可见郭华主编：《金融证券犯罪案例精选（第一辑）》，经济科学出版社2015年版。

第一部分　金融监管犯罪

案例1：

金融机构人员违法操作与骗取贷款犯罪的勾连

立法背景

贷款诈骗罪，是指以非法占有为目的，编造引进资金、项目等虚假理由，使用虚假的合同，使用虚假的证明文件，使用虚假的产权证明作担保，超过抵押物价值重复担保或者以其他方法诈骗银行或者其他金融机构的贷款，数额较大的行为。

我国 1979 年《刑法》没有规定该罪名。1995 年全国人大常委会《关于惩治破坏金融秩序犯罪的决定》第 9 条对“银行或者其他金融机构的工作人员违反法律、行政法规规定，向关系人发放信用贷款或者发放担保贷款的条件优于其他借款人同类贷款的条件，造成较大损失的”或者“银行或者其他金融机构的工作人员违反法律、行政法规规定，玩忽职守或者滥用职权，向关系人以外的其他人发放贷款，造成重大损失的”规定为犯罪行为。单位犯前两款罪的，对单位判处罚金，并对直接负责的主管人员和其他直接责任人员，依照前两款的规定处罚。银行或者其他金融机构的工作人员利用职务上的便利，挪用他人资金的，分别依照全国人大常务委员会《关于惩治违反公司法的犯罪的决定》的有关规定处罚。1997 年《刑法》在此基础上作出了修改并规定：“银行或者其他金融机构的工作人员违反法律、行政法规规定，向关系人发放信用贷款或者发放担保贷款的条件优于其他借款人同类贷款的条件，造成较大损失的”或者“银行或者其他金融机构的工作人员违反法律、行政法规规定，向关系人以外的其他人发放贷款，造成重大损失的”构成违法发放贷款罪，同时规定了单位犯罪，并实行双罚制。由于司法实践对违法发放贷款造成的损失难以认定，损失是以立案时的损失还是以量刑时的损失计算经常引起分歧，金融机构贷款有贷前调查、贷中审查、贷后检查等环节，造成损失应对哪个环节定罪难以界定，尤其是在借新还旧的场合，是对最早放贷的责任人定罪，还是对后来办理借新还旧的责任人定罪存在认识不一致。为此，2006 年《刑法修正案（六）》对“违法向关系人发放贷款罪、违法发放贷款罪”作了修改，取消了违法向关系人发放贷款罪，将违法向关系人发放贷款作为违法发放贷款罪的一个从重处罚的情节，在罪状方面将“违反法律、行政法规规定”修改为“违反国家规定”，并将造成“较大损失”“重大损失”“特别重大损失”统一为“数额特别巨大或者造成特别重大损失”的双重入罪条件，取消了对违法向关系人发放贷款情节的“向关系人发放信用贷款或者发放担保贷款的条件优于其他借款人同类贷款的条件”的限制。该罪的罪名由“违法向关系人发放贷款罪”“违法发放贷款罪”两个罪名变更为单一的“违法发放贷款罪”。

案件情况

被告人谢×诚担任象山县农村信用合作联社（以下简称信用联社）主任，担任信用联社理事长，主持信用联社全面工作。某年12月，郑×华（另案处理）为向其弟弟郑×（另案处理）违法发放贷款，与时任信用联社理事长的被告人谢×诚等人商定，以宁波滨海学校的名义向信用联社申请增加贷款800万元。后郑×提供虚假的购销合同等贷款资料向信用联社申请贷款，被告人谢×诚及郑×华等人明知宁波滨海学校不符合增加贷款的条件，仍利用召开党委会的方式进行决策，并利用被告人谢×诚的授信审批权和郑×华的用信审批权予以审批通过，违法发放贷款800万元。该笔贷款800万元至案发时未归还。某年10月至次年4月，被告人谢×诚明知林×提供的象山县裕丰针织制衣有限公司、宁波积瑞国际贸易有限公司、宁波瀚博塑料制品有限公司等公司不符合贷款条件，仍通过违法发放贷款的方式将信用联社的资金提供给林×，并请时任信用联社副主任的郑×华、信用联社营业部总经理的吴×萍（另案处理）等人帮忙，郑×华、吴×萍等人明知林×提供的上述公司未实际经营或者已经停产，贷款资料虚假，不符合贷款条件，仍指令客户经理办理贷款手续，客户经理将不真实的贷款资料进行层报审批，通过郑×华或被告人谢×诚的授信审批权及吴×萍等人的用信审批权予以审批通过，向林×违法发放贷款共计1580万元。上述贷款1580万元至案发时未归还。

控辩意见

公诉机关认为，被告人谢×诚作为银行工作人员，结伙违法国家规定发放贷款，造成特别重大损失，其行为触犯了《刑法》第一百八十六条第一款、第二十五条第一款，犯罪事实清楚，证据确实、充分，应当以违法发放贷款罪追究其刑事责任。提请本院依法予以惩处。

谢×诚称：（1）其不应该对起诉书指控的第一节犯罪事实（滨海学校发放贷款）承担刑事责任，理由是：其无犯罪故意；增加贷款由郑×华一手操作，上诉人的善意只是被他人利用而已；没有造成大的损失；要求其承担刑责不符合信贷规则；有罪化处理不符合国家政策。（2）原判认定其对第二节犯罪事实（林×系企业贷款）承担刑事责任事实不清、证据不足。理由是：其不了解林×系企业是否符合贷款条件；其没有为林×系列公司贷款进行审批；其没有指使或授意郑×华等人违法为林×企业放贷。(3) 其不存在利益关系人，没有必要“结伙”参与违法放贷。综上，请求改判其无罪。

谢×诚的辩护人提出：(1) 谢×诚违法发放贷款罪的事实不清、证据不足，根据疑罪从无原则，应依法认定谢×诚无罪。理由：谢×诚不具有发放贷款的权责；谢×诚未实施强令他人发放贷款的行为和违法发放贷款的行为；向宁波滨海学校新增800万贷款的行为不具有刑事有责性；谢×诚与违法发放贷款人无共犯故意和行为。(2) 即使指控谢×诚有罪，公诉机关提起的量刑畸轻的抗诉理由依法不能成立。理由为谢×诚未起主要作用，无须承担主要责任；谢×诚无向关系人发放贷款的从重处罚情节。3. 谢×诚不应该对指控的第一节犯罪事实即向象山滨海学校发放贷款承担刑事责任。

判决结果

浙江省象山县人民法院认为，被告人谢×诚身为金融机构工作人员，结伙违反国家规定发放贷款，数额特别巨大并造成特别重大损失，且向关系人发放贷款，其行为已构成违法发放贷款罪。本罪的主体是特殊主体，即银行或者其他金融机构及其工作人员，包括自然人和单位。自然人主体是从事贷款业务活动的工作人员，具体包括金融机构的负责人、分管信贷工作的负责人、主管信贷业务的部门负责人、贷款调查评估人员、贷款审查人员等。单位犯罪一般表现为为本单位牟取非法利益或者以单位的名义为本单位全体成员或者多数成员牟取非法利益，仅仅为单位少数成员牟取非法利益的行为，不成立单位犯罪。在本案中，信用联社向宁波滨海学校发放新增贷款800万元虽然有党委会集体决策的外观，但并非为了单位的利益，而是谢×诚伙同他人谋取个人私利的表现，从而给单位造成巨额经济损失，违法发放贷款的罪责应由谢×诚及其同案犯承担。公诉机关指控的罪名成立。被告人谢×诚在共同犯罪中起主要作用，是主犯。对于被告人谢×诚及其辩护人提出被告人谢×诚的行为不构成违法发放贷款罪的辩解和辩护意见，因与查明的事实不符，本院不予采纳。依照《中华人民共和国刑法》第一百八十六条第一款、第二款、第二十五条第一款、第二十六条第一款、第四款的规定，判决如下：

被告人谢×诚犯违法发放贷款罪，判处有期徒刑五年，并处罚金80000元①。

① 参见浙江省象山县人民法院刑事判决书（2020）浙0225刑初51号。

理论解说

一、刑法学分析

我国《刑法》第186条规定了违法发放贷款罪。最高人民检察院、公安部《关于公安机关管辖的刑事案件立案追诉标准的规定（二）》第37条规定：“银行或者其他金融机构及其工作人员违反国家规定发放贷款，涉嫌下列情形之一的，应予立案追诉：（1）违法发放贷款，数额在二百万元以上的；（2）违法发放贷款，造成直接经济损失数额在五十万元以上的。”司法实践对本罪在罪与非罪及此罪与彼罪的区分上较为困难，本节结合本案情况需要作出以下分析。

（一）罪与非罪的界定

对于非法发放贷款行为的罪与非罪在理论界上存在争议。因为本罪的本质是为了保障银行等金融机构自有资金的安全，在未给银行造成损失的情况下，是不构成违法发放贷款罪的。尽管本罪被放置在破坏金融管理秩序一节，本罪的主要客体仍然是银行等金融机构的自有资金安全，实质上是为了保障秩序所维护的实体利益。在银行资金没有损失的情况下，很难想象入罪处罚具有合理性。司法实践也存在不同意见。如2006年7月5日最高人民法院刑事审判第二庭关于对银行工作人员违规票据贴现行为如何适用法律问题的函（〔2006〕刑二函字第42号）认为，“公安部经侦局：你局公经〔2006〕1178号《关于对中国银行××支行有关人员违规贴现行为如何适用法律问题征求意见的函》收悉。经研究，提出如下意见：根据我国法律规定，票据贴现属于贷款的一种类型。违规票据贴现行为是否构成违法发放贷款罪，应当根据案件事实和刑法规定综合评判加以认定。与检察机关的分歧，建议你局商最高人民检察院相关部门妥善解决。”对其罪与非罪除关注犯罪构成外，还应当注意以下方面。

（1）关于银行及其他金融机构工作人员行为性质的认定。理论界对骗取贷款罪中是否存在共同犯罪的争议。有人认为，银行及其他金融机构工作人员的行为就是职务行为，因为工作人员属于其单位，其行为得到其单位授权，理所应当认定不构成骗取贷款罪之共犯。也有观点认为银行及其他金融机构工作人员的行为能否评价为职务行为，关键在于他是否履行银行及其他金融机构授权的职责，如果是按照银行及其他金融机构授权，依据内部规程实施的行为，应当评价为职务行为，因其得到了单位或组织授权认可；相反，如果其超越职权，擅自做出未规定或禁止的行为，在未得到单位或组织事后追认情况下，应当评价为个人行为。因此，银行或其他金融机构工作人员的行为是否属于职务行为，则会出现两种不同的结果：工作人员得到授权或事后追认的职务行为，并知晓借款人提供的是虚假材料，则不存在被骗的问题，“欺骗手段”与“取得贷款”之间不存在因果关系，不构成本罪；反之，工作人员未得到授权或事后追认的个人行为，并知晓借款人提供的是虚假材料，仍然违反规定办理放贷手续的，虽然工作人员未被欺骗，但银行或其他金融机构对此并未授权，也不知情，并基于该虚假材料发放贷款，应认定“欺骗手段”与“取得贷款”之间存在因果关系，构成违法发放贷款罪。在本案中，吴×、郑×华、谢×诚等人违法发放贷款是为了帮助郑敏等人贷款，是出于个人利益的需要，不是出于单位利益考量。贷审会、党委会均不是信用社的信贷决策机构。根据信用社的章程规定，信用社的信贷决策机构是理事会。即使信用社党委会是信贷决策机构，也必须依法决策，其决策要维护信用社的合法权益，而非损害信用社的合法权益，自然人更不能利用决策机构损公肥私。违法发放贷款不是单位整体意志的体现，是本案中各共同犯罪人个人意志的体现。吴×、郑×华、谢×诚等人通过向信用社客户经理、各流程审批人、党委会成员打招呼等方式实现违法发放贷款的目的，其他人员参与违法发放贷款与各共同犯罪人之间并未形成整体的单位意志，而是各共同犯罪人假借贷审会、党委会议的名义追求和实现自己的个人利益。在召开党委会集体决策之前，就有人对宁波滨海学校新增 800 万元贷款持反对意见，谢×诚、郑×华均知情。在党委会上，郑×华应回避而未回避，而是直接参与决策，其他委员难以表达反对意见。在党委会形成决策后，决策结果才被告知理事，而不是先征求理事意见，再进行决策。谢×诚、郑×华显然以个人意志替代集体意志。

（2）银行工作人员构成骗取贷款罪共犯，并同时触犯违法发放贷款罪，理论上应作为想象竞合，择一重罪处罚。银行工作人员明知借款人所提供材料为虚假材料仍放贷甚至协助出具虚假材料，通常是对借款人处以骗取贷款罪，而工作人员处以违法发放贷款罪，因为实务中，法院常以“无共同利益”为由否定共犯关系，仅对工作人员定违法发放贷款罪。本案的郑×华是向其弟弟郑×的宁波滨海学校新增贷款倡议者，以新贷还旧贷的利息，违法向关系人发放贷款，显然是违法发放贷款的提议者，是谋取私利的行为。谢×诚明知郑×华违法发放贷款，仍召开党委会向宁波滨海学校新增贷款。郑×华、谢×诚构成违法发放贷款的共同犯罪，具有共同的违法发放贷款犯罪故意。虽然不能完全排除谢×诚同意贷款有帮助信用联社转制的目的，但是其犯罪的主观目的从属于犯意的提起者，即谋取个人私利。

（3）该罪属于结果犯，法律对“直接经济损失”未明确损失如何计算，其损失计算也关系到罪与非罪的问题。金融机构发放的贷款，无论合法还是违法，都有可能出现逾期而不能归还的问题，但不是所有逾期未收回贷款都构成“直接损失”。2009 年 6 月 24 日最高法刑事审判第二庭《关于针对骗取贷款、票据承兑、金融票证罪和违法发放贷款罪立案追诉标准的意见》认为，“公安部经济犯罪侦查局：贵局《关于针对骗取贷款、票据承兑、金融票证罪和违法发放贷款罪立案追诉标准的有关问题征求意见的函》收悉。经研究，提出以下意见：根据《贷款通则》第三十四条的规定，不良贷款是指呆账贷款、呆滞贷款、逾期贷款。《贷款分类指导原则》（试行）第 3 条规定，贷款分为正常、关注、次级、可疑和损失五类，后三类合称为不良贷款。因此，不良贷款根据不同的标准划分为不同级别，各个级别的风险程度也有差别，不宜一概以金融机构出具‘形成不良贷款’的结论来认定‘造成重大损失’。例如，达到‘次级’的贷款，虽然借款人的还款能力出现明显问题，依靠其正常经营收入已无法保证足额偿还本息，但若有他人为之提供担保的，银行仍然可以通过民事诉讼实现债权主。因此，‘不良贷款’不等于‘经济损失’，亦不能将‘形成不良贷款数额’等同于‘重大经济损失数额’”。中国人民银行《贷款风险分类指导原则》第 4 条关于五类贷款的定义为，“损失：在采取所有可能的措施和一切必要的法律程序之后，本息仍然无法收回，或只能收回极少部分”。这里“采取所有可能的措施和一切必要的法律程序”，就是穷尽一切救济手段的意思。此后仍无法收回的贷款才构成损失。考虑到刑事司法解释已存在对类似渎职犯罪中“损失”的确定方法，在具体确定违法发放贷款罪中的“损失”时，可以参照上述规定，如应明确在采取一切合法救济手段后于立案时仍无法收回的贷款，才是违法发放贷款罪中的“直接经济损失”其所非法发放的贷款所产生的孳息，不应当计算在“直接经济损失”中。

需要注意的是，在适用法律依据上，最高人民检察院侦查监督厅关于对郭 ×× 涉嫌违法发放贷款犯罪性质认定的回复意见（〔2010〕最高检侦监函 32 号）认为，“银保监会制定的《流动资金贷款管理暂行办法》和《个人贷款管理暂行办法》是对《中华人民共和国商业银行法》有关规定的细化，可以作为认定案件性质的依据”。

（二）此罪与彼罪

1. 本罪与国有公司、企业、事业单位人员失职罪的区别

国有公司、企业、事业单位人员失职罪是指国有公司、企业的工作人员，由于严重不负责任或者滥用职权，造成国有公司、企业破产或者严重损失，致使国家利益遭受重大损失的。违法发放贷款罪与国有公司、企业、事业单位人员失职罪的区别主要是：前者表现为玩忽职守或者滥用职权而非法发放贷款的行为，其造成的损失一般指

经济损失；后者则只表现为玩忽职守的行为，其造成的损失可能是经济损失，也可能是人身伤亡，还可能是严重的政治影响等。主观方面亦不同。违法发放贷款罪在主观上既可由过失也可由故意构成，而后者只能由过失构成。

2. 本罪与签订、履行合同被骗罪的区别

违法发放贷款罪与签订、履行合同失职被骗罪是两个相互独立的犯罪，二者在构成要件方面存在明显的不同。两罪的主体不同。违法发放贷款的主体包括单位与自然人，而后者的主体只能是个人。两罪的客体不同，前罪的客体为我国的贷款管理制度，后罪的客体是复杂客体，不仅包含管理制度，亦包含国家利益。两罪的主观方面存在不同，前罪主观为故意或是过失，后罪则只能是过失，而不具有主观的故意。两罪在实践中产生混淆，是因为两者具有相似性，贷款的签订、发放都是以合同的方式来体现，两罪的主体范围也存在交叉，银行及金融机构直接负责的主管人员符合两罪的主体要件。

3. 本罪与贷款诈骗罪的区别

骗取贷款罪和违法发放贷款罪作为一对在实践中经常同时出现的罪名，似乎具有一些对向犯的特点。贷款诈骗罪是指以非法占有为目的，采用虚构事实或者隐瞒真相的方法，诈骗银行或者其他金融机构的贷款，数额较大的行为。贷款诈骗罪的主体只能是个人，而骗取贷款罪的主体还包括了单位。两罪之间的主要区别在于判断行为人主观上是否以非法占有为目的，不仅要看其取得贷款的手段，更要看其取得贷款后对贷款如何处理的客观表现。如果行为人没有按贷款用途使用贷款，而是将贷款用于非法活动或者用于高风险投资，大肆挥霍贷款，携款逃匿，隐匿贷款去向，贷款到期后拒不归还等，就应认定是以非法占有为目的，达到数额较大就构成贷款诈骗罪。反之，行为人没有前述行为表现，仅是采取了非法手段取得贷款，如果达到法定的数额标准或者情节标准，就应认定为骗取贷款罪。需要注意的是，骗取贷款罪与贷款诈骗罪也可能相互转化。骗取贷款罪的主观非法占有证明难度下降，银行等金融机构只需提供被告人在申请贷款时，使用了虚假的证明信息、提供了虚假的质押或担保，即可构成骗取贷款罪。对犯罪主观的要素考察不同，是骗取贷款罪与贷款诈骗罪的主要差异。

本罪与贷款诈骗罪的主要区别在于：前者侵害的为国家的金融管理秩序，属于行为犯或者结果犯；后者侵害的为金融机构的财产所有权，犯罪对象都是贷款却是结果犯；前者既可以是故意也可以是过失，无目的的要求，后者只能是故意，并以非法占有为目的。工作人员得到授权或事后追认的职务行为，并知晓借款人提供的是虚假材料，则不存在被骗的问题，“欺骗手段”与“取得贷款”之间不存在因果关系，不构成本罪；反之，工作人员未得到授权或事后追认的个人行为，并知晓借款人提供的是虚假材料，仍然违反规定办理放贷手续的，虽然工作人员未被欺骗，但银行或其他金融机构对此并未授权，也不知情，并基于该虚假材料发放贷款，应认定“欺骗手段”与“取得贷款”之间存在因果关系，构成违法发放贷款罪，银行工作人员构成骗取贷款罪共犯，并同时触犯违法发放贷款罪，应按照想象竞合择一重罪处罚。

4. 本罪与挪用资金罪的区别

违法发放贷款罪与挪用资金罪都是金融领域的多发犯罪，两罪在实际案件中，违法发放贷款可能是挪用资金的手段。界分两者的关键在于违法发放的贷款资金去向何方，挪用资金罪要求资金归个人使用，如果存在归个人使用的情况，则两罪构成牵连犯，从一重罪处罚。需要注意的是，司法实践中贷款人与银行工作人员恶意串通取得贷款的案例里，恶意串通违法发放贷款的行为人如何定性？应当构成挪用资金罪。首先，从恶意串通非法发放贷款行为人的主观看，其表现为故意，一是明知自己行为违反法律法规并故意为之，且与借款人事先预谋串通。二是明知受贷主体不符合贷款条件，却规避相关规定故意发放贷款。三是明知借款人的贷款资料不符合规定，却故意不去调查，使审批程序流于形式并成为信贷人员挪用资金行为的一种掩饰。其次，从犯罪的客体看，恶意串通违法发放贷款的行为侵犯的是银行对资金的所有权，间接侵犯的是金融交易秩序及信贷资金安全。最后，从客观方面看，在恶意串通违法发放贷款的行为中，违法发放贷款是挪用资金的一种手段，其根本目的还是在于贷款资金的所有权或使用权。因此，对恶意串通违法发放贷款行为应当定性为挪用资金罪。

二、犯罪学分析

贷款资金放款的审批不严，贷后难以追踪，粗犷的放贷模式造成了大量的呆账坏账，再加上加杠杆简单轻松，违法成本低，入罪门槛高，违法发放贷款罪成为近年高发的重要原因。随着经济的发展，违法发放贷款案件的数量不断上升，往往其涉及资金数额亦较大，上百万上千万的违规放贷并不少见，不仅给被害金融机构造成了严重损失，亦对国家信贷资金安全产生巨大风险，因此对违法发放贷款的行为必须给予惩处。

金融机构违规放贷现象越加严重，银行信贷人员违法发放贷款风险产生的原因是综合性的，既有宏观经济及银行监管政策的影响，又有授信客户资信情况的突变；既有银行高管人员专业能力不足与经营指向的错位，以及不合理、不科学的内部奖金与绩效管理的设计问题，又有风险意识及风险内控方面的因素。对贷款实行管理制度，目的在于规制信贷过程中由于借款人不能按时偿还贷款而给金融机构造成贷款本金、利息损失的可能性，即信贷风险。这种风险根源于外在和内在两方面因素。外在因素是经济运行中随机性、偶然性的变化或不可预测的趋势，如宏观经济走势、市场变化、政治走向等；内在因素则是贷款活动中因信息不对称产生的逆向选择和道德风险。逆向选择是指金融机构不能完全掌握借款人材料的真实性、贷款的可行性，一些借款人利用这一点弄虚作假，造成劣等客户驱逐优等客户的局面。道德风险是指金融机构委托工作人员按照自己的利益目标选择行动，但金融机构不能直接控制工作人员的行为，工作人员也可能利用这一点违背金融机构的意愿而实施道德冒险行为，如勾结借款人、为人情或利益滥用放款决策权等。违法发放贷款犯罪不仅涉案金额较大，违法发放贷款的形式多样，包括与他人勾结冒名贷款，虚构资产，在抵押物不到位或抵押物虚假的情况下发放贷款。

这类犯罪容易与其他罪交织，行为人违法发放贷款的行为通常伴随着贿赂行为、挪用公款行为等，贷款资金的去向也会影响非法发放贷款罪的认定，根据银行工作人员的知情与否、是否收受贿以及银行主体的不同，还会与贷款诈骗罪、受贿罪、挪用公款罪、滥用职权罪、玩忽职守罪产生交叉。市场经济一方面能实现资源的优化配置，解决资源的稀缺问题；另一方面也存在着不正当竞争行为。对以存贷款服务为主营的银行金融机构而言，其发放贷款的意愿也较为强烈，金融机构内部监督一旦流于形式，没有发挥应有作用，就会使信贷资金安全受到冲击。

风险警示

实践中存在银行或者其他金融机构的工作人员教唆、主动帮助不符合放贷条件的客户获取贷款的情况，为规避金融监管，部分人员甚至教唆、帮助客户伪造资质、合同、交易背景等材料，以便内控合规过审，此时贷款申请主体就可能涉嫌骗取贷款、票据承兑、金融票证罪，银行从业人员亦可能成立教唆、帮助犯。在谢 × 诚违法发放贷款一案中，被告人谢 × 诚为了个人利益的需要，利用其理事长身份压制反对意见，违法发放贷款且数额巨大，明知可能对信贷资金造成严重损失仍知法犯法。为了营业指标，明知申请借款人不符合条件，但为了向其发放贷款，而向有关批准贷款的领导谎报情节或隐瞒真相，甚至明知借款人不符合贷款条件，但由于个别领导指示，迫于压力或者人情关系，甚至是接受了借款人贿赂及某种利益，利用自己的职权擅自向其发放贷款。部分银行管理人员利用手中职权指使或亲自就一些重要条款如还款期限、还款方式、违约责任不予以明确，再或者超越自己的职权，违规指示，不上会就擅自批准发放贷款。

有些银行从业人员因为长期处于其中而产生一种错觉，自诩对风险洞若观火，自信操作无懈可击，不留丝毫蛛丝马迹。然而，在这个高度电子信息化、操作必留痕的时代，任何细微的违规举动，清晰可辨。无论是以现金交易为幌，还是借道第三方支付，乃至利用他人他行账户企图瞒天过海，这些自以为高明的“隐形操作”，最终只会成为“自掘坟墓”的利器，往往害人终害己。违法发放贷款罪是银行及金融机构内部产生的犯罪，防范非法资金罪，必须从银行及金融机构内部管理的角度进行预防。

一是强化银行及金融机构内部的监管机制，构建预防单位工作人员犯罪的预警系统。

二是强化银行及金融机构内部风险控制制度，在本案中，谢×诚作为理事长，其发放贷款权限极大，理事会也是由其主导，发放贷款、审查、上会权力集于一体，必然加大其违法发放贷款的可能，对信贷资金的安全造成风险。

三是强化银行及金融机构工作人员的责任心与风险意识，不为蝇头小利而丧失原则，知法犯法，以身试险。

问题思考

被告人卢×敏欲从兰州××银行贷款，因征信有问题，无法贷款，便与该行行长王×富商量，二人商定让被告人卢×敏找别人作为贷款人为该卢×敏贷款。被告人卢×敏安排卢某×、张×、高×民、付×平、瞿×红、胡×瑞、许×先、钟×梅、纪×军九人作为贷款人。某年3月至次年11月，被告人王×富、被告人卢×敏，吴×三人在吃饭时，被告人王×富明确提出被告人卢×敏所找的贷款人提供的贷款有虚假，无法办理贷款，被告人卢×敏表示他知道贷款人所提供的贷款资料不太真实，已向信用社上级领导打招呼。随后，被告人王×富在接到上级领导打招呼后授意下属被告人刘×龙编造贷款人卢×琦、张×、高×民、付×平、瞿×红、胡×瑞、钟×梅、纪×军的调查报告、征信报告等材料，授意下属吴×编造贷款人许×先调查报告、征信报告等材料，违法发放九笔贷款共人民币3245万元归被告人卢×敏使用。经甘肃省银保监局认定，截至2020年4月末，九笔贷款余额为3058万元，合计欠息1404.17万元，九笔贷款质量五级分类均为损失类。

公诉机关认为被告人王×富、被告人卢×敏、被告人刘×龙的行为均构成违法发放贷款罪，建议判处被告人王×富五至七年有期徒刑，并处罚金100000元；判处被告人卢×敏六年至八年有期徒刑，并处罚金；判处被告人刘×龙五年至六年有期徒刑，并处罚金[①]。

① 甘肃省兰州市西固区人民法院刑事判决书（2023）甘0104刑初118号。

目前，有关贷款相关的犯罪涉及骗取贷款罪、贷款诈骗罪、违法发放贷款罪。《刑法修正案（十一）》将骗取贷款罪的入罪标准修改后，除了违法发放贷款罪的罪状仍然坚持贷款数额和损失数额双重标准外，另外两个贷款类犯罪均需要给银行造成损失才构成犯罪。纵观上述案件，结合本节案例，根据《刑法》的规定，探讨以下问题：

（1）违法发放贷款的工作人员收受贿赂会对定罪产生何种影响？

（2）违法发放贷款罪属于特殊的滥用职权罪吗？

（3）就目前借新还旧或者续贷的情况，最早放贷的责任人存在违法情况与新（续）贷款损失的责任如何区分？如果新（续）贷款的责任人也存在违法情况，二人能否作为共犯？本案被告人卢×敏是否构成违法发放贷款罪的共犯？为什么？

案例2:

背信运用受托财产犯罪的自套枷锁

立法背景

背信运用受托财产罪，是指受托人违反法律、行政法规或者双方约定，将受托财产用于自己或者他人的行为。

1979 年《刑法》没有规定背信运用受托财产罪。因受托人与委托人存在着特殊的信任关系，受托人应当忠实履行自己的职责，保护委托人的利益。但是，一些受托人为了谋取个人私利，恶意运用受托财产，导致委托人的权益受到损害，给一些不法分子提供了可乘之机。为了弥补这一法律空白，完善我国的刑法体系，1997 年《刑法》规定了背信运用受托财产犯罪。2006 年《刑法修正案（六）》将该罪的入罪要求由“重大损失”修改为“情节严重”，成为新增的一条罪名，但我国刑事司法实践中以此罪名判决入罪的案例屈指可数。背信运用受托财产罪的设立，对于有效制裁受托人的不当行为，维护受托财产安全具有重要价值。

案件情况

被告单位兴证期货大连营业部系兴证期货有限公司的下属分支机构。被告人孟×伟于 2009 年 8 月至 2014 年 7 月在兴证期货大连营业部担任总经理，负责大连营业部全面工作。被告人陈×于 2013 年 8 月至 2014 年 7 月在兴证期货大连营业部担任客户经理，负责开发及维护客户。2013 年，被告人陈×认识了被害人高×及其妻子孙玲，并介绍兴证期货大连营业部有保本理财产品，收益高于银行利息。高×要求保证资金安全，并且随取随用，陈×经请示被告人孟×伟后，向高×口头承诺投资期货在保本保息基础上达到 7% 的年收益率。2013 年 10 月 22 日，高×与兴证期货有限公司签订了《期货经纪合同》及相关附属文件，按照兴证期货大连营业部工作人员的指引开立了期货保证金账户，并于次日向账户内转款人民币 1670 万元，被告人陈×向高×索要了期货账户的交易密码。被告人孟×伟、陈×未能为高×找到第三方投资顾问，在未通知高×也未取得其同意的情况下，二被告人商议后决定自行使用高×的期货账户交易密码进行交易。2013 年 10 月 31 日至 2014 年 1 月 20 日，孟×伟、陈×擅自运用高×期货账户进行交易，造成高×期货保证金账户亏损人民币 1043.1 万元，共计产生交易手续费 1533642.48 元，其中为兴证期货有限公司赚取手续费 825353.56 元，上交给期货交易所 708288.92 元。

控辩意见

公诉方辽宁省大连市人民检察院指控被告单位兴证期货大连营业部、被告人孟×伟、陈×犯背信运用受托财产罪，向大连市中级人民法院提起公诉。

被告单位兴证期货大连营业部否认犯罪，其辩护人提出：

（1）被告单位不构成背信运用受托财产罪。客观方面，被告单位与客户高×之间不存在资产管理委托理财关系，仅基于《期货经纪合同》与客户高×建立期货经纪关系；被告单位及被告人孟×伟、陈×不符合单位犯罪的主体要件，被告单位员工的行为系个人行为，未经单位授权和同意，不属于履行职务的行为，被告单位收取期货交易手续费、支付居间人报酬合规合约，不存在非法收益。主观方面，被告单位不存在明知背信运用受托财产会造成破坏金融理财秩序的后果而希望这种结果发生的故意；被告单位严格遵守金融管理秩序，在客户申请开户、签订合同时均尽到了风险揭示义务，已让客户充分了解期货交易的风险。

（2）高×单个客户业务比重不会导致被告单位纵容员工代客理财，被告单位通过制定各种管理办法、下发《员工合规手册》等多种方式主动杜绝员工接受全权委托，并且通过年度考核体系中的风险扣分制杜绝违规开展业务的动机；居间返佣发放的滞后性系财务核算及交易所减收时间所致，是行业惯例，陈×对于高×账户手续费不提成，不会导致其为了提高自己的收入而大量交易。

（3）本案应为民事纠纷，高×仍有权利通过民事仲裁程序维护自身合法权益。综上，请求判决被告单位无罪。

被告人孟×伟否认犯罪，其辩解对客户高×开户一事并不知情，也没有参与，该公司只有期货经纪项目。其辩护人提出：

（1）起诉书指控的事实不正确，没有确切的证据证明孟×伟同意被告人陈×向高×承诺，通过寻找第三方投资顾问的方式操作期货账户，在保本保息基础上达到7%的年收益率，当时兴证期货有限公司并未取得证监会批准的运营理财产品的相关资格，公司也未授权员工对外宣传开展理财产品服务，陈×宣称7%的年收益率完全是个人行为，与公司和孟×伟没有关系；没有证据证明陈×向高×索要期货账户交易密码一事公司及孟×伟事先知情，也没有证据证明孟×伟及陈×商议后决定使用高×的期货账户交易密码进行交易，没有证据证明高×本人对账户被其他人操作一事不知情；公诉机关提供的视听资料证据取得形式不合法，且高×之父对孟×伟存在一定威胁之处；孟×伟并未从高×的期货交易中受益，高额的居间费用由陈×和胡×兢均分；

《大连市证监局行政监管措施决定书》已明确定性为陈 × 个人行为，孟 × 伟知情不报，公司无责任；因此，对孟 × 伟及公司参与高 × 期货交易的指控无法形成完整的证据链条，不能作为认定孟 × 伟及公司有罪的依据。

（2）公司与高 × 签订的是期货经纪合同，公司未将其保证金挪作他用，因此也不存在背信运用的行为。综上，请求依法判决孟 × 伟无罪。

被告人陈 × 对起诉指控的犯罪事实无异议，当庭自愿认罪。其辩护人提出：

（1）现有证据不能证明陈 × 犯有背信运用受托财产罪，背信运用受托财产罪必须是单位犯罪，具备三个必要条件，即单位人员、以单位名义、为单位利益，如果本案认定单位犯罪，欠缺为单位利益的必要条件，虽然被告人孟 × 伟是单位负责人，但操作高 × 账户一事并未经过集体决策的过程，不能体现单位意志，也就谈不上为单位利益，操作高 × 账户的真正原因是孟 × 伟、陈 × 的个人业绩压力，单位收取手续费的确是事实，但单位获益不能等同于为单位利益；现有客观证据足以说明高 × 清楚并同意陈 × 为其操作账户，高 × 随时可以查看自己账户的交易情况，依照常理，对这样一大笔资金交给别人运作，不查看账户的可能性非常小，其有股票操作经验，对于期货账户的性质应当非常清楚，即使不十分清楚，开户后公司电话回访其本人也会清楚认识到期货账户的性质，所以对“保本”一说客观上根本不会相信。

（2）如果陈 × 罪名成立，陈 × 主动到案，如实供述自己的犯罪事实，应认定为自首；其只是公司的普通员工，一切行为都是孟 × 伟决定，应比照从犯处理；能够尽全力弥补被害人损失；系初犯，没有前科劣迹。

大连市中级人民法院经审理认为，被告单位兴证期货大连营业部违背受托义务，擅自运用客户资金，情节特别严重，其行为侵犯了国家的金融管理秩序和客户的合法权益，构成背信运用受托财产罪。主要理由如下：

1. 单位行为的认定

单位犯罪如何认定，应结合单位的行为与意志加以认定，包括具体行为人擅自运用受托财产行为是否服从单位意志，擅用行为是否将为单位获取利益，如获得利益是否最终由单位享有等。

2. 被告单位及二被告人构成背信运用受托财产罪

（1）被告单位与被害人之间存在受托关系：客户高 × 是基于被告人陈 × 的介绍及保本保息的承诺选择在兴证期货有限公司开立账户，并且与兴证期货有限公司签订了期货经纪合同，期货经纪合同是由中国期货业协会备案审查、具备特定要素的格式合同，签订合同的双方平等、自愿，意思表示真实，合同一旦成立，高 × 办理完入金手续，即与兴证期货有限公司形成委托管理期货账户资金的法律关系，兴证期货有限公司应当遵循诚实信用原则，以专业的技能、勤勉尽责地执行客户的委托，维护客户的合法权益，而不得未经客户委托或者不按照客户委托内容擅自进行期货交易。

（2）被告单位兴证期货大连营业部与被告人孟×伟、陈×的行为属于擅自运用受托财产：根据被告人孟×伟、陈×的供述、被害人高×的陈述以及证人胡小兢、孙玲等人的证言，结合本案的相关书证和录音材料，可以认定陈×向高×索取交易密码的本意是对接投资顾问，由投资顾问帮助高×操作期货账户达到盈利目的，然而因时间短没有投资顾问愿意接手，为了不流失高×这个大客户，陈×在未告知高×也未征得高×同意的情形下利用掌握的交易密码自行操作高×的期货账户，孟×伟明知陈×私自操作高×账户，仍然向其提供交易建议并下达交易指令，实际上具体指导陈×利用高×的账户资金进行期货买卖，属于擅自运用受托财产的行为。

（3）背信运用受托财产罪与相关罪名的区分：背信运用受托财产罪与挪用资金罪、挪用公款罪有时容易产生混淆。实践中可以从以下方面进行区分：首先是主体不同，如果挪用客户资金的行为是有关人员按领导指令，以单位名义、为单位利益实施的，则应视情形以背信运用受托财产罪论处；反之，如果该行为是金融机构中有关工作人员个人的行为，则应视情形以挪用资金罪或者挪用公款罪论处。其次，挪用资金、公款等行为指向的资金为公司或国家所有，而背信运用受托财产行为其指向的资金为客户所有，因此，以金融机构名义签订合同后，工作人员以单位名义背信运用受托财产，违法所得归单位所有的，金融机构亦应当承担相应的刑事责任。

判决结果

被告单位兴证期货大连营业部违背受托义务，擅自运用客户资金，情节特别严重，其行为侵犯了国家的金融管理秩序和客户的合法权益，构成背信运用受托财产罪。被告人陈×作为兴证期货大连营业部的员工，为单位谋取不正当利益，在未告知高×也未征得高×同意的情形下，利用其掌握的交易密码自行操作高×的期货账户；被告人孟×伟作为兴证期货大连营业部总经理，明知陈×私自操作高×账户，仍然向其提供交易建议并下达交易指令，具体指导陈×利用高×的账户资金进行期货买卖，属于擅自运用客户资金的行为；二被告人代表兴证期货大连营业部实施上述行为，收取的手续费亦归兴证期货大连营业部所有，故本案构成单位犯罪。被告单位及二被告人均应承担相应的刑事责任。被告人孟×伟作为该营业部直接负责的主管人员，被告人陈×作为该营业部其他责任人员，其行为均构成背信运用受托财产罪。根据本案的具体犯罪事实、性质、情节及对社会的危害程度，依照《中华人民共和国刑法》第一百八十五条之一第一款、第三十条、第三十一条、第五十二条、第五十三条、第六十七条、第六十四条之规定，判决如下：

（1）被告单位兴证期货有限公司大连营业部犯背信运用受托财产罪，判处罚金人民币一百万元（于本判决生效后十日内一次性缴纳）；

（2）被告人孟×伟犯背信运用受托财产罪，判处有期徒刑三年六个月，并处罚金人民币十五万元；

（3）被告人陈×犯背信运用受托财产罪，判处有期徒刑三年，并处罚金人民币十万元；

（4）责令被告单位兴证期货有限公司大连营业部退赔被害人高×经济损失人民币八百五十二万一千元[①]。

理论解说

一、刑法学分析

无论实务还是理论对背信运用受托财产罪与非罪并非有明确清晰界定。由于该罪涉及金融领域，而金融机构的业务种类繁复，作为投资方、受托方的交易业务众多，经济流通中便产生很多矛盾，是否皆构成此罪需要严格区分。最高人民检察院、公安部《关于公安机关管辖的刑事案件立案追诉标准的规定（二）》第 40 条规定：商业银行、证券交易所、期货交易所、证券公司、期货公司、保险公司或者其他金融机构，违背受托义务，擅自运用客户资金或者其他委托、信托的财产，涉嫌下列情形之一的，应予立案追诉：（1）擅自运用客户资金或者其他委托、信托的财产数额在三十万元以上的；（2）虽未达到上述数额标准，但多次擅自运用客户资金或者其他委托、信托的财产，或者擅自运用多个客户资金或者其他委托、信托的财产的；（3）其他情节严重的情形。

（一）罪与非罪的界定

背信运用受托财产罪作为专门规制“受托”类财产运用的金融犯罪。该罪属于行政犯，需要以我国《信托法》作为前置法。该法第 12 条规定：受托人违反信托目的

① 辽宁省高级人民法院刑事裁定书（2016）辽刑终 494 号。

处分信托财产或者因违背管理职责、处理信托事务不当致使信托财产受到损失的，委托人有权申请人民法院撤销该处分行为，并有权要求受托人恢复信托财产的原状或者予以赔偿；该信托财产的受让人明知是违反信托目的而接受该财产的，应当予以返还或者予以赔偿。其中的“违背管理职责、处理信托事务不当”属于“背信”的范畴，受托管理人违反的应当承担民事赔偿责任。当擅自运用客户资金或者其他委托、信托的财产数额在 30 万元以上或者多次擅自运用客户资金或者其他委托、信托的财产，或者擅自运用多个客户资金或者其他委托、信托的财产以及出现其他情节严重的情形，则构成本罪。同时还应考虑主观要素。本案中，二被告人的主观目的首先是完成公司业绩目标，客户进行期货交易所产生的手续费是公司生存的基础，实施擅自操作客户期货账户的行为是为了单位利益。其次，二被告人均是以兴证期货大连营业部的名义与高 × 进行接洽协商，系代表单位的职务行为。操作账户需要营业部经理被告人孟 × 伟的同意，而孟 × 伟的权限来自总部的日常经营授权，即其通过电脑终端可允许、暂停、终止其所辖期货保证金交易账户的操作。可见，虽未经集体上会讨论，但营业部经理运用总部的授权，实际已经相当于取得了总部的审批和同意。而从外部效力看，孟 × 伟和被告人陈 × 的背信运用受托财产的行为系服从于单位的意志。再次，犯罪所得收益归兴证期货大连营业部所享有。孟 × 伟系为单位谋取不正当利益，其伙同陈 × 擅自运用客户高 × 的期货账户内资金进行大量交易，产生手续费高达 153. 36 万余元，其中兴证期货大连营业部留存手续费 82. 53 万余元，高 × 这一客户产生的手续费占兴证期货大连营业部当年度手续费的 20% 左右。以上几点均符合单位犯罪的构成要件，应当认定兴证期货大连营业部构成单位犯罪。

背信运用受托财产作为一种犯罪行为，多数认为，受托义务不仅限于违背委托人与受托人之间具体约定的义务，还包括违背法律、行政法规、部门规章规定的法定义务。也有认为，违背受托义务是指受托人违背其与委托人之间具体的、不违反现行金融管理法规的约定[①]。如果受托人违反法律、行政法规或者双方约定，将受托财产用于自己或者他人的行为，侵占受托财产，情节严重的，就会被认定为犯罪，需承担相应的法律责任。而如果受托人在使用受托财产时，遵守法律、行政法规或者双方约定，不侵占受托财产，就不会构成背信运用受托财产罪，也就不需要承担相应的法律责任。侵占是指以非法占有为目的，将他人的财产据为己有或者使用、处分、毁损他人的财产，或者拒不归还他人的财产的行为。受托人在使用受托财产时，虽然没有完全遵守法律、行政法规或者双方约定，但情节较轻，没有侵占受托财产或是受托人在使用受

① 参见周光权：《刑法各论》第 4 版，中国人民大学出版社 2021 年版，第 311 页。

托财产时，是出于善意的目的，尽管存在一定的过失或者失误，但没有侵占受托财产，不认定为此处的“侵占”。

受托人在使用受托财产时，是在紧急情况下采取的措施，为了保护受托财产或者他人的生命、财产安全，没有侵占受托财产。罪与非罪，在于其是否侵占了受托财产，是否经委托人同意。总之，只要受托人在使用受托财产时没有侵占受托财产，或者有合理的解释和辩解，就不构成背信运用受托财产罪。案例中并不一定必须是单位犯罪，个人也可以犯背信运用受托财产罪。只要个人在使用受托财产时违反法律、行政法规或者双方约定，侵占受托财产，就可能会被认定为犯罪，需承担相应的法律责任，只是其背信运用受托财产后受益的一方是否应当担责，需根据具体情况进行分析。特别注意的是，擅自运用与不当运用的区别。受托从事委托理财或者资产管理尽管是专业，但因市场尤其是金融市场瞬息万变，不可能保证决策永远正确。对因不当运用造成客户资产损失的，则不构成本罪。

（二）此罪与彼罪

背信运用受托财产罪与挪用资金罪、挪用公款罪有时容易产生混淆，需要注意在客体特征、客观特征、主体特征等方面都有不同。

1. 本罪与挪用公款罪区别

挪用公款罪是指国有商业银行、证券交易所、期货交易所、证券公司、期货经纪公司、保险公司或者其他国有金融机构的工作人员和国有商业银行、证券交易所、期货交易所、证券公司、期货经纪公司、保险公司或者其他国有金融机构委派到前款规定中的非国有机构从事公务的人员利用职务上的便利，挪用本单位或者客户资金，与背信运用受托财产罪都具有客户资金等要素的重叠，挪用指原计划使用目的为某项的资金被挪移，背信运用是指本资金或其他财产运用虽符合资金或财产使用目的，但未经受托人同意为“背信”，故而挪用涵盖背信运用之概念。两罪主要区别在于资金来源，背信运用财产罪是对个人财产的保护，挪用公款罪则是对公有财产的保护，更为重要的是背信运用受托财产罪仅为单位犯罪。

2. 本罪与挪用资金罪区别

挪用资金罪是指商业银行、证券交易所、期货交易所、证券公司、期货经纪公司、保险公司或者其他金融机构的工作人员利用职务上的便利，挪用本单位或者客户资金。本罪和挪用资金罪都是涉及财产犯罪的罪名且挪用资金罪资金来源未强调国有，使得两罪更容易混淆，正如本案。两罪主要区别有下：（1）犯罪主体不同：背信运用受托财产罪的犯罪主体是受托人，即在受托关系中管理、使用受托财产的人，且受托人实为单位接受委托的代表，犯罪主体为单位；而挪用资金罪的犯罪主体则是拥有资金支配权的人，包括企业、机关、事业单位、社会团体等。（2）财产来源不同：背信运用受托财产罪的财产来源是受托财产，即被委托人交给受托人进行管理、使用的财产；而挪用资金罪的财产来源是企业、机关、事业单位、社会团体等拥有的资金。（3）犯罪构成要件不同：背信运用受托财产罪的构成要件包括受托关系、受托财产、背信运用行为和主观故意等；而挪用资金罪的构成要件包括挪用资金行为、数额较大和有组织等。挪用资金罪的社会危害性较大，其犯罪行为对企业、机关、事业单位、社会团体等的经济利益造成较大损害，严重影响了社会经济的发展和稳定。犯罪情节亦比较严重。

3. 本罪与背信损害上市公司利益罪区别

背信损害上市公司利益罪是指上市公司的董事、监事、高级管理人员违背对公司的忠实义务，利用职务便利，操纵上市公司致使上市公司利益遭受重大损失。而背信运用受托财产罪是指受托人在管理、使用受托财产时，违反法律、行政法规或者双方约定，将受托财产用于自己或者他人的目的，或者侵占受托财产的行为。虽然这两个罪名都涉及背信行为，但是在构成要件、适用情况等方面存在差异，具体差异主要包括以下方面：（1）对象不同：背信运用受托财产罪的对象是受托人，而背信损害上市公司利益罪的对象是公司的董事、经理、监事、高级管理人员等人员。（2）行为不同：背信运用受托财产罪的行为是违反法律、行政法规或者双方约定，将受托财产用于自己或者他人的目的，或者侵占受托财产；而背信损害上市公司利益罪的行为是为谋取个人利益，违反法律、行政法规、公司章程或者股东会决议，以不正当手段损害上市公司或者公司其他股东的利益。（3）构成要件不同：背信运用受托财产罪的构成要件包括受托关系、受托财产、背信运用行为和主观故意等；而背信损害上市公司利益罪的构成要件包括特定身份、经营管理职责、违法行为、损害上市公司或股东利益等。（4）适用情况不同：背信运用受托财产罪主要适用于受托人在管理、使用受托财产时的背信行为；而背信损害上市公司利益罪主要适用于公司高级管理人员在公司经营中的背信行为。虽然这两个罪名都涉及背信行为，但在对象、行为、构成要件和适用情况等方面存在差异，需要根据具体情况具体分析。

在实践中，有的金融机构背信运用受托财产，是将受托财产用于操纵证券、期货交易。如果背信运用受托财产情节严重，本身构成犯罪，将受托财产用于操纵证券、期货交易也符合操纵证券、期货交易罪的构成要件，就会发生该罪与操纵证券、期货交易市场罪竞合的情形。此时，应当按照想象竞合犯的处断原则，择一重罪处断。

二、犯罪学分析

随着改革开放的深入，我国经济体制改革的推进和社会经济的发展，使得受托财产的管理和运用变得越来越复杂和烦琐，同时也出现了一些受托人违反法律、行政法规或者双方约定，将受托财产用于自己或他人目的，或者侵占受托财产的情况。如果受托人背信运用受托财产，侵害委托人的合法权益，可能会引发委托人的不满和不信任，进而导致纠纷和争议的产生，甚至会破坏社会经济秩序。

近期，有多个信托公司“爆雷”，对投资人（委托人）延期兑付，引起一些新的社会矛盾，出现一些新的背信运用受托财产罪的案件，使得这个“睡眠”罪名有“苏醒”的迹象。之所以出现上述问题，一方面，受托人容易滥用权力，对客户资金的运用存在暗箱违规操作、侵吞、擅自动用客户资产，或者将客户资金用于操作市场，进行不必要的买卖以赚取交易手续费等违规行为。如，2012 年 7 月至 2017 年 1 月，明天控股、肖 × 华操控包商银行对明天控股的虚假融资项目不开展实质审核，违反商业银行法等法律法规对银行开展业务的规定，违背银行与客户约定，通过直接或间接购买信托、资管计划的方式将存款、理财资金等银行客户资金及受托财产转移至明天控股支配使用，擅自运用客户资金及受托财产共计人民币 1486 亿余元。另一方面，委托人将资金或证券交付金融机构后，对资金和证券往往处于失控的状态，致使金融机构委托理财和公众资金经营、管理领域出现的问题。

风险警示

金融机构接受客户委托，为客户管理资金，如果金融机构违背客户信任，未能以客户利益最大化为原则，违法违约运用受托财产，极易触发刑事法律风险，甚至付出了惨重的代价。受托财产的管理和运用是社会经济活动中必不可少的一环，背信运用受托财产罪破坏了受托财产的管理和运用秩序，严重损害了受托人群体的声誉和社会信任，严重影响了社会经济的正常发展，应该引起我们的高度重视。

美国政治家富兰克林说：“失足，你可以马上恢复站立；失信，你也许永难挽回。”我国在向信用社会过渡的时代，企业和企业管理者的背信行为影响的不仅是商誉或声誉，还有可能决定企业和管理者的命运。防范背信运用受托财产犯罪，应当建立健全受托财产管理制度，规范受托财产的管理和运用，对背信运用受托财产的行为进行记录和公示，增加违法成本和惩罚力度，从而有效遏制违法行为的发生。加强对受托人的监督和管理委托人应当加强对受托人的监督和管理，及时发现和纠正受托人的违法行为，防范受托财产被背信运用。同时，委托人和受托人应当增强法律意识和风险意识，了解背信运用受托财产罪的法律规定和危害，切实履行自己的义务，避免违法行为的发生。加强法律监管和打击，相关部门应当加强对背信运用受托财产罪的法律监管和打击，加大对违法行为的处罚力度，维护社会经济秩序和公平正义，不断完善法律法规和制度，加强对受托财产管理和运用的规范和监管，提高打击背信运用受托财产罪的效果和力度。实践中单位也应当积极自查，不应当以资金为第一考核标准，忽略背信运用财产风险，而要综合资金安全和社会责任等方面，保证资金安全。

问题思考

被告人董×于2016年9月被安徽肥西农村商业银行股份有限公司（以下简称肥西农商行）聘用为合同制员工，担任肥西农商行高店支行综合柜员，负责开户、存取款、资金结算等业务。2018年1月至3月，被告人董×为便于日后挪用肥西农商行资金，利用职务上的便利，冒用黄×、陈×1、陈×2名义在肥西农商行开设三张银行卡。同年3月26日下午，被告人董×通过“空存”方式，利用上述三银行卡分多次套取肥西农商行资金共计人民币163万元，随后通过银行POSS机将该163万元转出，全部用于购买彩票。2018年3月27日，被告人董×在肥西农商行工作人员卫×等人的陪同下到公安机关投案。案发后，被告人董×及其亲属退还肥西县农商行人民币636783.38元[①]。

无论是企业还是企业管理者“越过信用底线”不仅会导致企业走向灭亡，还会使企业管理者身陷囹圄，甚至令全行业遭遇信任危机。纵观上述案件，结合本节案例，根据《刑法》的规定，探讨以下问题：

（1）私募基金管理机构是否符合本罪的主体要件？

（2）如何正确理解属于该罪规制的金融机构的前提“经国家有关主管部门批准”？

（3）本案中的空存是定义为背信还是诈骗？

① 安徽省肥西县人民法院刑事判决书（2018）皖0123刑初262号。

案例 3:

洗钱与隐瞒犯罪所得罪的纠缠与界分

立法背景

洗钱罪，是指明知是犯罪所得，采取掩饰、隐匿、转移、变换、收购、销售、担保、贷款、投资或者以其他方式处理，使其来源不明或者掩盖、隐瞒其非法来源的行为。

1990 年国际货币基金组织（IMF）发布了《反洗钱 40 条建议》，旨在推动各国制定反洗钱立法和加强监管，促进全球反洗钱合作。1990 年全国人大常委会《关于禁毒的决定》开始了我国反洗钱的刑事立法。1993 年我国的《反洗钱指引》（1996 修订）为打击洗钱犯罪提供了法律依据。1997 年《刑法》规定了洗钱罪。2001 年《刑法修正案（三）》对反洗钱的上游犯罪增加了恐怖活动罪。2003 年中国开始反洗钱的行政立法。中国人民银行发布的《金融机构反洗钱规定》《人民币大额和可疑资金支付交易报告管理办法》《金融机构大额和可疑外汇资金交易报告管理办法》确立了反洗钱行政管理制度。2006 年《反洗钱法》（2024 年修订）将洗钱罪纳入我国刑法体系，规定了洗钱罪的概念、构成要件、刑事责任和法律适用等方面的内容，为我国打击洗钱犯罪提供了更加完善的法律依据。2006 年《刑法修正案（六）》将贪污贿赂犯罪、破坏金融管理秩序犯罪、金融诈骗犯罪作为洗钱罪的上游犯罪。最高人民法院于 2009 年制定了《关于审理洗钱等刑事案件具体应用法律若干问题的解释》。2020 年《刑法修正案（十一）》删除了原刑法条文中的“明知”和“协助”等术语，将“自洗钱”纳入打击范围，同时取消了罚金刑的限额。2024 年 8 月 19 日最高人民法院、最高人民检察院发布了《关于办理洗钱刑事案件适用法律若干问题的解释》，进一步明确了“自洗钱”“他洗钱”犯罪及“他洗钱”犯罪主观认识的审查认定标准，洗钱罪“情节严重”的认定标准，“以其他方法掩饰、隐瞒犯罪所得及其收益的来源和性质”的 7 种具体情形，以及洗钱罪与掩饰、隐瞒犯罪所得、犯罪所得收益罪的竞合处罚原则，洗钱罪的认定与上游犯罪的关系，黑社会性质的组织犯罪的所得及其产生的收益的范围，罚金数额标准，从宽处罚的标准，单位犯罪的处罚和上游犯罪的范围等。

案件情况

被告人徐 × × 伙同或相互交叉伙同被告人章 × × 等人，以非法占有为目的，虚构他人购车的事实，以支付首付款贷款购车的方式，先后购买 43 辆汽车，骗取多家汽车金融公司、银行等机构的贷款共计 2485110 元。贷款购买汽车后不再偿还贷款，且将涉案汽车转手销售。被告人袁××、龚××、杜××在明知是犯罪所得的情况下，先后对涉案车辆进行转移、收购、代为销售。2021 年兴化市法院认为，被告人徐××等 10 人以非法占有为目的，虚构他人需要购车的事实，骗取金融机构的贷款，其行为均已构成贷款诈骗罪，依法应予惩处，且部分行为系共同犯罪。被告人龚××、袁××、杜××明知是犯罪所得而予以转移、收购、代为销售，情节严重，其行为构成掩饰、隐瞒犯罪所得罪，依法应予惩处。据此，依照《刑法》第一百九十三条，第三百一十二条第一款，第二十五条第一款，第二十七条，第六十五条第一款，第六十七条第一款、第三款，第六十八条，第六十四条，《刑事诉讼法》第十五条之规定，判决徐××等人犯贷款诈骗罪；杜××、龚××、袁××三人犯掩饰、隐瞒犯罪所得罪。一审宣判后，徐××等人上诉，认为犯罪事实认定有误。

控辩意见

杜××辩护人认为：洗钱罪为故意犯罪，被告人应当对上游犯罪存在一定的明知，只是此种明知的认识程度较低。杜××对上游犯罪破坏金融管理秩序不具有概括性明知，主观上仅具有掩饰、隐瞒犯罪所得罪的故意，不应认定为洗钱罪。

判决结果

二审法院认为，《刑法》第一百九十一条规定的洗钱罪与《刑法》第三百一十二条规定的掩饰、隐瞒犯罪所得、犯罪所得收益罪是刑法特别规定与一般规定的关系，主要区别在于，洗钱罪上游犯罪为毒品犯罪、黑社会性质的组织犯罪、恐怖活动犯罪、走私犯罪、贪污贿赂犯罪、破坏金融管理秩序犯罪、金融诈骗犯罪，且要求行为人对上游犯罪类型存在主观明知。对上游犯罪的明知可以是概括性的认识，即只需认识到上游犯罪的类型，无须认识到具体的性质和罪名。而掩饰、隐瞒犯罪所得、犯罪所得收益犯罪对上游犯罪的类型没有限定，仅要求行为人对属于违法所得的情况存在概括性认识即可。案中，龚××、袁××、杜××的主观明知情况存在差异。龚××、袁××在收购、转移、销售案涉车辆时，清楚该车是徐××等人贷款诈骗所得，对上游犯罪的行为、类型、性质均存在明知。而杜××虽曾经怀疑过车辆是从非法途径获得，但对于上游犯罪的类型不存在明知。杜××本人和上游犯罪被告人徐××、章××等人并不熟悉，对车子的具体来源也不清楚，在明知车辆可能来路不正的情况下，贪图车价便宜，觉得利益空间较大决定收购涉案车辆，其不具有犯洗钱罪的主观故意，但具有犯掩饰、隐瞒犯罪所得罪的故意。据此，二审法院依法改判原审被告人龚××、袁××犯洗钱罪，维持一审判决主文的第一项至第七项、第十项、第十一项[①]。

理论解说

一、刑法学分析

《刑法修正案（十一）》对洗钱罪的重大修改，最高人民法院、最高人民检察院《关于办理洗钱刑事案件适用法律若干问题的解释》对洗钱罪适用中的疑问作出了明确解答与指引，对于洗钱罪的认定尤其洗钱罪与其他罪名之间的适用区分具有重要意义。为掩饰、隐瞒毒品犯罪、黑社会性质的组织犯罪、恐怖活动犯罪、走私犯罪、贪污贿赂犯罪、破坏金融管理秩序犯罪、金融诈骗犯罪的所得及其产生的收益的来源和性质，涉嫌下列情形之一的，应予立案追诉：(1) 提供资金账户的；(2) 将财产转换为现金、金融票据、有价证券的；(3) 通过转账或者其他支付结算方式转移资金的；(4) 跨境转移资产的；(5) 以其他方法掩饰、隐瞒犯罪所得及其收益的来源和性质的。洗钱数额在500万元以上的，且具有下列情形之一的，属于情节严重：(1) 多次实施洗钱行为的；(2) 拒不配合财物追缴，致使赃款赃物无法追缴的；(3) 造成损失250万元以上的；(4) 造成其他严重后果的。两次以上实施洗钱犯罪行为，依法应予刑事处理而未经处理的，洗钱数额累计计算。

（一）罪与非罪的界定

洗钱罪涉及非法资金或财产的处理，犯罪嫌疑人通过掩饰、隐匿、转移、变换、收购、销售、担保、贷款、投资或者以其他方式处理非法资金或财产，从而掩盖其非法来源，使其在外表上合法化、正常化或者合理化，以达到掩盖其犯罪行为的目的。最高人民法院、最高人民检察院《关于办理洗钱刑事案件适用法律若干问题的解释》规定，对于“明知”，应当结合被告人的认知能力，接触他人犯罪所得及其收益的情况，犯罪所得及其收益的种类、数额，犯罪所得及其收益的转换、转移方式以及被告人的供述等主、客观因素进行认定。本案中，被告人均被判处构成犯罪，课以刑罚。这是因为涉及洗钱犯罪时，难以剥除主观故意仅依据客观犯罪事实进行研判，故而将

① 江苏省泰州市中级人民法院刑事判决书（2021）苏12刑终120号。

主观故意判断降低为概括性认识，即判决书中所描述的——对上游犯罪的明知可以是概括性的认识，即只需认识到上游犯罪的类型，无须认识到具体的性质和罪名。概括性认识并不会对行为人明知自己的行为会发生掩饰、隐瞒他人犯罪所得及其收益的来源和性质的结果，并且希望或者放任这种结果发生产生阻碍。即便如此，杜××仍达不到概括性的认识，这是本案杜××不构成洗钱罪而构成犯掩饰、隐瞒犯罪所得罪的原因。

洗钱罪在行为方面表现为：（1）提供资金账户，即为犯罪人开设银行资金账户或者将现有的银行资金账户提供给犯罪人使用；（2）协助将财产转为现金或者金融票据，既包括将实物转换为现金或金融票据，也包括将现金转换为金融票据或者将金融票据转换成现金，还包括将此种现金（如人民币）转换为彼种现金（如美元），将此种金融票据（如外国金融机构出具的票据）转换为彼种金融票据（如中国金融机构出具的票据）；（3）通过转账或者其他结算方式协助资金转移；（4）协助将资金汇往境外；（5）以其他方式掩饰、隐瞒犯罪的违法所得及其收益来源和性质：指其他掩饰、隐瞒犯罪的违法所得及其产生的收益的性质与来源的一切方法，如将犯罪所得投资于某种行业，用犯罪所得购买不动产，等等。本罪的行为对象包括以下7种上游犯罪的违法所得及其收益：毒品犯罪、黑社会性质的组织犯罪、恐怖活动犯罪、走私犯罪、贪污贿赂犯罪、破坏金融管理秩序犯罪、金融诈骗犯罪。

需要注意的是，洗钱行为不等同于洗钱罪，犯罪分子只有清洗上述7种上游犯罪的所得才构成洗钱罪。洗钱行为则没有上游犯罪限制；洗钱行为并不一定都构成犯罪，只有当事人对从事这7种犯罪活动所获得的黑钱进行清洗时，才构成我国刑法中规定的洗钱罪。

（二）此罪与彼罪

《刑法修正案（十一）》仅仅修改了第191条洗钱罪，但未对第312条掩饰、隐瞒犯罪所得、犯罪所得收益罪进行修改，使得洗钱罪与掩饰、隐瞒犯罪所得罪、窝藏赃物罪的关系密切，需要予以区分。

（1）洗钱罪与掩饰隐瞒犯罪所得罪。洗钱罪和掩饰隐瞒犯罪所得罪的主要区别在于犯罪对象不同：犯罪对象不同，洗钱罪的犯罪对象是非法资金或财产，而掩饰隐瞒犯罪所得罪的犯罪对象则是犯罪所得。构成要件不同，洗钱罪的构成要件包括资金或财产来源于犯罪活动、采取掩饰、隐匿、转移、变换、收购、销售、担保、贷款、投资或其他方式处理、目的是使资金或财产的来源不明或者掩盖、隐瞒其非法来源；而掩饰隐瞒犯罪所得罪的构成要件包括隐瞒、掩饰、转移、收购、销售、变卖犯罪所得，或者以其他方式隐瞒、掩饰、转移犯罪所得的行为。制裁后果不同，洗钱罪的刑罚一般比掩饰隐瞒犯罪所得罪重，可以处以罚款、拘役、有期徒刑等刑罚，而掩饰隐瞒犯罪所得罪的刑罚相对较轻，一般处以拘留、有期徒刑等刑罚。内容范围不同，洗钱罪是一种特殊的掩饰、隐瞒犯罪所得罪。掩饰隐瞒犯罪所得罪的范围看起来比洗钱罪广，但是若是行为人为自己的上述犯罪所得实施洗钱行为的，即“自洗钱”，仍然构成洗钱罪。但不能认为掩饰、隐瞒犯罪所得、犯罪所得收益罪的本犯也构成掩饰、隐瞒犯罪所得、犯罪所得收益罪的主体。如，本案中龚××、袁××、杜××的主观明知情况存在差异。龚××、袁××在收购、转移、销售案涉车辆时，清楚该车是徐××等人贷款诈骗所得，对上游犯罪的行为、类型、性质均存在明知。而杜××虽曾经怀疑过车辆是从非法途径获得，但对于上游犯罪的类型不存在明知。杜××本人和上游犯罪被告人徐××、章××等人并不熟悉，对车子的具体来源也不清楚，在明知车辆可能来路不正的情况下，贪图车价便宜，觉得利益空间较大决定收购涉案车辆，其不具有犯洗钱罪的主观故意，但具有犯掩饰、隐瞒犯罪所得罪的故意。

（2）洗钱罪与窝藏赃物罪。窝藏赃物罪是指在知道或者应当知道所窝藏的物品是赃物的情况下，对赃物进行收藏、转移、销售、隐匿等行为，帮助犯罪分子逃避追究和掩盖犯罪的事实，以达到窝藏赃物的目的，从而协助犯罪分子逃避法律的制裁的犯罪行为。洗钱罪和窝藏赃物罪都是刑法中的犯罪行为，它们之间存在一些相似之处，但也有不同。洗钱罪与窝藏赃物罪均属于侵犯财产罪、均存在帮助犯罪分子逃避法律制裁的行为。洗钱罪的犯罪对象是非法资金或财产，犯罪主体是对非法资金或财产进行处理、转移等行为的人，而窝藏赃物罪的犯罪对象是赃物，犯罪主体是窝藏赃物的人。洗钱罪的构成要件包括资金或财产来源于犯罪活动、采取掩饰、隐匿、转移、变换、收购、销售、担保、贷款、投资或其他方式处理、目的是使资金或财产的来源不明或者掩盖、隐瞒其非法来源；而窝藏赃物罪的构成要件包括窝藏的行为、窝藏的对象是赃物、知道或者应当知道所窝藏的物品是赃物。结果危害性不同。洗钱罪的 7 种上游犯罪较重，危害也较窝藏罪大。洗钱罪的危害性主要体现在它能够使得犯罪分子逃避法律的制裁，同时也会严重破坏金融秩序和社会经济秩序。而窝藏赃物罪的危害性则主要体现在它能够帮助犯罪分子逃避追究和掩盖犯罪的事实，同时也会导致赃物被流通和使用，增加犯罪的难度和复杂度。

二、犯罪学分析

洗钱罪不仅会对经济和金融体系造成影响，也会对社会造成严重的危害。洗钱罪会破坏金融体系的正常运作，使得金融机构和市场失去公信力，影响金融体系的安全和稳定。洗钱行为会促进犯罪活动的发展，包括贩毒、贪污、走私、恐怖主义等活动。洗钱罪会侵蚀国家利益，损害国家税收、经济和金融安全，影响国家的政治稳定和社会安全。洗钱罪会损害公众利益，导致社会贫富差距加大，使得公众的利益受到侵害。洗钱罪是国际犯罪活动的重要手段之一，威胁着国际安全和稳定。洗钱犯罪的频发主要基于经济利益驱动、金融系统便利性和技术便捷，使得其手段多样化、智能性和跨国性。

洗钱犯罪的主要目的是将非法所得转化为合法收入，从而逃避法律制裁并获取经济利益，而金融机构的便利性和复杂性为洗钱提供了操作空间，使犯罪分子能够利用金融系统进行资金的转移和隐藏。随着网络支付、区块链等现代信息技术的应用，新型洗钱手段不断出现，技术性和隐蔽性增强，增加了发现和查处犯罪的难度。洗钱犯罪出现利用空壳公司的新渠道，如在艺术品拍卖上，买卖双方基于隐私保护以及艺术品的价格波动极大，犯罪分子会低价买入艺术品，然后通过专家鉴定、虚高价格等手段，将其卖给自己的空壳公司，从而成功地将赃款转化为合法的投资收入。他们往往以高价购买豪宅，将现金转化为合法的房产，从而巧妙地掩盖了赃款的来源，通过房地产将赃款合法化。还有的犯罪分子利用海关监管的漏洞，通过虚报货物价值等方式将资金跨境流动，从而掩盖赃款的来源和流向。

目前的洗钱手段不断变化、花样不断翻新，除了传统的购房、购买贵金属、投资证券基金等方式外，还出现了利用虚拟货币交易、搭建“跑分平台”、通过直播平台打赏等方式进行洗钱；新型洗钱手段利用现代信息技术，通过海量资金账户快速多层转移资金，技术性和隐蔽性更强；犯罪分子利用多个国家的金融机构进行资金的流转和隐藏，增加了侦查和打击的难度。洗钱看似光鲜亮丽，实则是一条通往罪恶和毁灭的不归路。

风险警示

洗钱罪的产生和发展与中国经济的发展和金融市场的开放有关。随着中国市场的开放和经济的快速发展，国内外大量资金涌入，同时也带来了洗钱等经济犯罪活动的增加。洗钱罪就像是一颗隐藏在黑暗中的毒瘤，它会破坏经济和金融体系的正常运作，促进各种犯罪活动的发展，侵蚀国家利益和公众利益，威胁国际安全和稳定。如果不加以防范和打击，洗钱罪将会给社会和人民带来巨大的伤害和损失。洗钱罪作为一种经济犯罪，是指将非法获得的资金通过一系列的交易和操作，掩盖其来源和性质，使其看起来像是合法的资金流动。这些非法资金可能来自贩毒、贪污、走私、恐怖主义等活动。洗钱罪的产生也与金融体系中的漏洞和监管不力有关。有些金融机构可能存在内部腐败、缺乏有效的内部控制和监管机制，容易被洗钱分子利用。此外，法律制度和监管机构也可能存在不足，使得洗钱罪犯可以在其中寻找漏洞和逃避监管。

洗钱与反洗钱之间的博弈，就像一场永无止境的猫鼠游戏。洗钱者绞尽脑汁、想尽办法来掩盖赃款的来源和流向，反洗钱机构不遗余力地追查、打击洗钱行为。洗钱不仅是对法律的蔑视和挑战，更是对道德和良知的践踏。它让罪恶的财富得以在阳光下流通，让无辜的人们承受着巨大的风险和损失。因此，防范洗钱需要全社会的共同努力，包括政府、金融机构、从业人员和公众。政府应加强监管和合作，建立更加完善的监管机制和法律制度，加强对金融机构和从业人员的监管和处罚力度。金融机构应建立内部控制系统，确保业务操作的合法性和安全性，加强对客户身份和交易信息的核实和审核。金融从业人员应增强自身的洗钱风险意识，加强知识和技能的培训，积极报告可疑交易行为。公众应提高对洗钱犯罪的认知和警惕，不参与、不支持洗钱犯罪活动，积极举报可疑交易行为。同时应加强国际合作，建立更加紧密的反洗钱合作机制，共同打击跨境洗钱犯罪活动。未来，随着全球经济的发展和金融市场的不断创新，洗钱罪的形式和手段也将会不断更新和演变。因此，防范和打击洗钱罪需要不断加强和完善。

问题思考

2018年2月初，牛××（另案处理）将从北京澳克利投资有限公司实际控制人王××处受贿的150万元现金和从甘肃兰州通茂物流有限公司法定代表人叶××处受贿的50万元现金交给被告人李××1，让李××1转交李××2办理入股兰州科天投资控股股份有限公司手续。被告人李××2从李××1处拿到上述现金后，于2018年2月9日、11日，将上述200万元分批存至其账号为622***5162的交通银行个人账户，后通过转账方式转账至兰州科天投资控股股份有限公司指定账户办理了入股手续，该200万元股权由李××2代持。

法院认为，被告人李××1、李××2明知钱款是牛某某贿赂犯罪所得，为掩饰、隐瞒钱款的来源和性质，以其他方法掩饰、隐瞒犯罪所得的来源和性质，其行为均已触犯构成洗钱罪，应予刑罚。公诉机关指控二被告人的犯罪事实清楚，证据确实充分，罪名成立。被告人李××1的辩护人认为在甘肃省纪委调查牛某某职务犯罪一案过程中，李××1作为该案证人向调查机关如实陈述了其参与洗钱的犯罪事实，李××1符合自动投案、如实供述的条件，应认定李××1成立自首的辩护意见，予以采纳。李××2作为证人向调查机关如实陈述了其参与洗钱的犯罪事实，符合自动投案、如实供述的条件，被告人李××2的行为亦构成自首。对二被告人可从轻处罚。被告人李××1、李××2归案后自愿如实供述了自己的罪行，并在甘肃省纪委监委调查牛××受贿一案时主动退回代持股权及非法所得，可以从轻处罚。二被告人当庭自愿认罪，确有悔罪表现，可对其酌情从轻处罚。根据二被告人犯罪情节和悔罪表现，可适用缓刑。公诉机关的量刑建议适当。案经本院审判委员会讨论决定，依照《中华人民共和国刑法》第一百九十一条第一款第（五）项，第二十五条第一款，第六十七条第一款，第七十二条第一款，第七十三条第二款、第三款，《中华人民共和国刑事诉讼法》第二百零一条之规定，判决如下：

（1）被告人李××1犯洗钱罪，判处有期徒刑三年，缓刑四年，并处罚金50000元（已缴纳）。

（2）被告人李××2犯洗钱罪，判处有期徒刑三年，缓刑四年，并处罚金50000元（已缴纳）①。

洗钱犯罪与毒品犯罪、有组织犯罪、金融犯罪、腐败犯罪等上游犯罪有着紧密联系，严重破坏金融管理秩序，危害国家经济金融安全，社会危害性大，应依法惩处。纵观上述案件，根据《刑法》的规定，探讨以下问题：

（1）如何区分上游犯罪共犯与洗钱罪？

（2）为什么洗钱罪的上游犯罪仅限于七类犯罪？

（3）如何判断构成洗钱罪还是掩饰、隐瞒犯罪所得、犯罪所得收益罪，以及是否属于情节严重？

① 甘肃省武威市凉州区人民法院刑事判决书（2021）甘0602刑初187号。

案例 4：

高利转贷“借钱生钱”陷入犯罪囹圄

立法背景

高利转贷罪，是指以转贷牟利为目的，套取金融机构信贷资金高利转贷他人，违法所得数额较大的行为。

我国关于高利转贷行为的规制最早可以追溯到1996年中国人民银行《贷款通则》对高利转贷行为的限定。在审议1997年刑法草案过程中，有代表提出，实践中一些单位和个人从金融机构套取贷款转贷他人，牟取非法利益的现象比较严重，这种行为严重扰乱了金融管理秩序，应该在刑法分则‘破坏金融管理秩序罪’里增加高利转贷罪。1997年《刑法》采纳了这一建议规定了高利转贷罪。该罪在适用过程中，因行政执法机关对高利转贷行为缺乏明确授权和详细的规定，实施行政认定和行政处罚出现了障碍。2015年《最高人民法院关于审理民间借贷案件适用法律若干问题的规定》第14条第（一）项规定了套取金融机构信贷资金又高利转贷给借款人，且借款人事先知道或者应当知道的，民间借贷合同无效。2019年《九民会议纪要》第52条对民间借贷中的高利转贷行为进行了规定：民间借贷中，出借人的资金必须是自有资金。出借人套取金融机构信贷资金又高利转贷给借款人的民间借贷行为，既增加了融资成本，又扰乱了信贷秩序，根据民间借贷司法解释第14条第1项的规定，应当认定此类民间借贷行为无效。2020年修订的《最高人民法院关于审理民间借贷案件适用法律若干问题的规定》将第14条第（一）项修改为“套取金融机构贷款转贷的”，并将原本的“信贷资金”更改成为“贷款”，标明了禁止民间借贷中对于金融机构一切形式贷款的转贷行为。无论贷款资金的性质为何，高利转贷的行为对于金融秩序的侵害性都是同样存在的。综合考虑经济社会发展状况和当前司法实践，2022年最高人民检察院、公安部《关于公安机关管辖的刑事案件立案追诉标准的规定（二）》删除了2010年《关于公安机关管辖的刑事案件立案追诉标准的规定（二）》“虽未达到上述数额标准，但两年内因高利转贷受过行政处罚两次以上，又高利转贷的”规定，限于“以转贷牟利为目的，套取金融机构信贷资金高利转贷他人，违法所得数额在50万元以上”作为立案追诉标准。

案件情况

2009年8月25日，被告人梁×武和其妻子韦×以装修房屋为名，用其子梁×城名下位于柳州市潭中西路19号金绿洲如意家园24栋1—7号商铺作抵押，向浦发银行柳州支行贷款45万元，贷款期限120个月，年利率5.94%，并签订了以韦×为借款人的《上海浦东发展银行个人消费借款（综合）合同》（合同编号5501200910078113040l），梁×武在合同的借款（签章）栏签名。次日，浦发银行柳州支行将贷款45万元发放到韦×在该行的6230账户。2009年8月31日，梁×武以梁×的名义与福邦公司签订借款合同，将从浦发银行柳州支行取得贷款中的43万元及其他资金7万元，共计50万元出借给福邦公司，借款期限36个月，按月结息，月利率为25‰。梁×武与福邦公司借款期限届满，双方未再续签合同，仍按原合同履行。经司法会计鉴定，2009年9月15日至2018年9月15日，梁×武（通过韦×银行账户6345）归还浦发银行柳州支行转借部分（43万元）贷款银行利息93063.24元，收到福邦公司借款（本金43万元）利息1112625元，非法获利1019561.76元。2012年3月15日，被告人梁×武及其妻子韦×以房屋装修为名，用梁×武、韦×共有的位于潭中西路19号金绿洲如意家园28栋11－1号房屋做抵押，以韦×名义向工行龙城支行贷款85万元，贷款期限168个月，年利率8.46%，并签订了《个人借款担保合同》（合同编号B：【个综】字【柳州分】行【龙城】支行【2012】年【506】号），梁×武在抵押物共有人（签字）栏签名捺手印。同月20日，工行龙城支行将贷款85万元发放到范×在该行的6299账户。之后，韦×从范×的账户分三次转款29万元、29万元、27万元到梁×的6285账户上。2012年3月27日，梁×武以梁×的名义向福邦公司出借50万元，期限12个月，月利率25‰。当日，韦×从梁×的6285账户转50万元到福邦公司703000152010200000531账户。经司法会计鉴定，至2018年10月，梁×武（通过韦×银行账户）归还工行龙城支行转借部分贷款利息194784.82元，收到福邦公司借款利息881250元，获取非法利益686465.18元。

控辩意见

广西壮族自治区来宾市人民检察院指控：

（1）2009年8月27日，被告人梁×武以房屋装修为名，从上海浦东发展银行股份有限公司柳州支行（以下简称浦发银行柳州支行）套取信贷资金45万元，并将其中的43万元高利转贷给柳州市福邦房地产开发有限公司（以下简称福邦公司）。经司法会计鉴定，至2018年10月，梁×武违法所得为1019561.76元。

（2）2012年3月27日，被告人梁×武以房屋装修为名，从中国工商银行股份有限公司柳州市龙城支行（以下简称工行龙城支行）套取信贷资金85万元，并将其中的50万元高利转贷给柳州市福邦房地产开发有限公司。经司法会议鉴定，至2018年

10月，梁×武违法所得686465.18元。公诉机关认为，被告人梁×武以牟利为目的，套取金融机构信贷资金高利转贷他人，违法所得数额为1706026.94元，其行为触犯了《中华人民共和国刑法》第一百七十五条，犯罪事实清楚，证据确实、充分，应当以高利转贷罪追究其刑事责任。根据《中华人民共和国刑事诉讼法》第一百七十六条第一款的规定，提请本院依法判处。

辩护人梁×双提出辩护意见：指控获利金额170多万元错误，应为413861.41元。其一，获利金额仅限于《借款合同》期限内。高利转贷罪只能是直接故意，间接故意不构成犯罪。借款期限之外，梁×武不存在转贷的主观意志，是被动的自然延续，指控借款到期后获取利益为犯罪的，违反主客观统一的犯罪认定原则，属于客观归罪。其二，违法所得应剔除借款本金。借款本金100万元尚未收回，指控违法所得的170万元应扣除本金100万元。其三，按揭归还的银行本金，从贷款次月起开始偿还，用于转贷的银行贷款置换出来，致使在借福邦公司的款项中已经不存在这部分银行贷款，高利转贷的利息应扣除归还银行贷款本金从计算基数剔除。基于上述三个理由，违法所得：第一笔借款43万元转贷期限3年，获取利益387000元（43万元×25‰/月×36个月），支付银行利息76626元（43万元×5.94%/年×3年），差额310347元；第二笔借款50万元转贷期限一年，获取利益15万元（50万元×25‰/月×12个月），支付银行利息42300元（50万元×5.94%/年×1年），差额10.77万元；偿还贷款本金减少的利息：第一笔每月3750元，减少贷款本金利息3375（3750元×36个月×25‰×1）；第二笔转贷12个月，减少利息837.59元（33503.79×25‰×1），总计310374+107700-33503.79-837.59=413861.41（元）。

（3）量刑意见。有自首的法定减轻从轻处罚情节及未给银行、国家造成损失，建议对被告人梁×武判处有期徒刑十个月。

辩护人钟×才提出辩护意见：

（1）司法会计鉴定意见书没有使用本案涉及的重要证据为检材，导致该意见书的分析意见、鉴定结论不公允。梁×武与福邦公司借款合同期限届满后收取的款项不能认定为“利息”，不能作为定罪量刑的依据。

（2）司法会计鉴定意见书没有扣除计算“转贷获利”期间当事人已偿还的银行贷款本金。2018年10月，梁×武已偿还银行本金41.25万元和300046.27元。

（3）司法会计鉴定没有考虑借款本金是否得以足额清偿。福邦公司欠梁×武本金100万元，鉴定人未予考虑，得出获利金额的鉴定意见是虚假的。建议委托鉴定机构按照客观、公允原则重新做鉴定，根据新的鉴定结论对本案作出公正判决。

针对公诉机关的指控、被告人梁×武的辩解理由及其辩护人所辩护意见，根据本案的事实、证据及相关法律规定，本院评判如下：

（1）关于《广西公明司法鉴定中心桂公明司法会计鉴定意见书》（司鉴会字〔2018〕103号）能否作为定案依据的问题。经查，柳州市公安局委托广西公明司法鉴定中心对梁×武高利转贷获得的金额进行司法会计鉴定，提供的鉴定材料有韦×、梁×武、梁×等人的银行流水，梁×武、韦×的贷款合同，与鉴定内容有关的案件资料。该鉴定所用的资料均作为证据经庭审举证、质证属实。该鉴定中心鉴定人员依据委托要求，采用专项检验的方法，对委托人提供的材料进行审核，作出广西公明司法鉴定中心桂公明司鉴会字〔2018〕103号司法会计鉴定意见书。鉴定机构具有相应的鉴定资质、鉴定人员具有相应的鉴定资格，鉴定程序符合法律规定，鉴定意见可作为本案定案依据。辩护人提出该司法鉴定意见不能作为定案依据的辩护意见不成立。

（2）关于高利转贷犯罪违法所得数额的计算问题。经审查认为，高利转贷罪的违法所得，是指将银行信贷资金以高于银行贷款利率转贷他人后所获取的利息差额部分的数额。本案第一宗高利转贷犯罪中，梁×武从浦发银行柳州支行获取信贷资金45万元后，将其中的43万元以月利率25‰、贷款期限3年转贷给福邦公司，至案发获取利息1112625.00元。其从浦发银行柳州支行贷款的年利率为5.94%，至案发需支付银行利息为93063.24元，故违法所得为1019561.76元。第二宗高利转贷犯罪中，梁×武从工行龙城支行获取信贷资金85万元后，将其中50万元以月利率25‰、贷款期限1年转贷给福邦公司，至案发获取利息881250.00元。其从工行龙城支行贷款的年利率为8.46%，至案发需支付银行利息为194784.82元，故违法所得为686465.18元。以上共计1706026.94元，公诉机关指控梁×武违法犯罪所得数额正确。梁×武的辩解及其辩护人所提辩护意见没有依据，本院不予采纳。

判决结果

本院认为，被告人梁×武以转贷牟利为目的，套取金融机构信贷资金高利转贷他人，违法所得数额1706026.94元，数额较大，其行为已触犯《中华人民共和国刑法》第一百七十五条第一款之规定，构成高利转贷罪。公诉机关指控梁×武犯高利转贷罪成立。梁×武在被纪检监察部门留置期间，主动交代办案机关未掌握的犯罪事实，系自首，依法予以从轻处罚。依照《中华人民共和国刑法》第一百七十五条第一款、第五十二条、第五十三条、第六十四条、第六十七条第一款之规定，并经本院审判委员会讨论决定，判决如下：

（1）被告人梁×武犯高利转贷罪，判处有期徒刑二年，并处罚金人民币180万元。（2）追缴被告人梁×武违法所得人民币 1706026.94 元，上缴国库。[①]

理论解说

一、刑法学分析

在通常情况下，行为人从银行等金融机构贷款后转贷的，都会赚取一定的利差。如果出借人以牟利为目的从金融机构套取信贷资金并转贷，或者贷款人以高息利诱或高报酬利诱出借人向金融机构贷款，则很可能涉嫌高利转贷罪。2022 年《最高人民检察院、公安部关于公安机关管辖的刑事案件立案追诉标准的规定（二）》第 21 条规定：“以转贷牟利为目的，套取金融机构信贷资金高利转贷他人，违法所得数额在五十万元以上的，应予立案追诉。”

（一）罪与非罪的界定

高利转贷罪侵犯直接客体是国家对信贷资金的发放及利率管理秩序。客观上表现为以转贷牟利为目的，套取金融机构信贷资金高利转贷他人数额较大的行为。一般表现为行为人以虚假的贷款理由，隐瞒将贷款用于转贷的真实用途，在获取贷款后，将贷款非法转贷他人，并非用于贷款合同中约定的贷款用途。其中，“违法所得”主要指借款人高利转贷所得利息与其应支付金融机构贷款利息之差，但也包括行为人向贷款人索要的各种费用。这些费用既有可能是虚构的，如担保费、保证金、手续费等，也有可能是在实有费用基础上虚增的，如鉴定费和保险费等。无论是何种费用，只要最终是从贷款人身上收取的，都应计算至违法所得当中。本案中，梁×武构成高利转贷罪已明确，但其犯罪数额产生了争议，辩护人声称梁×武与福邦公司借款合同期限届满后收取的款项不能认定为“利息”，不能作为定罪量刑的依据，辩护人所称的按揭归还银行本金，从贷款次月起开始偿还，用于转贷的银行贷款置换出来，致使在借福邦公司的款项中已经不存在这部分银行贷款，高利转贷的利息应扣除归还银行贷款本金从计算基数剔除。最终经法院审查认为，高利转贷罪的违法所得，是指将银行信贷资金以高于银行贷款利率转贷他人后所获取的利息差额部分的数额。以银行贷款利率为基准，准确打击了高利转贷罪违法所得，也有效维护了金融管理秩序。

① 广西壮族自治区来宾市中级人民法院刑事判决书（2019）桂 13 刑初 13 号。

需要注意的是，若有过失不构成本罪。区分本罪的罪与非罪界限，应当注意行为人以正当目的取得金融机构信贷资金，然后产生将信贷资金高利转贷他人的意图进而实施这种行为的，不应以犯罪论处，贷款时没有转贷牟利目的，也没有采取欺骗手段，获取贷款后将贷款转贷他人的，只是单纯改变贷款用途的行为，不成立任何犯罪。不能因为行为人事后改变贷款用途，而认定前行为属于套取或者骗取金融机构贷款，否则就违反了行为与责任同时存在的原则。对于高利转贷信贷资金，违法所得数额较小的，不能认定为本罪。

（二）此罪与彼罪

（1）高利转贷罪与贷款诈骗罪。本案中，梁×武未认定为贷款诈骗罪，是因为其无非法占有的主观故意，也未造成贷款本金损失。高利转贷罪与贷款诈骗罪二罪非常相像，经常在实务中存在竞合。在高利转贷罪与骗取贷款罪的区分上，根本点在于，行为人是否具有非法占有的目的，贷款诈骗罪要求以非法占有为目的。而高利转贷罪中行为人只要以转贷牟利为目的就可以了，不需要以非法占有为目的。如果行为人没有非法占有的目的，则不能构成本罪；如果行为人具有非法占有的目的，则可能构成本罪和其他罪名的竞合。

（2）高利转贷罪与骗取贷款罪。通常来说，骗取贷款罪和高利转贷罪都是以行为人以欺骗手段取得银行贷款为前提。骗取贷款罪与高利转贷罪主观上均没有非法占有贷款的目的，在客观行为上存在一定相似性。骗取贷款是高利转贷的前提，其已具有转贷牟利的主观目的，故而对于造成银行或者其他金融机构重大损失的，一般选择认定骗取贷款罪，以突出犯罪行为的欺骗性和对金融秩序的严重危害性特征；如果没有造成银行或者其他金融机构重大损失的，行为人通过转贷牟利的，一般倾向于认定为高利转贷罪。在实践中，如果行为人骗取了银行或者其他金融机构的信贷资金后，又将其高利转贷给他人，则可能同时构成骗取贷款罪和高利转贷罪。

二、犯罪学分析

高利转贷罪作为一种典型的金融犯罪，通常是由一些非法借贷公司或个人通过虚假宣传、欺骗手段等方式，向需要资金周转的人提供高额利息的贷款，然后通过暴力催收、威胁恐吓等手段，强迫借款人进行高额利息的再次借贷，以此形成恶性循环，从而实现非法牟利的一种犯罪行为。在高利转贷的过程中，犯罪分子往往会利用借款人的贪心、急需用钱等心理，以及对借贷知识的缺乏，让借款人掉进陷阱，从而达到非法牟利的目的。同时，一些借款人在借贷过程中缺乏对合同条款的认真阅读和理解，或者没有充分了解借款公司的信誉和资质等情况，也容易陷入高利转贷的陷阱。在涉及高利转贷的案件中，如果高利转贷者在约定时间内还清了贷款，没有给银行造成损失，就很少会暴露。由于这类人员在进行高利转贷时，不会向转贷对象说明资金来源，犯罪的隐蔽性更强。

高利转贷犯罪案件中，有些银行金融机构工作人员与骗取贷款、高利转贷行为人内外勾结作案，有的信贷资金在经历多重掩饰后作为呆坏账处理；有的经历多轮次借新还旧，由于时间跨度长，加之银行系统交易数据的缺失、信贷资金进入个人资金池账户后取现等多重因素影响，高利转贷犯罪隐蔽性较强，存在案件线索发现难、证据及时固定难的尴尬境地，资金去向难以查清，致使案件定性难。有的不法分子没有相对完善的账户材料，涉案资金多与其个人生活使用资金高度混同，银行利率又存在浮动、账目混乱，对获利情况更是难以甄别计算。还有一种情形，行为人先用自有资金进行放贷，然后向银行申请贷款进行“移花接木”用于自有资金池的弥补“填平”，特别是不法分子为牟取暴利，利用信贷资金紧张之机，采用各种手段套取金融机构信贷资金后高利转贷他人，严重扰乱金融管理秩序，破坏金融行业健康发展。因此，对高利转贷犯罪行为需要采取有效的措施加以防范。首先，需要加强对金融知识的普及和教育，提高人们的金融素质，让人们了解高利转贷的危害和风险，避免因贪图小利而陷入高利转贷的陷阱。其次，政府和相关部门应该加大对高利转贷犯罪的打击力度，加强对非法借贷公司和个人的监管，严厉打击高利转贷犯罪，维护金融市场秩序和社会稳定。最后，金融机构应该加强内部风险管理和监管，遵守法律法规，保护客户的合法权益，提高自身的信誉和声誉，防范高利转贷对自身的危害。同时，应加强对弱势群体的关注和帮助，为他们提供更多的社会福利和扶持，帮助他们更好地融入社会，减少因财务困难而陷入高利转贷犯罪的风险。

风险警示

中国《刑法》设立高利转贷罪在于维护金融机构信贷资金安全，防止不符合贷款条件的借款人变相从金融机构获得贷款再转移，发生金融风险。高利转贷罪的存在，对个人和金融机构造成危害的同时，也给社会经济秩序带来负面影响。

在现代社会，贷款已经成为拓展事业的工具。然而，近年来出现的高利转贷现象，从事“无本赚高利”的转贷生意，虽能获得一时的收益，却暗藏了诸多法律风险。即使是次级的转贷行为也会遭遇法律的制裁，更不要想趁着现在利息低把银行的钱掏出来出借他人，更大可能血本无归，甚至身陷违法犯罪境地。高利转贷的存在对社会造成了很大的危害，主要表现在侵害借款人合法权益，高利转贷的利率通常高达几百甚至上千倍，对借款人的经济利益造成了极大的侵害，导致借款人负债累累，甚至破产。高利贷往往伴随着高风险，如资金来源不明、非法催收等问题，给金融市场带来了极大的安全隐患。即使是自有资金也存在风险。例如，2019 年最高人民法院、最高人民检察院、公安部、司法部联合发布了《关于办理非法放贷刑事案件若干问题的意见》，明确规定违反国家规定，未经监管部门批准，或者超越经营范围，以营利为目的，经常性地向社会不特定对象发放贷款，扰乱金融市场秩序，情节严重的，以非法经营罪定罪处罚。在一些地区，曾经因高利贷问题引发了多起群体性事件，给社会稳定带来了极大的威胁，这是需要高度关注的。

问题思考

被告人黄××系从事石雕经营的个体工商户，在 2016 年 8 月至 2017 年 8 月，以购买石雕需要资金为由从青田县农村商业银行（以下简称青田农商行）、平安银行温州永嘉瓯北小微企业专营支行（以下简称平安银行）等银行贷款后，以高利转借给张×1、周×、吴×1、吴×2、兰×等人，从中牟利金额达 44.26 万余元。具体事实如下：2016 年 8 月 24 日，张×1 向被告人黄××借款 14 万元，约定用款不超过十天的，共支付利息 1 万元。当日，被告人黄××从青田农商行以 0.76125% 的月利率获得贷款 12 万元，并将该贷款加其银行账户余款共计 14 万元借给张×1，后被告人黄××于 2016 年 8 月 28 日归还了农商行的 12 万元贷款，张×1 于 2016 年 9 月 3 日向被告人黄××清偿的本息共计 15 万元。截至归还贷款日，被告人黄××从贷款转贷中牟利达 3300 余元。2016 年 10 月 9 日，周×向被告人黄××借款 10 万元，被告人黄××当天从青田农商行以 0.76125% 的月利率获得贷款 10 万元，并将该贷款以 10% 的月利率转借给周×。被告人黄××先行扣除利息 1 万元，当天向周×实际交付借款 9 万元；2016 年 10 月 25 日，被告人黄××归还了上述 10 万元贷款。而周×至案发尚未清偿该借款。截至归还贷款日，被告人黄××从贷款转贷中牟利达 4900 余元[①]。

实际生活中，有个别企业从银行贷出资金后由于未能立即投入使用而成为闲置资金，为了减少利息损失并获取一定利益，这些企业就将贷款所得资金借与他人，并收取高额利息。纵观上述案件，结合本案案例，根据《刑法》规定，探讨以下问题：

① 浙江省丽水市中级人民法院刑事判决书（2019）浙 11 刑终 299 号。

（1）骗取贷款罪与违法发放贷款罪之间的关系，对于银行工作人员明知行为人采取欺骗手段骗取贷款，仍发放贷款的，如何处理？

（2）同时构成高利转贷罪和骗取贷款罪时的处罚原则？

（3）高利转贷产生的利息应当计为犯罪所得吗？

第二部分　证券期货犯罪

案例5：

证券欺诈发行欺诈了谁

立法背景

欺诈发行证券罪是指在招股说明书、认股书、公司、企业债券募集办法中隐瞒重要事实或者编造重大虚假内容，发行股票或者公司、企业债券，数额巨大、后果严重或者有其他严重情节的行为。

欺诈发行证券作为犯罪源于1995年全国人大常委会的《关于惩治违反公司法的犯罪的决定》设立的欺诈发行股票、债券罪。1997年《刑法》吸收了《决定》的规定，并根据1993年国务院《企业债券管理条例》将企业债券纳入该罪的调整范围。2019年《证券法》修订前，存托凭证未被明确规定在《证券法》中，其性质属于“国务院依法认定的其他证券”，欺诈发行股票、债券罪作为行政犯不存在类似的规定。2018年国务院办公厅转发的证监会《关于开展创新企业境内发行股票或存托凭证试点若干意见的通知》明确了存托凭证是一种新的证券品种。《公司法》《证券法》《企业债券管理条例》分别规定了股票、公司债券、存托凭证。《证券法》及其他管理规定对欺诈发行行为设定的罚金及先行赔付制度，依然不足以维护我国证券市场的平稳运行。为了与《公司法》《证券法》《企业债券管理条例》做好衔接，欺诈发行股票、债券罪需要包括“存托凭证”以及“国务院依法认定的其他证券”的内容。2020年《刑法修正案（十一）》将欺诈发行股票、债券罪修改为欺诈发行证券罪。对欺诈发行证券罪的犯罪构成进行了完善，弥补了刑事法关于欺诈发行行为的规定之不足，保持了与前置性法律法规的联动调整，将犯罪构成要素扩大到“发行文件”及所发行“证券”的范围。在行为主体方面，将控股股东、实际控制人纳入本罪的独立行为主体，明确控股股东、实际控制人的组织、指使行为可认定为欺诈发行证券罪的正犯行为。在法定刑方面，对于欺诈发行案件中数额特别巨大、后果特别严重或者有其他特别严重情节的情形，增设五年以上有期徒刑，并处罚金。此外，对于控股股东、实际控制人的组织、指使行为，除自由刑外，增加了并处或单处非法募集资金金额百分之二十以上一倍以下的罚金刑。2021年，最高人民法院、最高人民检察院《关于执行〈中华人民共和国刑法〉确定罪名的补充规定（七）》取消欺诈发行股票、债券罪改为欺诈发行证券罪。

从欺诈发行股票、债券罪到欺诈发行证券罪的变化，特别是1997年《刑法》根据债券市场发展对欺诈发行股票、债券罪的第一次调整以及2020年的《刑法修正案十一》根据证券市场的发展对欺诈发行股票、债券罪的第二次调整，均体现了我国证券市场逐步完善统一的发展历程，也表明了我国金融领域逐步形成民事、行政、刑事治理相统一的格局，展现出我国追究欺诈发行案件行为主体刑事责任零容忍的立法态度。

案件情况

2013 年下半年，为解决 × ×股份公司资金短缺问题，被告人陈×华与其妻关×（原× ×股份公司总经理）商定通过发行私募债券融资。为此，被告人陈×华、关×伙同周×（原× ×股份公司财务经理）、刘×（上海 A 有限公司实际负责人）提供虚假的财务报表等财务凭证，通过亚太会计师事务所出具了虚增营业收入人民币 6.7 亿余元（以下币种均为人民币）、虚增利润 1.4 亿余元、虚增资本公积 6517 万余元的审计报告。2014 年 1 月，承销券商国海证券股份有限公司出具了包含上述审计报告数据的《江苏 B 有限公司 2013 年中小企业私募债券募集说明书》。经向深圳证券交易所备案后，× ×股份公司于 2014 年 3 月至 7 月，先后向 Z 公司、国海证券国海金贝壳赢安鑫 1 号集合资产管理计划、广西 C 有限公司三家机构投资者非公开发行两年期私募债券“13 中联 01”“13 中联 02”“13 中联 03”，共计 0.9 亿元。2016 年 7 月，上述私募债券到期后，× ×股份公司无力支付本息，造成投资者重大资金损失。

控辩意见

一审中被告人陈×华及其辩护人的辩护意见：被告人陈×华并非公司直接负责的主管人员。没有动员员工配合发债，对于提供虚假财务凭证等具体细节并不知情；陈×华主观上没有犯罪故意，且并非× ×股份公司欺诈发行债券直接负责的主管人员，故不构成欺诈发行债券罪；即使认定陈× ×构成犯罪，鉴于本案不存在利用募集资金进行违法活动或转移、隐瞒募集资金的情况，也应对其酌情从轻处罚。

判决结果

上海市第一中级人民法院经一审审理认为：被告人陈×华作为× ×股份公司直接负责的主管人员，参与欺诈发行债券，数额巨大，后果严重，其行为已构成欺诈发行债券罪。公诉机关的指控的犯罪事实清楚，证据确实、充分，罪名成立，本院予以确认。陈×华在庭审中对主要犯罪事实、罪名不持异议，量刑时酌情予以考虑。据此，为维护社会主义市场经济秩序，规范证券市场，保护投资者的合法权益不受侵犯，依照《中华人民共和国刑法》第一百六十条、第三十条、第三十一条、第二十五条第一款、第六十四条之规定，判决如下：(1) 被告人陈×华犯欺诈发行债券罪，判处有期徒刑三年六个月（刑期从判决执行之日起计算。判决执行前先行羁押的，羁押一日折抵刑期一日，即自 2019 年 1 月 18 日起至 2022 年 7 月 17 日止)。(2) 违法所得予以追缴。[①]

被告人陈×华不服，向上海市高级人民法院提出上诉。

上海市高级人民法院认为：

原审法院认定上诉人陈×华犯欺诈发行债券罪的事实清楚，证据确实、充分，适用法律正确，量刑适当，且审判程序合法。现陈×华自愿申请撤回上诉，符合法律规定，本院予以准许。据此，依照《最高人民法院关于适用〈中华人民共和国刑事诉讼法〉的解释》第三百零五条第一款、第三百零八条的规定，裁定如下：

准许上诉人陈×华撤回上诉。[②]

理论解说

一、刑法学分析

欺诈发行证券罪是指在招股说明书、认股书、公司、企业债券募集办法中隐瞒重要事实或者编造重大虚假内容，发行股票或者公司、企业债券，数额巨大、后果严重或者有其他严重情节的行为。2022 年最高人民检察院、公安部《关于公安机关管辖的刑事案件立案追诉标准的规定（二）》第 5 条：在招股说明书、认股书、公司、企业债券募集办法等发行文件中隐瞒重要事实或者编造重大虚假内容，发行股票或者公司、企业债券、存托凭证或者国务院依法认定的其他证券，涉嫌下列情形之一的，应予立案追诉：(1) 非法募集资金金额在一千万元以上的；(2) 虚增或者虚减资产达到当期资产总额百分之三十以上的；(3) 虚增或者虚减营业收入达到当期营业收入总额百分之三十以上的；(4) 虚增或者虚减利润达到当期利润总额百分之三十以上的；(5) 隐瞒或者编造的重大诉讼、仲裁、担保、关联交易或者其他重大事项所涉及的数额或者连续十二个月的累计数额达到最近一期披露的净资产百分之五十以上的；(6) 造成投资者直接经济损失数额累计在一百万元以上的；(7) 为欺诈发行证券而伪

① 参见上海市第一中级人民法院刑事判决书（2019）沪 01 刑初 29 号。

② 参见上海市高级人民法院刑事裁定书（2019）沪刑终 90 号。

造、变造国家机关公文、有效证明文件或者相关凭证、单据的；（8）为欺诈发行证券向负有金融监督管理职责的单位或者人员行贿的；（9）募集的资金全部或者主要用于违法犯罪活动的；（10）其他后果严重或者有其他严重情节的情形。

（一）罪与非罪的界定

对象要件的认定、行为要件的认定和结果要件的认定是界定欺诈发行证券罪罪与非罪的三个关键点。

1. 对象要件的认定

自《公司法》开放募集设立股份有限公司后，本罪的对象是否包括私募证券一直存在争议。例如，本案中陈×华参与发布的私募债券，是否为本罪的对象？持否定观点的学者认为，发行私募证券的社会危害性较小。由于私募发行行为针对的是专业投资者，与普通投资者相比，具有更强的风险承受能力和更多的投资经验。因此，这一专业群体受到欺诈产生的社会危害结果，显著小于普通投资者受到欺诈可能产生的后果。此外，由于私募证券面向的投资者数量被限制在200人内，因此与面向不特定多数人发行的证券相比社会危害性更小。2020年《刑法修正案（十一）》扩大了欺诈发行证券罪中“证券”的内涵，并在列举的基础上增设了兜底性规定。欺诈发行证券罪的对象要素认定被分解为三个方面的问题：（1）股票、债券的范围界定，特别是非公开发行的股票、债券是否是本罪对象的问题；（2）新增设的存托凭证的认定问题；（3）兜底性规定“国务院依法认定的其他证券”的边界问题。实践裁判观点认为，无论是公募债券还是私募债券，均属于欺诈发行债券罪的行为对象。[①] 私募证券应纳入本罪的证券内涵。如本案中的原审法院将陈×华参与发布的私募债券认定为本罪的对象。私募证券应纳入本罪的证券内涵基于以下理由。

第一，将私募证券纳入本罪的对象要素，正是欺诈发行证券罪的法益所要求的。本罪的社会法益是证券市场诚信机制，即投资者对证券市场机制能够合理运作的信赖。私募证券作为证券市场的重要组成部分，欺诈发行私募证券的行为当然会影响投资者对证券市场合理运作的信赖。就本罪的成立而言，是否欺骗监管机构并不重要。因为在注册制背景下，投资者对监管机构的信赖，只是证券市场诚信机制的一部分。行为人完全有可能在不欺骗证监会的情况下，通过不公开发行债券的方式，损害投资者对市场的信赖。

第二，《刑法》第160条对专业投资者与普通投资者给予了一体保护。无论是欺

① 参见江苏省无锡市中级人民法院刑事判决书（2018）苏02刑初49号。

诈发行证券罪，还是有关的证券、金融犯罪，我国刑法及相关司法解释均未在受害人中对专业投资者与一般投资者进行区分，未将专业投资者排除在外。不能因为受害人有较强的专业之知识，就将其排除在保护范围之外。以证券发行中最受关注的首次发行证券为例，发行行为的终点是一级市场。而一级市场中最重要的投资者就是证券公司，无论依据何种标准来评判，证券公司无疑都属于专业投资者的范畴。那么这些证券公司的利益难道就不受刑法的保护了吗？答案明显是否定的。倘若将所有的专业投资者都排除在外，那么本罪的对象不仅要排除私募债券，甚至还要排除公开发行的股票，如此一来，便会不恰当地对本罪的范围进行了限缩。

第三，我国司法实践做法也包括了私募债券。从司法实务上看，裁判观点还是普遍认为公司债券包括私募债券，无论是公募债券还是私募债券，应当作统一评价。如江苏北极皓天公司欺诈发行私募债券案[①]，被告单位北极皓天公司在中山证券负责的北极皓天公司2013年中小企业私募债券募集说明书中隐瞒公司尚未建成投产、尚无销售收入和利润的重大事项，提交虚假的审计报告、纳税证明等材料，骗取上海证券交易所备案，备案金额为不超过1亿元，债券期限为3年期，销售期限为6个月。最终实际募集到嘉实资本管理有限公司认购的2700万元资金。2016年6月，嘉实公司与中金创新（北京）资产管理有限公司签订债权转让协议，约定中金创新公司以2635万元的价格受让嘉实公司持有的前述面值为2700万元的债券，但仍由嘉实公司代持。2016年9月，该债券到期后，北极皓天公司未按约支付本息。无锡市中级人民法院认为中小企业发行私募债券属于欺诈发行债券罪的规制对象，应当与欺诈发行公募债券作相同评价，认定为欺诈发行债券罪。

第四，法条修订体现了证券种类与前置法保持一致的立法原意。2020年《刑法修正案（十一）》对本罪证券内涵的修正，与2019年修改的《证券法》关于证券内涵的修改趋势完全相同。基于立法使两部法律的证券种类保持一致的意图，可以认为修正后的本罪应包含私募债券。

第五，私募债券与银行贷款是两种不同的融资方式，不能简单地进行社会危害性的比较。包括私募债券在内的证券发行行为，是典型的直接融资行为，而银行贷款则属于间接融资行为。两种融资形式相互促进、并行发展，且直接融资是间接融资的基础，仅以银行贷款所涉资金的关联人数（储户）众多，不能得到骗贷行为的社会危害性更大的结论。至于危害结果的问题，对于不同的法益“造成重大损失”的方式也是不同的。在本罪中，刑法所倚重的是不自愿、受欺骗的交易行为和交易金额，而被害

① 参见同上。

人的财产变动不能作为入罪或出罪的依据。

2. 行为要件的认定

欺诈发行证券罪规定的行为，概括来说就是制作载有不真实信息的发行文件，并借此发行证券的行为。行为要件的认定包括行为方式的认定和行为内容的认定。欺诈发行行为的行为方式可以分解为两个阶段、两种途径。第一阶段是制造载有不真实信息的发行文件。例如，在本案中，陈×华、关×伙同周×、刘×提供虚假的财务报表等财务凭证，通过亚太事务所出具了虚增营业收入人民币 6.7 亿余元、虚增利润 1.4 亿余元、虚增资本公积 6517 万余元的审计报告，承销券商国海证券出具了包含上述审计报告数据的《江苏 B 有限公司 2013 年中小企业私募债券募集说明书》。第二阶段是利用第一阶段制造的不真实文件，实施证券发行行为。如本案中的××股份公司于 2014 年 3 月至 7 月，先后向 Z 公司、××证券国海金贝壳赢安鑫 1 号集合资产管理计划、广西 C 有限公司等三家机构投资者非公开发行两年期私募债券“13 中联 01”“13 中联 02”“13 中联 03”，共计 0.9 亿元。

一般而言，欺诈发行行为存在两种不同的途径，即通过“隐瞒”事实的途径以及“编造”虚假内容实施本罪行为。“隐瞒”行为与“编造”行为是本罪的预备行为，均表现为违反信息披露的义务。其中，“隐瞒”，是指应当披露信息而不披露，即发行人负有信息披露的义务而故意不披露，相当于刑法中的不作为犯罪；“编造”，是指披露自己编造的、与事实不符的信息，“即积极违反信息披露义务，制造与事实不符的信息，相当于刑法中的作为犯罪。这两种行为都要具备以发行证券为目的的主观构成要件要素。如果行为人向社会公布的发行文件的目的，是吸引非证券类的融资或为母公司、股东提供利益，即通过公开文件放出可能上市的信息，从而谋取不法利益的，即使隐瞒或编造了信息，也不属于本罪的构成要件行为。

关于欺诈发行行为阶段，需要明确发行行为是由一系列的发行环节构成的，其起始于发行单位内部的决议，终止于所发行的证券被投资人购买。由于刑法重点关注的是欺诈发行行为对市场和投资人所造成的侵害，而发行人内部的决议以及准备活动，因处于不为外界所知的状态，所以不会对证券市场诚信机制产生影响，更不会对投资者的交易行为造成干扰。因此，就本罪而言，欺诈发行行为应当开始于提交发行文件之时，结束于所发行的证券被投资人购买这一环节。本罪的核心要点在于制作虚假的发行文件来发行证券，非法发行行为也应当被囊括在本罪的行为要件中。也有学者认为，本罪的发行行为只限于合法发行行为，若本罪的发行行为包含非法发行行为，则无法区分本罪与擅自发行股票、公司企业债券罪。

行为人必须在公司、企业债券募集办法中实施了隐瞒重要事实或者编造重大虚假内容的行为。所谓重要事实或者重大内容，是指可能对他人产生误导，从而做出错误决定的事实。例如，发行人虚构或故意夸大公司生产经营利润和公司净资产额；对所筹资金的使用提出虚假的计划、虚假的经营生产项目；故意隐瞒、遗漏公司所负债务、订立的重要合同以及公司正在进行的重大诉讼事项；严重损害投资者合法权益和社会公共利益的其他情形等[①]。关于欺诈发行行为内容的认定，《刑法》第160条中记载的发行文件包括招股说明书，认股书，公司、企业债券募集办法等（其他）发行文件。上述文件中，前三项由证券法律法规明确规定，相对容易认定，对规定的“等（其他）发行文件”需要解释。《证券法》对“发行文件”作了较为宽泛的界定，而《刑法》只进行了非常有限的列举，这是因为证券市场的发展日新月异，新的证券产品、发行模式层出不穷。刑法需要维持其稳定性，不可能频繁修改，在立法上采用了较为开放的兜底性规定，以适应未来可能多变的前置法律关系。本罪中所新增加的“等发行文件”所指的仅是与“招股说明书或募集办法”具有“相当性”的“发行文件”。也就是说，“等发行文件”必须是与发行密切相关的，与“招股说明书或募集办法”具有“相当性”的“发行文件”。基于《证券法》第11条、第13条、第16条明确了设立公开发行股份、公司公开发行新股、申请公开发行公司债券需要“报送下列文件”，一般包括公司章程、发起人协议、股东大会决议、出资种类及验资证明、招股说明书或者其他公开发行募集文件、承销机构名称及有关的协议、公司营业执照、财务会计报告、公司债券募集办法、发行保荐书等文件。“等发行文件”中的“等”字指的是本罪新增加的“存托凭证”“国务院认定的其他证券”发行时相对应的发行、交易的相关文件。

由于证券发行流程十分复杂，涉及的发行文件十分广泛，《刑法》在立法技术上难以穷尽。而且，如果将上述发行文件全部列举，会使《刑法》法条显得过于冗长。法条之所以列举上述发行文件，是为兜底性规定的解释提供指引。上述三种文件中实施欺诈行为，对金融市场信用，以及投资者的投资行为都将造成严重的损害。根据同类解释的原则，“等发行文件”所涵盖的发行文件应当具备相同的特征。对于发行文件的理解应当遵循形式和实质相统一的判断标准，可以先形式判断，再进行实质判断。所谓形式判断，是指刑法上发行文件的界限应当以证券发行法律法规规章、证券监督管理机构的规定为界限。证券中介机构、证券业自律组织的规定，不能作为本罪“发行文件”的形式。所谓实质判断，是指依据本罪的法益、其他客观构成要件、列举规定的发行文件，对符合形式标准的发行文件进行考察。本罪的“发行文件”应当是能

① 参见楼炯燕：《欺诈发行债券罪的构成要件》，《人民司法·案例》2020年第8期。

够决定证券发行是否成功的文件。作为行为载体的发行文件，应为对成功发行具有重要作用的文件，且存在欺诈内容的发行文件，与“招股说明书、认股书、公司企业债券募集办法”具有相近的法益侵害性。根据同类解释的规则，不真实的“发行文件”应当能干扰投资者的投资行为，并且损害投资者对市场合理运行的信赖，并且这种侵害与刑法列举的三种发行文件是类似或者相近的。

3. 结果要件的认定

《刑法》第106条规定了“数额巨大”“后果严重”“其他严重情节”三种罪量因素。“数额”是指实际发行的证券的面值金额还是以拟发行的证券数额来确定抑或行为人实施发行证券活动实际募集到的资金。对“数额巨大”的理解可分为两个问题：第一，数额的具体表现形式是什么？要解答这个问题，需要结合本罪的法益加以判断。本罪的个人法益是“投资者的自愿交易行为”。欺诈发行的证券，流向市场的数额越大，受到影响的交易行为就越多。故而，数额应当以股票发行数额，即面值金额来计算。第二，数额是准备发行的，还是已经发行的？作为犯罪既遂的数额应当是已经发行的证券数额，至于拟发行的，只能是量刑因素或评价未遂。2022年最高人民检察院、公安部《关于公安机关管辖的刑事案件立案追诉标准的规定（二）》对此作出了规定，将原“发行数额在五百万元以上”提升到“一千万元以上”，但这种规定仅仅是追诉标准，而非定罪的标准。因为“发行数额”作为本罪的构成要件要素，是金融信用与投资者自愿交易行为受侵害的量化，能够为违法性提供根据，欺诈发行的数额越大，对本罪保护法益的破坏越大。就“投资者的自愿交易行为”个人法益而言，“发行数额”可以成为交易行为量化的指征，为此将“造成投资者直接经济损失数额累计在一百万元以上”作为立案追诉标准。

需要注意的是，本罪还需围绕投资者的投资行为以及市场的诚信运作展开，考虑发行数额虽然没有达到巨大，但发行时间长、转手次数多，欺诈行为所影响的投资行为众多的情况，以及将严重侵害“证券市场诚信机制”和“投资者的自愿交易行为”的情节。

本案合议庭未采纳律师意见，并认为“陈×华作为××股份公司法定代表人、实际控制人，明知公司连年亏损，资金困难，仍与关×商定发行私募债券，并在公司开会时动员员工配合发债，参与接待券商及会计师事务所人员，在募集说明书、虚假收据、承诺书、资产负债表等相关资料上签字，积极实施欺诈发行债券行为。同时，鉴于陈×华系××股份公司法定代表人、实际控制人，应认定其系公司直接负责的主管人员。”合议庭认定被告人陈×华为直接负责的主管人员主要从两个角度出发：一是认为其为法定代表人；二是其为公司实际控制人。“法定代表人”的身份主要是为了说明陈厚华本人在单位具有主管人员的身份；其公司“实际控制人”的身份则说明陈×华对于单位决策是有直接影响力的，换言之，没有他的同意是无法作出欺诈发行的决策的。如 2000 年最高人民法院《全国法院审理金融犯罪案件工作座谈会纪要》认为，“直接负责的主管人员，是在单位实施的犯罪中起决定、批准、授意、纵容、指挥等作用的人员，一般是单位的主管负责人，包括法定代表人”。基于此，对“直接负责的主管人员”应当从两个方面把握：一是应当是单位相应的主管人员；二是其对于单位犯罪行为负有直接责任，即“没有主管人员的行为，就不会有单位犯罪的发生”。

（二）此罪与彼罪

欺诈发行证券罪与擅自发行股票、公司、企业债券罪有很大的相似性。两者均存在诈欺认购人的主观故意，其所发行的股票、公司、企业债券均存在虚假性，有必要将两罪加以区分。根据《刑法》第 179 条规定，擅自发行股票、公司、企业债券罪，是指未经国家有关主管部门批准，擅自发行股票或者公司、企业债券，数额巨大、后果严重或者有其他严重情节的行为。

（1）犯罪主体要求不同。擅自发行股票、公司、企业债券罪不是身份犯，任何人都能成立为犯罪主体；欺诈发行证券罪在法人犯罪的场合属身份犯：其行为主体只能是有资格发行股票、公司债券的特定主体。例如，在本案中，被告人陈×华为××股份公司直接负责的主管人员，有资格发行私募债券，属于欺诈发行证券罪的犯罪主体。

（2）行为要件不同。擅自发行股票、公司、企业债券罪行为人所实施的是未经法定机构批准而发行股票、公司债券的行为；欺诈发行证券罪行为人所实施的则是制作虚假的招股说明书、认股书或公司债券募集办法等行为。例如，在本案中，被告人陈×华实施的是利用虚假的财务报表等财务凭证出具的审计报告制作《江苏 B 有限公司 2013 年中小企业私募债券募集说明书》，符合欺诈发行证券罪的行为要件。

（3）犯罪对象不同。擅自发行股票、公司、企业债券罪的行为对象是股票、公司、企业债券；而虚假发行股票债券罪的行为对象则是招股说明书、认股书和公告的公司债券募集办法等。例如，在本案中，行为对象是《江苏 B 有限公司 2013 年中小企业私募债券募集说明书》。

（4）诈欺的对象范围不同。擅自发行股票、公司、企业债券罪行为人所诈欺的对象既包括国家证券发行管理机关又包括社会公众；欺诈发行证券罪的诈欺对象主要是广大认购股票、公司、企业债券的社会公众或国家授权投资的机构。

（5）犯罪所侵犯的二级同类客体不同。擅自发行股票、公司、企业债券罪所侵犯的二级同类客体是国家金融管理秩序，欺诈发行证券罪所侵犯者却是公司、企业的管理秩序。

二、犯罪学分析

欺诈发行证券犯罪最大的隐患是使投资者丧失对我国证券市场的信心，致使优质的企业也没有股民敢投资，最终伤害到我国整个实体经济。上市前很多公司会对自己公司的财务数据、公司业绩等影响上市的核心项进行业绩美化，这种行为已经成了市场中的潜规则之一。只要欺诈发行成功，少则能骗几亿元，多则上百亿元，该罪的危害性与非法吸收公众存款、集资诈骗罪等相比更加严重。我国证券发行过程中造假事件频发，但以本罪追究刑事责任的数量却很少。实际上，很多上市的公司、企业，有些问题不是董事长或者总裁能决定的，而是由控股股东、实际控制人决策，需要关注这些“关键少数人”。在以往的案例中，常存在行为人虽为单位控股股东或者实际控制人，但在刑事追责时，往往只是对主要责任人员或者主管人员进行惩处的情况。然而事实上，单位欺诈发行股票、债券所吸纳资金的直接获益人通常就是控股股东或者实际控制人。这种情况导致责任追究与实际获益主体之间存在偏差。发生这种情况的原因当然是多方面的，主要原因包括以下四点：

一是自刑法确立此罪后，虽然历经资本市场的变化和犯罪情况的演变，但该罪名长达二十多年没有修改，刑法已严重滞后于资本市场发展和证券体制的变化，基于罪刑法定原则的限制，法律滞后问题属于该情况产生的原因之一。

二是欺诈发行证券犯罪行为隐秘性强，上市发行债券的企业不同于一般的企业，且企业高管专业性强，有些案件有律师、会计师等参与，甚至还有专业公司出谋划策，具有较强的隐蔽性。例如，在本案中，公司发行私募债券是通过亚太会计师事务所出具的虚增营业收入、利润、资本公积的审计报告，后由国海证券出具包含虚假的审计报告数据的私募债券募集说明书，具有较强的专业性和隐蔽性。

三是由于证券发行流程的复杂，犯罪作案环节多，案发周期长，发现违法犯罪情况困难且需要金融、会计等专业知识辅助，监管与查办难度较大。况且，在当今变化多端的市场环境中，今天看似违法的行为，明天或许就成为被公众普遍接受的行为，这些复杂且动态变化的情况加大执法机关的执法难度。

四是《证券法》将我国的证券发行制度由“审核批准制”调整为“注册登记制”。这标志着我国证券市场发行机制进一步市场化。但注册制改革在提高证券发行效率，进一步激发市场活力的同时，证券市场潜在的风险也悄然上升。证券发行注册制背景下，审查机关不再为证券的投资价值背书，证券的价值判断完全交由市场进行。

各市场参与者不能仅凭发行人具备证券发行资格就断定其具有投资价值。欺诈发行证券犯罪蕴含着巨大的经济利益诱惑，使得高智商的不法分子将其视为发财致富的捷径，铤而走险。

当然，注册制改革可以使证券市场的市场化程度进一步提高，证券的定价机制更为理性，各市场主体尤其是承销人、投资者需要自行担负起价值判断的责任，其对披露的信息、公司的资质的审查将更为投入、审慎，同时，行政部门也应当加大行政监管力度，这类犯罪发生的可能性或许会降低。

风险警示

本案陈×华等人发行私募债券融资的行为中，假如他们能够严格要求自己，不贪图蝇头小利，认真执行证券发行的各项规章制度，也不至于在犯罪问题上迷失了自己，其教训是深刻的，代价是惨痛的，值得他人警醒。针对市场深恶痛绝的欺诈发行行为，2019 年修改后的《证券法》大幅加大处罚力度。根据 2024 年最高人民检察院经济犯罪检察厅《关于办理财务造假犯罪案件有关问题的解答》公司、企业利用相同的虚假财务数据，先后实施欺诈发行证券行为与违规披露、不披露重要信息行为，属于实施了两个违法行为，分别构成犯罪的，应当同时以欺诈发行证券罪和违规披露、不披露重要信息罪追究刑事责任。发行人的控股股东、实际控制人不仅要被没收自己企业上市所得的全部收益，还可能要付出最高达到违法所得一倍的罚款，构成犯罪的，实行数罪并罚，欺诈发行者，很可能倾家荡产并身陷囹圄。

市场主体的诚信建设，事关资本市场健康稳定发展。欺诈发行、财务造假等违法犯罪行为，严重挑战信息披露制度的严肃性，严重破坏市场诚信基础，严重损害投资者利益，是证券市场的“毒瘤”，必须坚决依法从严惩处。近年来，我国加大对欺诈发行证券犯罪的打击力度，除上述提及的“江苏北极皓天科技有限公司、杨×甲欺诈发行股票、债券罪”外，还存在相应的案件，如被告单位宿迁市致富皮业有限公司总经理兼财务总监林×敏，指使该公司财务经理叶×龙篡改、编制虚假的财务数据，会计师事务所王×刚则明知数据不真实而出具相应的《审计报告》，使得《致富公司非公开发行 2012 年中小企私募债券募集说明书》中记载的为虚假财务数据，发行成功后募得资金 1.06 亿元[①]。被告单位董事长卢×旺指使公司法定代表人卢×煊、公司财务总监卢×光，虚增营业收入人民币 5.13 亿余元、虚增利润总额 1.31 亿余元、虚增资

① 参见上海市第一中级人民法院一审刑事判决书（2018）沪 01 刑初 58 号。

本公积6555万余元、虚构招商银行龙岩支行授信500万元，隐瞒外债2025万元，通过A公司（以下简称为A公司）出具内容重大失实的审计报告。承销券商B公司（以下简称为B公司）以此为基础出具了《中恒通公司非公开发行2014年中小企业私募债券募集说明书》，后发行并募集资金共1亿元[①]。这就需要投资者保持足够的警惕性，通过正式途径审查投资项目，不盲目跟风。同时，监管部门严格监控市场交易情况，作出风险提示，形成行政执法与刑事司法的衔接，及时制止以及打击证券欺诈行为。从投资者的角度，要了解相关公司和证券的基本情况，注意市场风险和投资收益的平衡。警惕虚假宣传和不实信息，认真阅读公司公告和报告，避免盲目跟风。不轻易相信高收益的承诺和不合理的保证，谨慎选择投资渠道，避免陷入非法集资，如果发现证券投资欺诈行为，可以向相关监管机构举报，也可以通过法律手段维护自己的合法权益。

问题思考

2017年圣达威成为首个欺诈、发行私募债券的企业，被以欺诈发行债券罪定罪时，理论界就存在着私募证券是否是欺诈发行股票、债券罪的对象的争议。2013年下半年，为解决江苏××股份有限公司（以下简称××股份公司）资金短缺，被告人关×、陈×华（另案处理）商定通过发行私募债券融资。为此，关×、陈×华伙同被告人周×、刘×明提供虚假的财务报表等财务凭证，通过亚太会计师事务所（以下简称亚太事务所）出具了虚增营业收入6.7亿余元（以下币种均为人民币）、虚增利润1.4亿余元、虚增资本公积金6517万余元的审计报告。2014年1月，承销券商××证券股份有限公司（以下简称国海证券）出具了包含上述审计报告数据的《江苏A有限公司2013年中小企业私募债券募集说明书》。经向深圳证券交易所备案后，××股份公司于2014年3月至7月，先后向Z公司、××证券国海金贝壳赢安鑫1号集合资产管理计划、广西B有限公司三家机构投资者非公开发行两年期私募债券“13中联01”“13中联02”“13中联03”，共计0.9亿元。2016年7月上述私募债券到期后，××股份公司无力支付本息，造成投资者重大资金损失。

上海市第一中级人民法院认为，被告人关×为××股份公司发行债券直接负责的主管人员，被告人周×为××股份公司发行债券的其他直接责任人员，被告人刘××为帮助××股份公司发行债券的人员。三名被告人在××股份公司募集办法中隐瞒重

① 参见上海市高级人民法院二审裁定书（2018）沪刑终22号。

要事实、编造重大虚假内容，发行企业债券，数额巨大、后果严重，其行为均已构成欺诈发行债券罪。综上所述，为维护社会主义市场经济秩序，规范证券市场，保护投资者的合法权益不受侵犯，上海市第一中级人民法院依照《中华人民共和国刑法》第一百六十条、第二十五条、第二十六条、第二十七条、第六十七条第三款、第六十四条之规定，判决被告人关×犯欺诈发行债券罪，判处有期徒刑三年；被告人周×犯欺诈发行债券罪，判处有期徒刑二年；被告人刘×明犯欺诈发行债券罪，判处有期徒刑二年，并处罚金人民币十万元；违法所得予以追缴[①]。

我国的证券市场的注册制带给资本市场诸多优越性的同时，也面临了诸多的挑战，其中就包括伴随而来的巨大风险的控制问题。随着我国社会主义市场经济的快速发展，证券市场的违法犯罪行为逐年增多，证券案件量也呈现出较大的上升趋势，证券犯罪的社会危害性大大提高，致使我国证券市场秩序受到较大冲击。基于上述案件判决及相关案件材料，根据《刑法》的规定，结合本节内容，讨论以下问题：

（1）欺诈发行证券罪与擅自发行股票、公司、企业债券罪有什么区别？

（2）如何正确认定欺诈发行证券罪，如何划出罪与非罪的界限？

（3）如何预防和控制欺诈发行证券犯罪？

① 参见上海市第一中级人民法院刑事判决书（2018）沪 01 刑初 66 号；上海市高级人民法院刑事裁定书（2019）沪刑终 61 号。

案例6：

违规披露重要信息的自欺欺人

立法背景

违规披露、不披露重要信息罪，是指依法负有信息披露义务的公司和企业，向股东和社会公众提供虚假的或者隐瞒重要事实的财务会计报告，或者对依法应当披露的其他重要信息不按照规定披露，严重损害股东或者其他人利益的行为。

1995 年全国人大常委会通过的《关于惩治违反公司法的犯罪的决定》规定了信息披露违法行为的刑事处罚。1997 年《刑法》规定了“提供虚假财会报告罪”。随着我国金融市场发展中出现的一些新情况以及 2006 年《证券法》的实施，2006 年《刑法修正案（六）》将 1997 年《刑法》规定的“提供虚假财会报告罪”调整为“违规披露、不披露重要信息罪”，并在内容上作出修改。一是将主体扩大为“依法负有信息披露义务的公司、企业”，增加了公司债券上市交易的公司等其他主体；二是增添了“对依法应当披露的其他重要信息不按照规定披露”的行为方式，如误导性陈述、重大遗漏等行为具有同等危害性；三是披露的对象不再仅局限于财务会计报告，还包括招股说明书、债券募集办法等信息；四是增设了“有其他严重情节”的定罪标准，形成了“情节犯＋结果犯”的二元追诉标准。2007 年最高人民法院、最高人民检察院将罪名确定为“违规披露、不披露重要信息罪”。2008 年最高人民检察院与公安部《关于经济犯罪案件追诉标准的补充规定》将“虚增虚减资产或利润”“未按规定披露重大诉讼仲裁等重大事项”“在公司财务会计报告中将亏损披露为盈利或者将盈利披露为亏损”“多次提供虚假的或者隐瞒重要事实的财务会计报告”等行为列入违规信披罪“严重情节”的情形。2020 年《刑法修正案（十一）》增设“情节特别严重的，处五年以上十年以下有期徒刑，并处罚金，”法定最高刑由三年有期徒刑提升至十年有期徒刑；取消了罚金刑“二万元以上二十万元以下罚金”的限制范围，由原先的限额罚金刑变更为无限额罚金刑；强化了对控股股东、实际控制人的刑事责任追究，明确将控股股东、实际控制人实施或者组织、指使实施违规披露、不披露重要信息行为纳入刑法规制范围，保持了与“直接负责的主管人员和其他直接责任人员”适用的法定刑的一致性。

违规披露、不披露重要信息罪历经了从单纯“实害犯”到“行为犯＋实害犯”的立法沿革，违规披露、不披露重要信息罪与欺诈发行证券罪类似，强调控股股东、实际控制人等“关键少数”的刑事责任，明确控股股东、实际控制人组织、指使实施信息披露违法行为以及隐瞒应当披露的相关事项导致信息披露违法等行为应承担的刑事责任。

案件情况

2014 年，被告人郑××（时任上海××副董事长、总经理）为实现上海××年度报告盈利，授意被告人陆×2（时任上海××总会计师）、沈×华（时任能源公司总经理）等人虚增利润。当年，上海××采用与其他公司开展无实物交割、资金闭环的虚假贸易，并违规延期结转成本费用的方式，虚增主营业务收入和利润。其间，沈×华指使被告人顾××（时任能源公司商务经理）制作虚假合同、单据开展虚假贸易；被告人高××（时任上海××副总会计师、财务部总经理）负责虚假贸易合同审核及资金流转；被告人王×2（时任上海××总工程师、采购中心负责人）负责虚假采购合同审批；陆×2 负责虚假贸易合同审批并将虚假财务数据编入 2014 年财务报告。

2015 年 3 月，被告人郑××作为公司董事及高级管理人员、陆×2 和王×2 作为公司高级管理人员，明知财务报告虚假，仍对 2014 年年度报告书面确认。被告人郑××作为公司负责人、陆×2 作为财务负责人、高××作为会计主管人员在虚假财务报告上签字确认。同年 3 月 20 日，上海××将上述虚假财务报告在 2014 年年度报告中对外披露。经鉴定，上海××共计虚增主营业务收入人民币 12295.28 万元（以下币种均为人民币），虚增利润 1810.35 万元，虚增利润占当期披露利润总额的 133.61%，将亏损披露为盈利。

2019 年 10 月 15 日，被告人郑××、顾××、陆×2、高××经侦查机关通知主动到案；10 月 31 日，被告人王×2 经侦查机关电话通知后主动到案。被告人沈×华在服刑期间，侦查机关发现其涉案犯罪事实。被告人陆×2、沈×华、顾××、王×2 到案后如实供述了上述犯罪事实。被告人郑××、高××到案后未能如实供述主要犯罪事实，在审查起诉阶段如实供述了上述犯罪事实。

控辩意见

郑××的辩护人对起诉指控的罪名无异议，但认为：（1）郑××根据上海××公司前三季度报表数据判断无法完成当年考核指标，遂向中国××信息产业股份有限公司汇报预亏，但遭到否决，其只能服从上级公司的指示完成考核指标，主观上不存在追求造假以实现年报盈利的动机。（2）郑××通过原定的目标管理和业绩考核制度完成上海××公司的考核指标属于正常的经营管理行为，因能源公司盈利能力强，故找到沈×华要求能源公司多做贡献，并不是施压也不是授意造假，沈×华关于郑××授意造假的供述前后矛盾，沈×华相关供述的真实性存疑。（3）郑××虽是主要领导，但不是董事会成员，其作为受托人出席董事会会议，在董事会决议上签字仅是履行程序上的义务，其在虚假合同上没有签过字，不了解虚假贸易的具体情况，其仅是放任了造假后果的发生，因此其不应当承担主管人员的职责，而是其他直接责任人员，作用较小情节轻微，请求法庭对其在有期徒刑八个月以下判处刑罚，并处 10 万元以下罚金，同时宣告缓刑。为证明上述辩护意见，郑××的辩护人当庭提交了《上海普天 2014 年年度报告重要提示》、上海普天在上海市市场监督管理局登记的营业执照信息以及郑××与曹×斌的往来邮件。

陆×2 的辩护人对起诉指控的犯罪事实、证据及罪名无异议，却认为，陆×2 经电话通知主动到案，如实供述犯罪事实，系自首，接受证监会的行政处罚并已缴纳了行政罚款，可以折抵罚金，其系初犯，认罪悔罪态度较好，身体状况不太好，希望法庭对陆×2 在有期徒刑六个月以下判处刑罚并适用缓刑。

沈×华的辩护人对起诉指控的基本犯罪事实、证据及罪名无异议，也认为，沈忠华不是上海××公司的高管人员，郑××是能源公司的分管领导，能源公司没有主观意愿去造假，其受郑××的授意指使顾××开展虚假贸易，能源公司只负责销售环节，郑××才能调动各环节相互配合，实现最终虚增收入和利润，且沈忠华对年报的编制不清楚，按照沈×华的任职情况应系其他直接责任人员，并非直接负责的主管人员；沈×华认罪悔罪态度较好，已经缴纳了罚款，并在前罪审理过程中退缴了违法所得，希望法庭对沈×华在有期徒刑六个月以下判处刑罚。

高××的辩护人对起诉指控的犯罪事实、证据及罪名无异议，认为高××不负责年报编制，其仅是参与审批流程，属于配合行为，作用较小，同意公诉人的量刑建议。

顾××的辩护人对起诉指控的犯罪事实、证据及罪名无异议，认为顾××根据沈×华的要求被动参与犯罪，起辅助配合作用，系初犯，具有自首情节，此次犯罪并非暴力型犯罪，主观恶性较小，认罪悔罪态度较好，已向证监会缴纳了罚款，可折抵罚金，希望法庭对顾××从轻处罚。

王×2 的辩护人对起诉指控的犯罪事实、证据及罪名无异议，同意公诉人有关自首情节的意见，还认为郑××平时关注财务数据，明知业绩指标不可能完成而向下压任务，正是自上而下的要求，王×2 按其职责需要履行签字义务故涉案，其一方面是服从领导要求，另一方面也是希望能挽救公司，因此主观恶性较轻；王×2 在采购合同、评审表上签字只是流水线上的一环，其未制作虚假财务报告，未获得任何收益，作用较小；王×2 工作勤勉，已向证监会缴纳了罚款可折抵罚金，患有抑郁症，希望法庭对其适用尽可能短的缓刑考验期，同意公诉人的量刑建议。

判决结果

上海市第三中级人民法院经一审审理认为，上海××公司作为依法负有信息披露义务的公司，向股东和社会公众提供虚假的财务会计报告，情节严重；被告人郑××、陆×2、沈×华作为直接负责的主管人员，被告人高××、顾××、王×2作为其他直接责任人员，其行为均已构成违规披露重要信息罪，应予依法惩处。公诉机关指控的犯罪事实及罪名成立。被告人沈×华在判决宣告后，刑罚执行完毕以前，发现在判决宣告前还有其他犯罪没有判决，应当实行数罪并罚。被告人陆×2、王×2、顾××犯罪后能自动投案，并如实供述自己的罪行，系自首，可以从轻处罚。被告人郑××、沈×华、高××如实供述自己的罪行，系坦白，可以从轻处罚。六名被告人均自愿认罪，且均已缴纳了罚款或罚金，可以从宽处理。本案中，公诉机关根据各被告人在共同犯罪中的作用地位，区分直接负责的主管人员和其他直接责任人员，并结合各被告人的犯罪事实、情节等，提出的量刑建议符合法律规定，量刑适当，本院予以支持。各辩护人提出的相关合理意见，本院予以采纳。据此，依照《中华人民共和国刑法》第一百六十一条、第六十九条第一款、第三款、第七十条、第二十五条第一款、第六十七条第一款、第三款、第七十二条第一款、第三款、第七十三条、第五十二条、第五十三条第一款，《中华人民共和国刑事诉讼法》第十五条、第二百零一条第一款之规定，判决如下：

（1）被告人郑××犯违规披露重要信息罪，判处有期徒刑一年二个月，缓刑一年二个月，并处罚金人民币二十万元。

（2）被告人陆×2犯违规披露重要信息罪，判处有期徒刑八个月，缓刑一年，并处罚金人民币十万元（已折抵）。

（3）被告人沈×华犯违规披露重要信息罪，判处有期徒刑七个月，并处罚金人民币十万元；与前罪原判有期徒刑十年六个月，并处罚金人民币一百万元合并，决定执行有期徒刑十一年，并处罚金人民币一百一十万元。

（4）被告人高××犯违规披露重要信息罪，判处拘役四个月，缓刑四个月，并处罚金人民币五万元（已缴纳）。

（5）被告人顾××犯违规披露重要信息罪，判处拘役三个月，缓刑三个月，并处罚金人民币五万元（已折抵）。

（6）被告人王×2犯违规披露重要信息罪，判处拘役二个月，缓刑二个月，并处罚金人民币三万元（已折抵）。

郑××、陆×2、高××、顾××、王×2 回到社区后，应当遵守法律、法规，服从监督管理，接受教育，完成公益劳动，做一名有益社会的公民①。

理论解说

一、刑法学分析

在证券发行注册制改革的时代背景下，信息披露是注册制的核心，信息披露真实、准确、完整，有助于理性投资者作出投资决策，促进市场资源的优化配置。但是，长期以来，信息披露违法行为成为阻碍中国资本市场健康发展的毒瘤，严重损害了股东和广大投资者的合法权益，影响了证券领域中市场配置资源的功能发挥，对国家的金融安全造成了重大损害。2022 年最高人民检察院、公安部《关于公安机关管辖的刑事案件立案追诉标准的规定（二）》第 6 条规定，依法负有信息披露义务的公司、企业向股东和社会公众提供虚假的或者隐瞒重要事实的财务会计报告，或者对依法应当披露的其他重要信息不按照规定披露，涉嫌下列情形之一的，应予立案追诉：(1) 造成股东、债权人或者其他人直接经济损失数额累计在一百万元以上的；(2) 虚增或者虚减资产达到当期披露的资产总额百分之三十以上的；(3) 虚增或者虚减营业收入达到当期披露的营业收入总额百分之三十以上的；(4) 虚增或者虚减利润达到当期披露的利润总额百分之三十以上的；(5) 未按照规定披露的重大诉讼、仲裁、担保、关联交易或者其他重大事项所涉及的数额或者连续十二个月的累计数额达到最近一期披露的净资产百分之五十以上的；(6) 致使不符合发行条件的公司、企业骗取发行核准或者注册并且上市交易的；(7) 致使公司、企业发行的股票或者公司、企业债券、存托凭证或者国务院依法认定的其他证券被终止上市交易的；(8) 在公司财务会计报告中将亏损披露为盈利，或者将盈利披露为亏损的；(9) 多次提供虚假的或者隐瞒重要事实的财务会计报告，或者多次对依法应当披露的其他重要信息不按照规定披露的；(10) 其他严重损害股东、债权人或者其他人利益，或者有其他严重情节的情形。对违规披露、不披露主体的认定以及客观要件的认定是罪与非罪界定的关键点。

---

① 参见上海市第三中级人民法院刑事判决书（2020）沪 03 刑初 57 号。

（一）罪与非罪的界定

违规披露、不披露确定罪与非罪界定的关键点是主体的认定以及行为的认定。

（1）主体的认定方面，一般认为是对公司具有经营、管理、决策权的自然人。如在本案中，被告人郑××、陆×2、沈×华作为直接负责的主管人员，被认定为违规披露的主体。直接负责的主管人员包括对公司重大事项有影响力的大股东，负责日常公司经营决策的董事，负责公司经营管理的高级管理人员以及有监督检查责任的监事。上述主体对于公司各类重大事项和经营情况应当是知情的，有义务组织公司从事违法犯罪活动，但实际情况可能存在权力部门之间相互隐瞒，越权履职等情况，管理层给董事会提交虚假材料，董事们在不知情的情况下作出决策，导致案件发生。虽然董事、监事有勤勉尽责之义务，但不宜苛刻对拟上市主体的所有信息完全掌控。因此，即使是对公司具有经营、管理、决策权的自然人，也要在实际认定过程中判断其参与程度和主观过错。其他直接责任人，根据参与犯罪活动的分工可以分为组织、领导、指使、实行和帮助。在信息披露犯罪中，上述行为往往与特定的公司职务相关联。如在本案中，被告人高××、顾××、王×2作为其他直接责任人员，被认定为违规披露的主体。

（2）违规披露、不披露信息罪作为行政犯，其罪与非罪认定还在于区分两个阶段。证券发行人在发行阶段的信息披露义务应依据《公司法》《证券法》《首次公开发行股票并上市管理办法》《上市公司证券发行管理办法》《公司债券发行与交易管理办法》《企业债券管理条例》《公司信用类债券信息披露管理办法》《可转换公司债券管理办法》《存托凭证发行与交易管理办法（试行）》《境内外证券交易所互联互通存托凭证业务监管规定》《非上市公众公司监督管理办法》等，依法作出认定。需要注意的是，发行股票，既包括首次公开发行股票并上市，也包括公司上市后公开发行股票、非公开发行股票。发行债券，既包括上市公司发行债券，也包括非上市公司、企业发行债券；既包括公开发行债券，也包括非公开发行债券；既包括发行仅还本付息的信用类债券，也包括发行可转换为本公司股票的可转换公司债券。发行存托凭证，既包括境外公司在境内发行存托凭证并上市，也包括境内公司在境外发行存托凭证并上市。发行不同类型的证券，信息披露主体及义务存在差异，应当精准适用行政规定，依法作出认定。证券发行人持续经营阶段的信息披露义务。其一，公司股票发行后，上市公司、非上市公众公司对公司经营情况、财务情况、重大事件等负有定期披露义务和临时披露义务，应当依据《公司法》《证券法》《上市公司信息披露管理办法》《上市公司重大资产重组管理办法》《上市公司收购管理办法》《上市公司监管指引》

《非上市公众公司信息披露管理办法》等，依法作出认定。其二，债券发行后，发行人在债券存续期内负有定期披露义务和临时披露义务，应当依据《证券法》《公司债券发行与交易管理办法》《企业债券管理条例》《公司信用类债券信息披露管理办法》《可转换公司债券管理办法》等法律法规，依法作出认定。其三，境外公司在境内发行存托凭证并在境内交易所上市后，境外基础证券发行人对境外公司经营情况、财务情况、重大事件等负有定期披露和临时披露义务，应当依据《证券法》《存托凭证发行与交易管理办法（试行）》《境内外证券交易所互联互通存托凭证业务监管规定》《创新企业境内发行股票或存托凭证上市后持续监管实施办法（试行）》等，依法作出认定[①]。

违规披露、不披露重要信息罪认定的客观要件包括提供了虚假的财务会计报告。但是，对于财务会计报告应当包含的具体内容，《刑法》并没有具体规定，需要参考财政部《财务会计准则》确定。依据《财务会计准则》的规定，企业财务会计报告应当包括现金流量表、利润表、资产负债表等以及其附注等内容，以及其他应当在其中披露的资料。违规披露、不披露重要信息罪认定的客观要件还包括“其他重要信息”。对于重要信息的界定范围过宽或者是过窄都会对于证券交易市场造成严重的影响，影响本罪的效果。如果对重要信息的界定范围过窄，则会导致上市公司不披露实际上对于证券交易者作出决策有重大影响的信息，影响投资者的决策，进而影响其投资兴趣，导致其资金不会在证券市场上流动，影响证券市场的活力与发展。相反如果对重要信息的界定范围过宽，则会导致上市公司披露的信息过多，这不仅增加了上市公司的成本，同时也使得投资者对有用信息的检索成本大幅增加，影响证券市场的效率。

（3）本罪采用单罚制，主要是考虑到公司、企业的违法犯罪行为已经严重损害了广大股东、投资者的利益，如果再判处罚金，势必加重公司、企业的负担，更不利于保护股东或者其他人的合法权益。最高人民检察院第十七批指导性案例（检例第 66 号）博元投资股份有限公司、余蒂妮等人违规披露、不披露重要信息案[②]亦明确“只处罚单位直接负责的主管人员和其他直接责任人员，不处罚单位”。虽然如此，也不能因此否认单位构成犯罪的实质。在司法实践中，虽不追究单位的刑事责任，但应当依法提出检察意见，督促有关机关追究单位的行政责任。

（二）此罪与彼罪

违规披露、不披露重要信息罪与诱骗投资者买卖证券、期货合约罪有很大的相似

① 参见 2024 年最高人民检察院《关于办理财务造假犯罪案件有关问题的解答》的规定。

② 参见广东省珠海市中级人民法院刑事判决书（2016）粤 04 刑初 131 号。

性，因此有必要将两罪加以区分。根据《刑法》第181条规定，诱骗投资者买卖证券、期货合约罪，是指证券交易所、期货交易所、证券公司、期货经纪公司的从业人员，证券业协会、期货业协会或者证券期货监管管理部门的工作人员，故意提供虚假信息或者伪造、变造、销毁交易记录，诱骗投资者买卖证券、期货合约，造成严重后果的行为。

（1）诱骗投资者买卖证券、期货合约罪表现为提供虚假信息或者伪造、变造、销毁交易记录，诱骗投资者买卖证券、期货合约，造成严重后果的行为；违规披露、不披露重要信息罪对依法应当披露的其他重要信息不按照规定披露，严重损害股东或者其他人利益或者有其他严重情节的行为。例如，在本案中，被告人通过开展虚假交易编制虚假的财务报告以实现盈利，并无诱骗投资者买卖证券、期货合约的行为。

（2）诱骗投资者买卖证券、期货合约罪的主体既可以是自然人，也可以是单位，违规披露、不披露重要信息罪是依法负有信息披露义务的公司、企业。

（3）承担刑事责任的主体不同，诱骗投资者买卖证券、期货合约罪既可以是自然人，也可以是单位，违规披露、不披露重要信息罪只能是自然人。

二、犯罪学分析

随着我国的证券金融市场迅速发展，人们对于股市的参与度以及知晓度不断增强。但在证券交易市场迅猛发展的背景下，上市公司信息披露违规违法的案件呈现频发的态势。我国证券市场从以往的核准制转变为注册制，如果上市公司的质量没有得到保障，无法确保上市交易的公司按照高质量要求运行。一旦出现“问题上市公司”，必然采用掩盖公司出现的效益降低乃至重大亏损在内的各方面的问题，出现触犯违规披露、不披露重要信息罪的行为。具体而言，主要原因如下：

一是在2020年《刑法修正案（十一）》前，违规披露、不披露重要信息罪在相当程度上是一个“休眠罪名”，适用该罪名的案件数量不多，随着证券监管的日益严格，违规信披罪在实践中被“激活”，ST浩源、康美药业、博元投资股份有限公司等一大批上市公司和金融企业被以本罪追究刑事责任。前期惩治力度不足，为实施本罪留下了空隙。

二是从刑法的处罚对象来看，本罪的主体是负有直接责任的主管责任人员与其他直接责任人员，并非单位犯罪。虽然从表面看，本罪主体似乎是负有信息披露义务的公司，但实际上，本罪的某些犯罪手段呈现出特殊情况，比如，单位作为另一上市公司的控股股东时，本单位的控股股东操纵本单位，使其违规披露或不披露本单位作为控股股东的另一上市公司应披露的重要信息。在这个过程中，违规披露的幕后实际操控人利用股票交易市场来操纵两个公司的股价，借此牟取暴利。这种情况导致看起来违规行为和责任追究被分离，仿佛绕开了监管进行违规披露，其实是操控者的侥幸心理在作祟。例如，在本案中，郑××作为上海××公司的副董事长、总经理，虽没有明确指使能源公司的陆×2、沈×华开展虚假贸易，但其作为能源公司的分管领导，平时关注财务数据，经常听取陆×2关于财务报表的汇报，应当知晓能源公司在短时间内不可能通过正常贸易以弥补盈利缺口，其还在多次经营分析会议上要求在案相关被告人等“该做的贸易要做，该开的票要开”，亦暗示通过虚假贸易虚增利润。因此，虽违规披露属能源公司的行为，但郑××为实现2014年度报告盈利而推动虚假贸易的开展，其应承担主要责任。

三是短期利益观作祟。上市公司为获取短期利益或者营造暂时虚高的效益而实施违规披露重要信息的行为。这种行为会对股票价格产生严重的负面影响，无论是违规披露信息的上市公司，还是作为次上市公司控股股东的其他公司，其股价都必然遭受毁灭性的打击。这一情况严重损害了广大中小投资者的利益，也就是说，上市公司追求暂时虚高效益的同时，是以牺牲股民利益为代价的。本案中，郑××即在该年度前三季度亏损的情况下为完成业绩考核使该年度报告的盈利而授意其他被告人开展虚假贸易虚增利润，严重影响股民的投资决策，违规行为的查处必将导致投资者的利益受损。

四是这类犯罪存在跨期以及涉及主体多且查处困难。主板、创业板、科创板、可转债等领域均有因公司、企业财务造假导致欺诈发行的案件，有的在发行审核环节企图“带病闯关”；有的在IPO前后连续多年造假；有的违反规定在账目上作跨期确认的，伪造财务数据后又实施虚假平账行为，其违规披露、不披露重要信息的违法行为呈现持续状态。而且此类犯罪涉及的公司、企业层级多、链条长，人员广泛，除上市公司自身外，还涵盖了进行收购、重大资产重组、再融资、重大交易的有关各方以及破产管理人等相关主体。这种复杂的局面滋生了一种蒙蔽过关的犯罪心理。目前，即便公司已经退市，针对公司及相关责任主体的调查与追责工作仍会持续推进。

风险警示

在我国注册制改革的背景下，信息披露对维护证券市场良好秩序具有重要意义。经济的快速发展带来资本市场活跃度提升，个别资本运营主体受利益驱动，通过假融资、虚假股改承诺等不法手段非法操纵证券、期货市场，严重影响金融秩序稳定，也给监管执法带来巨大挑战。2024 年 4 月 12 日，国务院《关于加强监管防范风险推动资本市场高质量发展的若干意见》提出了强监管、防风险、促高质量发展的主线，要求加大对证券期货违法犯罪的打击力度。2024 年 4 月 16 日，最高人民法院、最高人民检察院、公安部、中国证券监督管理委员会《关于办理证券期货违法犯罪案件工作若干问题的意见》强调行政执法应移尽移、司法机关当捕则捕以及该诉则诉、严格控制缓刑，同时加大财产刑适用和执行力度，最大限度追赃挽损，完善全链条打击、全方位追责体系。2024 年最高人民检察院经济犯罪检察厅印发《关于办理财务造假犯罪案件有关问题的解答》就违规披露、不披露重要信息罪构成要件的把握及立案追诉标准的适用等问题提出明确意见。在我国注册制改革的背景下，信息披露对维护证券市场良好秩序具有重要意义。经济的快速发展带来资本市场活跃度提升，个别资本运营主体受利益驱动，通过假融资、虚假股改承诺等不法手段非法操纵证券、期货市场，严重影响金融秩序稳定，也给监管执法带来巨大挑战。通过沈 × 华等人的违规披露、不披露重要信息案件，对如何预防本罪有以下启示：

（1）依法负有信息披露义务的人员在信息披露时尤其是披露公司的规划及前景等信息往往包含一些预测性、推测性的内容，这些信息本来就具有不确定性，因此难免发生预测偏差甚至错误的情况。为防止将上述情况认定为虚假信息披露，在进行相关展望和预测时，要注意有理有据，不凭空捏造，预测方法科学合理，措辞留有余地，不可过于武断，诱导性太强。

（2）现实生活中可能存在上市公司因疏忽大意，不按规定时间披露信息或者披露信息不全面、程序不合规的情况。只有故意才会构成本罪，过失并不能构成本罪。本案件宣告缓刑且罚金最高仅有二十万元。基于 2020 年《刑法修正案十一》量刑最高可达 10 年，罚金不设上限。如果案件发生在 2021 年后，其刑期可在 5 年以上且罚金数额会更高。

（3）违规披露、不披露重要信息案件一般先由地方证券管理部门内部的稽查机构，根据举报或者在管理中发现的违法情形进行调查。证券管理部门若发现有提供虚假财务报告的行为，一般会责令上市公司发布风险提示报告或者错误纠正报告，由此可能引发股价下跌。此外，此类案件在侦查中一般涉及大量书证物证，取证难度大，且在“虚假信息”的甄别和因果关系的判断方面存在一定难度，因此通常办案周期长，由此给上市公司带来的负面影响可能是巨大的甚至毁灭性的。因此，上市公司更应谨慎对待该类风险，自觉规范信息披露行为。

（4）公司直接负责的主管人员和其他直接责任人员要提高警惕，切实履行好自己的职责，以免受到处罚。企业一旦被公安机关立案调查，如实陈述事实，不抱侥幸。

对于信息披露存在疏漏、差异、前后不一致、披露不充分、不恰当的问题，及时采取纠正措施，并作出合理说明。

问题思考

上海×××公司为虚增业绩，由时任公司副董事长、总经理任××决定将上述项目中已由其他企业完工的约80%工程收入违规计入公司三季报，具体由公司副总经理、财务总监林×2、公司财务经理秦×、厦门副总经理盛×实施。盛×安排厦门中毅达提供虚假的工程、财务数据，秦××依据上述数据编制上海×××公司三季度财务报表，交林×2签字确认。2015年10月28日，上海×××公司将该三季度财务报表对外披露。经鉴定，上海×××公司共虚增主营收入人民币72670000.00元（以下币种均为人民币），占同期披露主营收入总额的50.24%；虚增利润10638888.00元，占同期披露利润总额的81.35%；虚增净利润7979166.00元，将亏损披露为盈利。

被告人任××、盛×、秦××、林××分别接公安机关电话通知后主动到案，并如实供述了上述犯罪事实。法院另查明，任××、林××均向中国证券会缴纳过行政罚款20万元。在法院审理期间，盛×和秦××均向法院缴纳了5万元。法院经审理后认为，上海×××公司作为依法负有信息披露义务的公司，向股东和社会公众提供虚假的财务会计报告，具有严重情节；被告人任××作为直接负责的主管人员，被告人林××、盛×、秦××作为其他直接责任人员，其行为均已构成违规披露重要信息罪。四名被告人犯罪后均能自动投案，如实供述自己的罪行，系自首，均可以从轻处罚①。

本案是上海×××公司因信息披露违法犯罪第一案，其公司及高管共被罚143万元，又遭股民索赔，还受到追究刑事责任，纵观上述案件，结合本节案例，根据《刑法》的规定，讨论以下问题：

（1）任××、盛×、秦××、林×2是否构成违规披露、不披露重要信息罪？并说明理由。

（2）证券发行注册制改革的背景下，违规披露、不披露重要信息罪的未来走势如何？

（3）如何防范违规披露、不披露重要信息罪的发生？

---

① 参见上海市第三中级人民法院刑事判决书（2020）沪03刑初67号。

案例7：

背信损害上市公司利益的离经叛道

立法背景

背信损害上市公司利益罪，是指上市公司的董事、监事、高级管理人员违背对公司的忠实义务，利用职务便利，操纵上市公司从事下列行为之一，致使上市公司利益遭受重大损失的行为。行为具体包括：（1）无偿向其他单位或者个人提供资金、商品、服务或者其他资产的；（2）以明显不公平的条件，提供或者接受资金、商品、服务或者其他资产的；（3）向明显不具有清偿能力的单位或者个人提供资金、商品、服务或者其他资产的；（4）为明显不具有清偿能力的单位或者个人提供担保，或者无正当理由为其他单位或者个人提供担保的；（5）无正当理由放弃债权、承担债务的；（6）采用其他方式损害上市公司利益的。

1997 年《刑法》对其他损害公司利益的犯罪主体限于国有公司、企业和单位的工作人员，未能涵盖其他所有制的公司、企业，以致发生在非国有公司的诸多严重违反《公司法》规定的行为难以追究刑事责任。一些上市公司的管理人员、控股股东、实际控制人，以无偿占用或者明显不公允的关联交易等非法手段，侵占上市公司资产，严重损害上市公司和公众投资者的合法权益。对因此给上市公司造成重大损失的，应当追究刑事责任。2005 年《公司法》规定公司董事、监事、高级管理人员对公司所负的忠实义务。2006 年《刑法修正案（六）》基于“公司的忠实义务”将严重损害上市公司利益的行为纳入刑法调整的范围，增设了上市公司内部人员背信损害上市公司利益罪，这是我国刑事立法首次直接以“背信”术语对背信犯罪予以规定。上市公司的董事、监事、高级管理人员违背对公司的忠实义务，利用职务之便，操纵上市公司从事损害上市公司利益的活动，致使上市公司的利益遭受重大损失的行为，以及上市公司的控股股东或者实际控制人，指使上市公司的董事、监事、高级管理人员从事损害上市公司利益的活动，致使上市公司利益遭受重大损失或特别重大损失的行为[①]。

案件情况

2013 年 7 月至 2015 年 2 月，鲜 × 利用担任上市公司多伦公司及其子公司汉通公司的法定代表人及实际控制人的职务便利，为粉饰公司业绩，采用伪造汉通公司开发的荆门楚天城项目分包商林 × × 签名、制作虚假的资金支付申请与审批表等方式，以支

① 参见杨辉忠：《经济刑法：原理与实训》，南京大学出版社 2014 版，第 247 页。

付工程款和往来款名义，将汉通公司资金划转至该公司实际控制的林××个人账户、荆门楚天城项目部账户，再通过上述账户划转至鲜×实际控制的多个公司、个人账户内，转出资金循环累计达人民币1.2亿余元。其中，2360万元被鲜×用于理财、买卖股票等，至案发尚未归还，且部分资金已被结转至开发成本账户。

同时，多伦公司更名为匹凸匹过程中，鲜×控制了多伦公司信息的生成以及信息披露的内容。2014年后，鲜×控制了刘××、鲜×1、夏××等个人证券账户，并实际控制了西藏信托有限公司、厦门国际信托有限公司、万向信托有限公司、四川信托有限公司、华润深国投信托有限公司、方正东亚信托有限公司的“鸿禧1号”“鸿禧2号”“柯塞威1号”等14个信托账户中的28个HOMS单元。2015年4月30日至5月11日，鲜×通过其控制的前述账户组，买入多伦公司股票共计2520万余股，买入金额2.86亿余元。2015年5月11日，多伦公司有关名称变更的公告发布后，股票连续涨停。同年6月3日，多伦公司股价打开涨停。

多伦公司更名为匹凸匹公司过程中，被告人鲜×控制了多伦公司信息的生成以及信息披露的内容等。

2015年，被告人鲜×作为多伦公司的实际控制人、董事长兼董事会秘书，个人决定启动公司名称变更程序。同年4月9日，鲜×安排公司员工周××至原上海市工商行政管理局（现为市场监督管理局）申请变更企业名称，将多伦公司名称变更为匹凸匹公司。4月17日，周××领取了市工商局核发的企业名称变更预先核准通知书并被告知仍需履行相关程序，暂时不能使用该名称；周××将该情况告知了鲜×。

2015年4月底，多伦公司分别召开第七届董事会第八次、第九次会议，鲜×既未将更名事项提交董事会审议，亦未将更名事项告知其余董事会成员。5月4日，市工商局通知名称变更审核已经通过，多伦公司于同日发出召开董事会会议通知。5月7日，多伦公司召开董事会第十次会议，审议通过企业名称及经营范围变更，并于同日将草拟的公告内容递交上海证券交易所审核。5月8日，多伦公司收到上海证券交易所关于公告内容的问询函；5月11日，多伦公司就问询函的相关问题进行了回复。

2015年5月11日，多伦公司对外发布《关于公司名称变更的公告》《关于获得控股股东www.p2p.com网站域名特别授权的公告》。其中，《关于公司名称变更的公告》中有关公司更名的原因表述为立志于做中国首家互联网金融上市公司，基于业务转型的需要，为使公司名称能够体现主营业务，拟将名称变更为匹凸匹公司。同时，《关于获得控股股东www.p2p.com网站域名特别授权的公告》称，通过本次授权可以使公司在互联网金融行业获得领先竞争优势，该特别授权对公司转型具有突破性意义，必将给公司带来深远影响。而 2015 年 6 月多伦公司正式更名为匹凸匹公司后，并未开展 p2p 业务，也未开展除了配资以外的金融业务，且配资业务在公司更名之前即已经开展。

控辩意见

鲜 × 以原判量刑过重为由上诉请求从轻处罚，并提出其在一审阶段对认罪认罚从宽制度认识不足，故在二审阶段自愿认罪认罚，请求对其从宽处理。

辩方则认为，上诉人鲜 × 在二审阶段的认罪认罚是出自其本人的真实意愿，并在家属的帮助下缴纳了全部罚金，新冠疫情期间通过家人向社会捐款捐物，请求二审法院对上诉人鲜 × 从轻处罚。

判决结果

一审法院认为，被告人鲜 × 作为上市公司多伦公司的董事长、实际控制人，违背对公司的忠实义务，利用职务便利，将上市公司资金用于个人营利活动，致使上市公司遭受重大损失，其行为已构成背信损害上市公司利益罪；鲜 × 通过控制上市公司信息的生成以及信息披露的内容，误导投资者作出投资决策，影响证券交易价格与交易量，并进行相关交易，其行为已构成操纵证券市场罪，且应认定为情节特别严重；对鲜 × 应当两罪并罚。鉴于在案证据不能排除鲜 × 为上市公司支付钱款 500 万元购买域名的事实，故从背信损害上市公司利益造成损失金额中扣除该部分数额。关于鲜 × 操纵证券市场罪的违法所得数额，宜以实际成交差额认定。鲜 × 在操纵证券市场罪中具有自首情节，依法可以从轻或者减轻处罚。依照《中华人民共和国刑法》第一百六十九条之一、第一百八十二条第一款第（四）项、第六十九条、第六十七条第一款、第五十三条、第六十四条以及《最高人民法院、最高人民检察院关于办理操纵证券、期货市场刑事案件适用法律若干问题的解释》第四条第（三）项之规定，对被告人鲜 × 以背信损害上市公司利益罪判处有期徒刑二年，并处罚金人民币一百八十万元；以操纵证券市场罪判处有期徒刑四年，并处罚金人民币一千万元，决定执行有期徒刑五年，并处罚金人民币一千一百八十万元；违法所得予以追缴①。

上海市检察院认为，一审判决认定上诉人鲜 × 背信损害上市公司利益、操纵证券

① 参见上海市第一中级人民法院刑事判决书（2018）沪 01 刑初 13 号。

市场的犯罪事实清楚，证据确实、充分，适用法律正确，量刑适当，审判程序合法。二审期间，鲜×具有自愿认罪认罚并主动缴纳全部罚金等情，建议二审法院依法对鲜×从轻处罚。

二审法院查明，二审期间，上诉人鲜×在其辩护人见证下自愿签署了《认罪认罚具结书》，在二审庭审中表示对一审判决没有异议、愿意接受刑罚处罚，并在家属帮助下代其缴纳了全部罚金1180万元及退缴了部分违法所得500万元。

法院认为，上诉人鲜×作为上市公司多伦公司的董事长、实际控制人，违背对公司的忠实义务，利用职务便利，将上市公司资金用于个人营利活动，致使上市公司遭受重大损失，其行为已构成背信损害上市公司利益罪；鲜×通过控制上市公司信息的生成以及信息披露的内容，误导投资者作出投资决策，影响证券交易价格与交易量，并进行相关交易，其行为已构成操纵证券市场罪，且应认定为情节特别严重；对鲜×应当两罪并罚。原判认定上诉人鲜×背信损害上市公司利益、操纵证券市场的犯罪事实清楚，证据确实、充分，适用法律正确，量刑适当，诉讼程序合法。鉴于鲜×在二审期间自愿认罪认罚，并在家属帮助下缴纳了全部罚金及退缴了部分违法所得等情，其具有认罪、悔罪表现。辩护人关于对鲜×从轻处罚的辩护意见，上海市人民检察院建议本院对鲜×从轻处罚的意见，均予以采纳。据此，依照《中华人民共和国刑法》第一百六十九条之一、第一百八十二条第一款第（四）项、第六十九条、第六十七条第一款、第五十三条、第六十四条、《中华人民共和国刑事诉讼法》第十五条、第二百三十六条第一款第（二）项以及《最高人民法院、最高人民检察院关于办理操纵证券、期货市场刑事案件适用法律若干问题的解释》第四条第（三）项之规定，判决如下：

（1）维持上海市第一中级人民法院（2018）沪01刑初13号刑事判决的第二项，即“违法所得予以追缴”。

（2）撤销上海市第一中级人民法院（2018）沪01刑初13号刑事判决的第一项，即“被告人鲜×犯背信损害上市公司利益罪，判处有期徒刑二年，并处罚金人民币一百八十万元；犯操纵证券市场罪，判处有期徒刑四年，并处罚金人民币一千万元，决定执行有期徒刑五年，并处罚金人民币一千一百八十万元”。

（3）上诉人鲜×犯背信损害上市公司利益罪判处有期徒刑一年八个月，并处罚金人民币一百八十万元，犯操纵证券市场罪判处有期徒刑三年四个月，并处罚金人民币一千万元，决定执行有期徒刑四年三个月，并处罚金人民币一千一百八十万元①。

---

① 参见上海市高级人民法院（2019）沪刑终110号。

理论解说

一、刑法学分析

实务中如何准确界定背信损害上市公司利益罪与非罪的界限是一个重要问题。2022年最高人民检察院、公安部《关于公安机关管辖的刑事案件立案追诉标准的规定（二）》第13条规定：上市公司的董事、监事、高级管理人员违背对公司的忠实义务，利用职务便利，操纵上市公司从事损害上市公司利益的行为，以及上市公司的控股股东或者实际控制人，指使上市公司董事、监事、高级管理人员实施损害上市公司利益的行为，涉嫌下列情形之一的，应予立案追诉：（1）无偿向其他单位或者个人提供资金、商品、服务或者其他资产，致使上市公司直接经济损失数额在一百五十万元以上的；（2）以明显不公平的条件，提供或者接受资金、商品、服务或者其他资产，致使上市公司直接经济损失数额在一百五十万元以上的；（3）向明显不具有清偿能力的单位或者个人提供资金、商品、服务或者其他资产，致使上市公司直接经济损失数额在一百五十万元以上的；（4）为明显不具有清偿能力的单位或者个人提供担保，或者无正当理由为其他单位或者个人提供担保，致使上市公司直接经济损失数额在一百五十万元以上的；（5）无正当理由放弃债权、承担债务，致使上市公司直接经济损失数额在一百五十万元以上的；（6）致使公司、企业发行的股票或者公司、企业债券、存托凭证或者国务院依法认定的其他证券被终止上市交易的；（7）其他致使上市公司利益遭受重大损失的情形。该规定扩大了背信损害上市公司利益罪的主体范围，即上市公司的控股股东或者实际控制人。控股股东或者实际控制人指使董监高作出行为，也可以按照共犯来解决。由于经济活动中存在一定的风险，有时上市公司内部人员为了公司的利益而采取的一些行为可能会超出一般依法之事务处理范围，但并不一定构成犯罪。这需要从刑法学的角度对多伦公司案进行分析，明确罪与非罪界限以及此罪与彼罪的区别。

（一）罪与非罪的界定

"违背对公司的忠实义务""利用职务便利""操纵上市公司从事"和"致上市公司利益遭受重大损失"本罪构成的客观要件，是本罪构成要件的客观要素。

在认定背信损害上市公司利益罪时，需要综合考虑行为人的主观意图、行为方式、行为后果等因素以及上市公司内部管理制度、公司章程等规定，以便能够准确区分罪与非罪的界限。同时要准确把握背信损害上市公司利益罪违背忠实义务，将上市公司利益向个人或其他单位输送的实质。由于背信损害上市公司利益犯罪的手段多种多样，如与关联公司不正当交易、伪造支付名目、违规担保、无偿提供资金等，并且多采用复杂的资金流转、股权控制方式掩饰违法行为，但均离不开违背对上市公司的忠实义务、输送公司利益。本案中，鲜×将汉某公司资金转入个人控制账户，相比直接转移上市公司资金隐蔽性更强，由于相关财务数据计入上市公司，最终仍然致使上市公司利益遭受重大损失。

一是本罪主体指上市公司的董事、监事、高级管理人员违背对公司的忠实义务，利用职务便利，操纵上市公司从事不正当、不公平的关联交易，致使上市公司利益遭受重大损失的行为。例如，本案中的犯罪主体是鲜×，作为上市公司的董事长，属于公司的高管人员，利用职务便利，将上市公司资金用于个人营利活动，违背对公司的忠实义务，符合我国《刑法》第169条规定的主体范围。

二是本罪侵犯的客体是上市公司及其股东的合法权益和证券市场的管理秩序。“违背对公司的忠实义务”“利用职务便利”“操纵上市公司从事”和“致上市公司利益遭受重大损失”本罪构成的客观要件，是本罪构成要件的客观要素。2019年《公司法》规定了董事、监事、高级管理人员对公司负有忠实义务和勤勉义务。“忠实义务”，是指董事、监事、高级管理人员对公司事务应忠诚尽力、忠实于公司，当其自身利益与公司利益相冲突时，应以公司的利益为重，不得将自身利益置于公司利益之上；他们必须为公司的利益善意地处理公司事务、处置其掌握的公司财产，其行使权利的目的必须是为了公司的利益，不得违背对公司的忠实义务操纵上市公司进行违法行为。本案中，犯罪客体为上市公司多伦公司的合法权益和证券市场的管理秩序。

三是本罪在主观方面表现为故意。即行为人明知自己实施的是背信行为，明知自己的行为会对上市公司造成财产上损害的结果，并且希望或者放任这种结果的发生。鲜×具有直接故意，明知自己的行为会损害公司利益，但仍然进行，其行为符合背信损害上市公司利益罪的主观方面要求。

四是本罪在客观方面表现为上市公司的董事、监事、高级管理人员违背对公司的忠实义务，利用职务便利，通过操纵上市公司从事不正当、不公平的关联交易等非法手段，致使上市公司利益遭受重大损失的行为。本案鲜×利用职务上的便利，通过虚构合同、转移资产等手段，将公司资金转移到自己名下，使公司蒙受巨大损失。这一行为符合背信损害上市公司利益罪的客观方面要求。辩方认为，鲜×的行为并未达到背信损害上市公司利益罪的构成要件，因为他并未获得不当利益。此外，部分资金转移是为了公司的正常经营，不应视为背信行为。

在判断是否构成本罪时，还需考虑以下几点：

首先，经济活动存在一定风险，如果行为主体的行为在法规、章程规定范围内，既未滥用权利也未违背忠实义务，即便造成一定财产损失，也不构成本罪。若上市公司为追求高利润授权行为人处理高风险事务，且这种授权是自愿的，那么即使行为人的处理超出一般依法事务处理范围，因有上市公司同意，也可阻却违法。

其次，本罪是结果犯，只有当行为主体的背信行为致使公司财产遭受重大损失时才成立本罪，如果实施其他行为能及时补救，未使公司整体财产减少，则不构成此罪。

最后，如果根据案件事实，情节显著轻微，危害不大，未对上市公司造成重大财产损失，应依据《刑法》第13条规定，不以犯罪论处，而作为一般违法行为处理。就本案而言，从刑法学角度看，虽然鲜×没有直接获取不当利益，但他的行为导致公司财产损失，侵犯了公司和股东利益，已构成背信损害上市公司利益罪。此外，对于部分资金转移是否为公司正常经营的情况需进一步审查，如果确实是正常经营所必需，这部分行为可认定为非罪。

（二）此罪与彼罪

背信损害上市公司利益罪与其他犯罪有一定的区别，如职务侵占罪与挪用资金罪等。也可能与挪用资金罪、违规披露、不披露重要信息罪产生竞合。

其问题的关键在于犯罪主体、犯罪对象以及行为动机的不同。

一是背信损害上市利益罪与职务侵占罪的区分。职务侵占罪，是指“公司、企业或者其他单位的人员，利用职务上的便利，将本单位财务非法占有，数额较大的行为。背信损害上市公司利益罪与职务侵占罪在犯罪表现样态上一般表现为“利用职务之便”，最终导致单位的利益受损，但两者存在明显不同：（1）犯罪主体不同。虽然犯罪主体均为特殊主体，但背信损害上市公司利益罪的主体是上市公司的董事、监事、高级管理人员、控股股东或是实际控制人，而职务侵占罪的犯罪主体应当是公司人员、企业或者其他单位的人员。这两项罪名的犯罪主体的设定是根据不同的判定标准得出的，对于背信损害上市公司利益罪而言，其犯罪主体的设定是根据行为人在该公司中的地位影响力确立出来的，而职务侵占罪的犯罪主体是依据行为人是否处于从事公务的工作属性确定。（2）犯罪客体不同，背信损害上市公司利益罪的客体是上市公司的管理秩序和上市公司、股民的合法权益，而职务侵占罪的客体是公司、企业或者其他单位的财产所有权，即背信损害上市公司利益罪所保护的客体既包括了单位也包括自然人的合法权益，而职务侵占罪所保护的客体仅限于单位。除此之外，职务侵占罪还侵犯了业务行为中的诚信原则。（3）犯罪主观方面不同，背信损害上市公司利益罪包括直接故意也包括间接故意，即背信损害上市公司利益罪主体明知自己的行为会造成上市公司的损失，但对结果仍持有希望或是放任的心理态度。职务侵占罪在主观方面表现为“以非法占有为目的”，其主体希望通过利用职务之便非法占有已有的本单位财物。（4）犯罪客观方面不同，主要是利用职务之便的具体手段不同，背信损害上市公司利益罪主要是实行了《刑法修正案（六）》所规定“六种”行为进行非正当关联交易，尽管其实行手段形式上合乎上市公司程序，但其目的是非法的，而职务侵占罪主要是通过窃取、骗取、侵吞、截留等手段，其实施的手段、目的均是非法或不合公司程序要求。例如，在本案中，鲜×利用担任多伦公司子公司法定代表人及实际控制人之便，实行了《刑法修正案（六）》规定的六种行为之一进行非正当关联交易，即无偿以支付工程款和往来款的名义将资金由子公司通过其他账户转移至母公司账户及鲜×的个人账户，形式上合乎上市公司程序，但其一方面粉饰公司业绩，另一方面满足鲜×个人需求，属于非法目的。

二是背信损害上市公司利益罪与挪用资金罪的区别。犯罪主体不同，背信运用受托财产罪的主体是金融机构或其他公众资金管理机构的工作人员；而挪用资金罪的主体则是公司、企业或其他单位的工作人员。犯罪客体不同，背信运用受托财产罪侵犯的客体是金融管理秩序和客户的财产权益；挪用资金罪则侵犯的是公司、企业或其他单位的资金所有权。犯罪对象不同，背信运用受托财产罪的犯罪对象是客户资金或其他委托、信托的财产；挪用资金罪的犯罪对象则是本单位的资金。需要注意的是，由于背信损害上市公司利益罪所规定的公司高管人员无偿向关联企业挪用单位资金的行为系挪用资金罪的具体规定，涵盖了挪用资金罪的犯罪构成，这种法条竞合关系应按照特别法优于一般法的规定处理。

三是背信损害上市公司利益罪与违规披露、不披露重要信息罪的区别。犯罪主体不同，前者是上市公司董事、监事、高管等特殊主体，后者主体更广泛包括相关公司和直接责任人员。犯罪主观方面不同，前者是故意损害公司利益，后者是故意违反信息披露义务。犯罪客体不同，前者侵犯公司及股东权益和证券管理秩序，后者侵犯信息披露制度和相关人合法权益。犯罪客观方面不同，前者是背信致公司利益受损，后者是信息披露违法操作。

两罪名竞合时需综合行为特征、目的和主要侵犯客体确定罪名。如果行为人的主要行为是通过背信手段损害公司利益，而信息披露违规只是其中的一个环节或者手段，那么应以背信损害上市公司利益罪定罪；如果主要行为是围绕信息披露的违规操作，对公司利益的损害主要是由信息披露违规导致的市场反应等间接因素造成的，那么应考虑以违规披露、不披露重要信息罪定罪。

综上所述，从刑法学角度分析多伦公司案可以得出以下结论：鲜 × 的行为符合背信损害上市公司利益罪的犯罪构成，其行为已构成罪，而非非罪。此外，背信损害上市公司利益罪与其他犯罪之间的区别主要在于犯罪主体和犯罪对象。

二、犯罪学分析

随着中国证券市场的快速发展和上市公司数量的不断增加，上市公司内部人员利用职务之便采取无偿或明显不合理的方式进行交易损害公司利益的问题日益突出。我国证券市场中有些上市公司的特殊主体进行不正当关联交易，以此掏空上市公司的违法事件屡见不鲜。这不仅直接导致上市公司与行为人之间的信赖关系的破坏，而且导致了上市公司的财产利益遭受损失，最终对整个市场经济正常运行造成许多负面影响。从犯罪学的角度分析此类案件，对于犯罪预防更具有意义。

一是背信损害上市公司利益行为实施者多为大股东或者高管，甚至两者兼而有之，无论是自己缺钱还是自己控制的母公司、关联公司缺钱，或者为了自己的利益最大化，就会想到从上市公司拿钱和关联交易、担保，极易实施此类犯罪。例如，在本案中，鲜 × 作为实际控制人以及董事长兼董事会秘书，为粉饰母公司业绩以及向自己的私人账户转移资金，利用子公司伪造关联交易，从而背信损害了上市公司的利益。

二是家族大股东具有权力高度集中以及掌控着公司职工命运和前途的地位优势，这种情况下，即便家族大股东存在侵占上市公司利益的行为，部分公司职工不仅会选择回避，甚至还会为其提供帮助，即使出现侵占行为，也无人愿意出面提出或者进行举报。这使执法机关难以获取相关信息，违法者从而能够顺利逃避法律制裁，进而让他们越发有恃无恐，极易产生侥幸心理。

三是我国的企业特别是家族企业实际控制人往往具有强大的决策权，容易将公司视为私人财产，忽视公司治理结构和合规要求，尤其是在合同签订、资金使用及决策过程中可能会触犯背信损害上市利益犯罪的风险。

风险警示

在我国触犯背信损害上市利益犯罪的风险除了刑罚外，对董监高来说，还需要按照《公司法》第 146 条的规定，执行期满未逾五年，不得担任公司的董事、监事、高级管理人员，甚至终身市场禁入。本案系行政机关、司法机关对上市公司实际控制人挑战法律底线、屡次实施违法违规行为进行彻查严处的标杆案件。根据鲜 × 违法犯罪行为性质、情节、违法所得数额等，行政处罚顶格处以违法所得5倍罚金、终身市场禁入；刑事处罚依法认定构成数罪，判处有期徒刑并处罚金，追缴违法所得。通过全方位的从重追责，加大资本市场违法成本，震慑违法犯罪活动，营造崇法守信的市场法治环境。本案中的鲜×作为董事长，在刑期满后五年内，不得重新担任董事。为维护资本市场秩序、防范化解重大风险，2021年中共中央办公厅、国务院办公厅印发《关于依法从严打击证券违法活动的意见》要求依法严厉查处证券违法犯罪案件，加强诚信约束惩戒，强化震慑效应。那么，如何防范呢？

一是明确董事会、监事会和管理层的职责和权限，建立科学的决策机制，确保重大事项由董事会或股东大会讨论决定，避免实控人独大而权力失控。公司董事在作出商业决策时应以充分信息为基础，秉持诚实信用原则，并且要确实相信自身的行为符合公司的最佳利益。如果董事的决策偏离商业判断规则，就很容易进入背信损害上市公司利益罪的风险范围内。

二是制定严格的合同审批和资金使用流程，确保每一项交易都经过合法合规的审核程序。对于重大合同和资金使用，应实行多人审批制，确保透明和公正。

三是建立健全关联交易管理制度，严格审核和披露关联交易，确保关联交易的公正性和合理性，避免实控人利用关联交易侵占公司利益。

四是建立健全独立的内部审计部门和合规部门，对公司的财务活动、合同签订和重大决策进行审计和监督，及时发现和纠正不合规行为。

五是强化高管人员在履职过程中严格遵守公司章程和相关法律法规，保持独立判断，确保行为符合公司和全体股东利益，对不合理或违法指令提出异议并记录，积极参与公司治理，并提出合理建议和意见。

六是学习借鉴其他案例教训。企业和相关部门应通过学习分析此类案例，提炼经验教训，不断完善自身管理和监管制度。借鉴其他案例的处理方式，提高应对此类问题的能力。

问题思考

被告人张×原系上海科技董事长。在上海科技大股东南京斯威特集团有限公司实际控制人严×群的要求下，被告人未经公司董事会同意，也未告知财务经理胡良资金最终去向，指使胡×先后两次将上海科技账外账户中的人民币1亿元资金和6800万元资金划至上海科技下属南京宽频科技有限公司账户，南京宽频出纳刘×瑶按张×指令没有将该两笔钱款入账，而是将其中1亿元划至上海科技下属控股子公司南京图博软件有限公司，后经严×群签字确认将该人民币1亿元划至斯威特集团指定的南京凯克通信技术有限公司。之后，严×群指使斯威特集团出纳王振亚将该1亿元用于投资设立湖南新楚视界公司；另6800万元会同南京宽频的人民币200万元按严×群要求划至严实际控制的南京罗佛通信技术服务有限公司。斯威特集团得款后，严×群指使王×亚将该7000万元会同南京信发文化传媒有限公司和斯威特集团的2300万元用于收购小天鹅公司的股权。8月29日，南京信发通过南京罗佛将7000万元划回南京宽频账户。刘×瑶经张×同意和严晓群审批，将该7000万元划至南京和远咨询服务有限公司账户，该账户将7000万元连同南京口岸进出口有限公司划入的2000万元合计人民币9000万元电汇至上海证券有限责任公司临平路证券营业部，以广州安迪实业投资有限公司名义开设账户进行股票买卖。

上海市浦东新区人民检察院以挪用资金罪向本院提起公诉。

上海浦东新区法院认为，被告人张×身为上海科技董事长，违背对公司的忠实义务，利用职务上的便利，操纵上市公司无偿将本单位资金提供给其他单位使用，致使上市公司利益遭受重大损失，其行为已构成背信损害上市公司利益罪。被告人张×到案后交代态度较好，有一定的悔罪表现，斯威特集团已将占用的上海科技的资金全数归还，上海科技的利益损失得到弥补，酌情从轻处罚。依照《中华人民共和国刑法》第十二条、第一百六十九条之一、第五十三条之规定，判处被告人张×有期徒刑二年，罚金人民币二千元。

判决后被告人未上诉，公诉机关也未抗诉①。

背信损害上市公司利益罪源于《公司法》规定的忠实义务，刑事方面需要从《公司法》的视角及其商业判断规则来思考。综观上述案件，结合本节案例，根据《刑法》的规定，讨论以下问题：

（1）如何理解和认定背信损害上市公司利益罪？

（2）如何把握背信损害上市公司利益罪的构成要件？

（3）挪用资金罪与背信损害上市公司利益罪竞合时如何处理？

---

① 参见上海市浦东新区人民法院刑事判决书（2007）浦刑初字第1521号。

案例 8：

提供虚假证明文件的作茧自缚

立法背景

提供虚假证明文件罪是指承担资产评估、验资、验证、会计、审计、法律服务、保荐、安全评价、环境影响评价、环境监测等职责的中介组织的人员故意提供虚假证明文件、情节严重的行为。

1979 年《刑法》对此犯罪未作规定。如果出现这类违规或不法行为，在财政、审计、法律系统内部作为工作失误予以处理，一般不涉及专门刑事责任问题。对于情节特别严重的，则会以渎职类犯罪处理。随着注册会计师虚假验资现象的出现，1993 年《注册会计师法》第 39 条第 3 款对注册会计师出具虚假证明文件问题作出了有关刑事责任的规定，即“会计师事务所和注册会计师故意出具不实的审计报告、验资报告，构成犯罪的，依法追究刑事责任”。1993 年《公司法》第 219 条也相应规定了承担资产评估、验资或者验证的机构故意或过失出具虚假证明文件行为的刑事责任。1995 年《全国人民代表大会常务委员会关于惩治违反公司法的犯罪的决定》第 6 条第 1 款将提供虚假证明文件的行为被正式纳入我国刑法调整范围，并规定：“承担资产评估、验资、验证、审计职责的人员故意提供虚假证明文件，情节严重的，处五年以下有期徒刑或者拘役，可以并处二十万元以下罚金。”1997 年《刑法》吸收了《全国人民代表大会常务委员会关于惩治违反公司法的犯罪的决定》的规定，不仅增加了过失犯罪形态以及加重情节，在犯罪主体中还增加了会计和法律服务中介组织的人员。1997 年《最高人民法院关于执行〈中华人民共和国刑法〉确定罪名的规定》将该罪名确定为中介组织人员提供虚假证明文件罪、中介组织人员出具证明文件重大失实罪。2002 年最高人民法院、最高人民检察院《关于执行〈中华人民共和国刑法〉确定罪名的补充规定》（法释〔2002〕7 号）将该两个罪名更改为提供虚假证明文件罪和出具证明文件重大失实罪。2009 年最高人民检察院《关于公证员出具公证书有重大失实行为如何适用法律问题的批复》指出：《中华人民共和国公证法》施行以后，公证员在履行公证职责过程中，严重不负责任，出具的公证书有重大失实，造成严重后果的，依照刑法第二百二十九条第三款的规定，以出具证明文件重大失实罪追究刑事责任。2015 年最高人民检察院《关于地质工程勘测院和其他履行勘测职责的单位及其工作人员能否成为刑法第二百二十九条规定的有关犯罪主体的批复》指出：地质工程勘测院和其他履行勘测职责的单位及其工作人员在履行勘察、勘查、测绘职责过程中，故意提供虚假工程地质勘察报告等证明文件，情节严重的，依照刑法第二百二十九条第一款和第二百三十一条的规定，以提供虚假证明文件罪追究刑事责任；地质工程勘测院和其他履行勘测职责的单位及其工作人员在履行勘察、勘查、测绘职责过程中，严重不负责任，出具的工程地质勘察报告等证明文件有重大失实，造成严重后果的，依照刑法第二百二十九条第三款和第二百三十一条的规定，以出具证明文件重大失实罪追究刑事责任。2018 年最高人民法院、最高人民检察院《关于办理妨害信用卡管理刑事案件具体应用法律若干问题的解释》第 4 条第 2 款规定："承担资产评估、验资、验证、会计、审计、法律服务等职责的中介组织或其人员，为信用卡申请人提供虚假的财产状况、收入、职务等资信证明材料，应当追究刑事责任的，依照刑法第二百二十九条的规定，分别以提供虚假证明文件罪和出具证明文件重大失实罪定罪处罚。"

鉴于上述规定的较为分散，2020 年《刑法修正案（十一）》第 25 条在犯罪主体的具体列举中增加了保荐、安全评价、环境影响评价、环境监测四类主体以及三种法定刑升格情形。这些情形主要涉及证券发行中提供虚假证明文件的严重情节、重大资产交易中提供虚假证明文件的严重情节，以及在涉及公共安全的重大工程、项目中提供虚假的安全评价、环境影响评价等证明文件，致使公共财产、国家和人民利益遭受特别重大损失的严重情节。2022 年最高人民法院、最高人民检察院《关于办理危害生产安全刑事案件适用法律若干问题的解释（二）》第 6 条规定："承担安全评价职责的中介组织的人员提供的证明文件有下列情形之一的，属于刑法第二百二十九条第一款规定的'虚假证明文件'：（1）故意伪造的；（2）在周边环境、主要建（构）筑物、工艺、装置、设备设施等重要内容上弄虚作假，导致与评价期间实际情况不符，影响评价结论的；（3）隐瞒生产经营单位重大事故隐患及整改落实情况、主要灾害等级等情况，影响评价结论的；（4）伪造、篡改生产经营单位相关信息、数据、技术报告或者结论等内容，影响评价结论的；（5）故意采用存疑的第三方证明材料、监测检验报告，影响评价结论的；（6）有其他弄虚作假行为，影响评价结论的情形。""生产经营单位提供虚假材料、影响评价结论，承担安全评价职责的中介组织的人员对评价结论与实际情况不符无主观故意的，不属于刑法第二百二十九条第一款规定的'故意提供虚假证明文件'。""有本条第二款情形，承担安全评价职责的中介组织的人员严重不负责任，导致出具的证明文件有重大失实，造成严重后果的，依照刑法第二百二十九条第三款的规定追究刑事责任。"第 7 条规定："承担安全评价职责的中介组织的人员故意提供虚假证明文件，有下列情形之一的，属于刑法第二百二十九条第一款规定的'情节严重'：（1）造成死亡一人以上或者重伤三人以上安全事故的；（2）造成直接经济损失五十万元以上安全事故的；（3）违法所得数额十万元以上的；（4）两年内因故意提供虚假证明文件受过两次以上行政处罚，又故意提供虚假证明文件的；（5）其他情节严重的情形。""在涉及公共安全的重大工程、项目中提供虚假的安全评价文件，有下列情形之一的，属于刑法第二百二十九条第一款第三项规定的‘致使公共财产、国家和人民利益遭受特别重大损失’：（1）造成死亡三人以上或者重伤十人以上安全事故的；（2）造成直接经济损失五百万元以上安全事故的；（3）其他致使公共财产、国家和人民利益遭受特别重大损失的情形。”“承担安全评价职责的中介组织的人员有刑法第二百二十九条第一款行为，在裁量刑罚时，应当考虑其行为手段、主观过错程度、对安全事故的发生所起作用大小及其获利情况、一贯表现等因素，综合评估社会危害性，依法裁量刑罚，确保罪责刑相适应。”第 8 条规定：“承担安全评价职责的中介组织的人员，严重不负责任，出具的证明文件有重大失实，有下列情形之一的，属于刑法第二百二十九条第三款规定的‘造成严重后果’：（1）造成死亡一人以上或者重伤三人以上安全事故的；（2）造成直接经济损失一百万元以上安全事故的；（3）其他造成严重后果的情形。”2023 年最高人民法院、最高人民检察院《关于办理环境污染刑事案件适用法律若干问题的解释》第 10 条规定：“承担环境影响评价、环境监测、温室气体排放检验检测、排放报告编制或者核查等职责的中介组织的人员故意提供虚假证明文件，具有下列情形之一的，应当认定为刑法第二百二十九条第一款规定的‘情节严重’：（1）违法所得三十万元以上的；（2）二年内曾因提供虚假证明文件受过二次以上行政处罚，又提供虚假证明文件的；（3）其他情节严重的情形。”“实施前款规定的行为，在涉及公共安全的重大工程、项目中提供虚假的环境影响评价等证明文件，致使公共财产、国家和人民利益遭受特别重大损失的，应当依照刑法第二百二十九条第一款的规定，处五年以上十年以下有期徒刑，并处罚金。”“实施前两款规定的行为，同时索取他人财物或者非法收受他人财物构成犯罪的，依照处罚较重的规定定罪处罚。”2024 年最高人民法院、最高人民检察院《关于办理危害税收征管刑事案件适用法律若干问题的解释》第 9 条第 2 款规定：“从事货物运输代理、报关、会计、税务、外贸综合服务等中介组织及其人员违反国家有关进出口经营规定，为他人提供虚假证明文件，致使他人骗取国家出口退税款，情节严重的，依照刑法第二百二十九条的规定追究刑事责任。”

案件情况

广东××环保科技有限公司法定代表人即同案人王×群（另案起诉）在明知××公司已经揭阳市××会计师事务所有限公司审计为 2010—2013 年四个年度共亏损 32017869.08 元的情况下，仍指使××公司财务经理即同案人谢×征（另案起诉）与广州××会计师事务所有限公司股东、副所长即被告人陈×通谋，由××事务所为××

公司出具虚增××公司年度营业额及利润的年度审计报告。被告人陈×随后又与中国注册会计师、××事务所股东、法定代表人、所长即被告人杨×东通谋，共同实施上述行为。之后，被告人杨×东、陈×违反相关法律、法规规定和工作程序要求，在根本没有对××公司进行实质性审计的情况下，于2012—2014年以××事务所的名义和被告人杨×东本人、被告人杨×东伪造其他注册会计师的签名，为××公司出具了2010—2013年四个年度的审计报告，每年均盈利、共盈利71660495.99元，实际共虚增净利润103678365.07元。为此，××公司支付××事务所、被告人陈×共27.3万元。

随后，××公司以该公司2010—2012年三个年度均盈利，填写于广东省引进创新创业团队专项办公室制的“广东省引进创新创业团队申请书”（格式申请书），向广东省人才办申请并于2014年9月25日、12月26日分别获得广东省拨付的财政专项资金2800万元、××市财政局拨付的财政配套资金650万元。得手后，上述专项资金大部分被同案人王×群挪用或指使同案人谢×征挪用，至今无法追回。2019年7月11日9时许，被告人杨×东、陈×经汕头市公安局龙湖分局民警传唤到案并接受调查。

控辩意见

被告人杨×东当庭辩称：“为××公司出具审计报告的业务是被告人陈×接的，也是被告人陈×带员工到益德公司进行调查审计的，我是根据被告人陈×提供的书面底稿作出的审计报告，我个人并不知道相关数据是假的。”被告人杨×东对公诉机关指控其行为构成提供虚假证明文件罪表示认罪。

被告人杨×东的辩护人提出如下辩护意见：

其一，被告人杨×东不构成故意提供虚假证明文件罪。理由如下：（1）本案中被告人杨×东对于出具给××公司的审计报告所依据的数据是假的这一事实不知情，也未同被告人陈×合谋。（2）该单业务是股东即被告人陈×的，业务款除了一笔3.5万元有开票入公司账户外，其余巨款均系被告人陈×个人私下收取，案发前被告人杨×东对此并不知情也未从中受益。

其二，被告人杨×东存在一定过失，但情节显著轻微，未造成严重后果，也不构成该条款中的出具的证明文件有重大失实罪。理由如下：（1）××公司出具的审计报告与××公司申请到“广东省珠江人才计划政府扶助资金”没有直接因果关系。（2）××公司获得专项资金后，没有合法使用，王×群挪用资金、职务侵占，给国家造成了严重的损失，但这均与被告人杨×东提供的审计报告没有任何关联性。

综上所述，被告人杨×东作为××所的注册会计师和法定代表人未尽到审慎审查的义务，存在一定的过失，是需要得到修正的或者可能仅属于会计行业协议行政监督处理的范畴，但是其行为未构成刑事犯罪。

被告人杨×东的辩护人向法庭提交了协议书及委托书各一份、相关银行转账凭证等材料。证明：李×东的会计师资质是有偿提供给××公司使用的，也授权被告人杨×东在审计报告上代替其签名，所以被告人杨×东并非伪造李×东的签名。

被告人陈×对公诉机关指控的基本事实、罪名及量刑建议均没有异议，且签字具结，在开庭审理过程中对部分事实发表如下意见：（1）我跟谢×征没有通谋；（2）我没有收到谢×征给的 11 万元现金，我都是收到谢×征的转账后与××所财务人员进行内部算的。

被告人陈×的辩护人提出如下辩护意见：（1）被告人陈×在本案中起次要作用，犯罪情节较轻，系从犯，依法应予以从轻处罚。（2）被告人陈×具有自首情节，依法可予从轻处罚。（3）本案财政专项、配套资金被挪用与××会计师事务所出具虚假审计报告之间不存在刑法上的必然因果关系。（4）现有证据无法证明被告人陈×收到××公司（谢×征）支付的现金 11 万元，只能认定××公司支付××所及被告人陈×16.3 万元。（5）本案目前现有证据不能推定被告人陈×与谢×征共谋或与被告人杨×东存在串通造假。（6）被告人陈×认罪态度较好，且已与公诉机关签订《认罪认罚具结书》，开庭时也认识到自己的过错并当庭自愿认罪。被告人陈×系从犯、偶犯，没有犯罪前科，平时一贯遵纪守法，表现良好。

综上所述，辩护人建议法庭在量刑时能给予被告人陈×从轻处罚，适用公诉机关量刑建议中对被告人陈×判处有期徒刑一年三个月的量刑建议，从而给被告人陈×一个悔过自新、重新做人的机会。

判决结果

广东省汕头市龙湖区人民法院经一审审理认为，广州××会计师事务所有限公司在受理广东××环保科技有限公司审计业务过程中，多次故意提供内容不真实的审计报告，实际共虚增净利润 103678365.07 元，违法所得达 16.3 万元，情节严重，被告人杨×东、陈×作为广州××会计师事务所有限公司的直接负责的主管人员，其行为均已触犯刑律，构成提供虚假证明文件罪。公诉机关指控被告人杨×东、陈×犯提供虚假证明文件罪的罪名成立。鉴于被告人杨×东在共同犯罪中起主要作用，是主犯，依法应当按照其所参与的全部犯罪处罚；其在接到公安机关传唤后主动投案，后虽然否认本案是故意行为造成的，但仍如实供述了为××公司出具四份虚假审计报告的犯罪事实，其对犯罪时主观心态及行为性质的辩解，不影响自首的成立，仍应认定为自首，对其依法可以从轻处罚。鉴于被告人陈×在共同犯罪中起主要作用，是主犯，依法应当按照其所参与的全部犯罪处罚；其有自首情节，自愿认罪认罚，对其可以依法从轻、从宽处罚。公诉机关提出的量刑建议恰当，本院予以采纳。

对于被告人杨×东及其辩护人当庭提出的辩解、辩护意见，经查：

第一，被告人杨×东作为具有执业资质的注册会计师，在为委托单位出具审计报告时，理应按照《中国注册会计师审计准则》的规定进行审计，但被告人杨×东违反相关规定，没有进行询证、函证，没有实地审查账目，仅依据委托单位提供的财务报表多次为其出具审计报告，署名的审计人员亦未实际参与审计，作为专业会计人员的被告人杨×东应当知道上述行为可能导致错报风险，仍不按照审计规定对审计企业相关账务真实性进行核查，放任错报情况发生，属间接故意，因其故意出具虚假审计报告，导致与企业账目严重账实不符，可以认定被告人杨×东对出具审计报告内容的不真实性是明知的，并非其过于自信或疏忽大意的过失行为造成的，对被告人杨×东应以提供虚假证明文件罪追究其刑事责任。

第二，被告人杨×东、陈×的供述等证据反映建弘事务所曾为××公司做过2010年至2014年五个年度的审计报告，其中，2014年度审计报告因××公司未付款被取消报告，据此可知其余各年度的审计费用均已收取到位。同时，被告人陈×还供述××事务所除了通过公户收取益德公司3.5万元之外，其余审计费用12.8万元是其代为收取后向××事务所结算。故现有证据足以认定××事务所共计收取××公司审计费用16.3万元，且被告人杨×东对于上述收取过程是明知的。

第三，涉案虚假的审计报告是以××事务所名义出具，且收取的审计费归建弘事务所所有，故被告人杨×东作为建弘事务所直接负责的主管人员，依法应当承担相应的法律责任，其在上述审计过程中个人是否受益不影响其承担相应的法律责任。综上所述，被告人杨×东及其辩护人提出的辩解、辩护意见与事实及法律规定不符，本院均不予采纳。

对于被告人陈×及其辩护人当庭提出的辩解、辩护意见，经查：

第一，本案仅有同案人谢×征供述曾私下拿现金11万元给被告人陈×，该部分事实缺乏其他证据予以印证，故现有证据无法证明被告人陈×收到××公司（谢×征）支付的现金11万元，只能认定××公司支付××所及被告人陈×16.3万元。第二，被告人陈×虽然不具有出具审计报告的从业资格，但其作为××事务所的实际股东、副所长及直接负责的主管人员，在明知××公司处于亏损状态的情况下，为完成××

事务所的审计业务，拿到审计费用，仍积极伙同被告人杨×东为××公司出具虚假证明文件，导致与企业账目严重账实不符，依法应认定为主犯。综上所述，被告人陈×提出的没有与谢×征通谋的辩解意见及辩护人提出的被告人陈×属于从犯的辩护意见与事实及法律规定不符，本院均不予采纳；被告人陈×及其辩护人其余辩解、辩护意见有事实和法律依据部分，本院可予采纳。

综上所述，根据被告人杨×东、陈×犯罪的事实、犯罪的性质、情节和悔罪表现及其行为对社会的危害程度，依照《中华人民共和国刑法》第二百二十九条第一款、第二百三十一条、第二十五条第一款、第二十六条第一款、第四款、第六十七条第一款、《中华人民共和国刑事诉讼法》第十五条和《最高人民法院关于处理自首和立功具体应用法律若干问题的解释》第一条的规定，判决如下：

（1）被告人杨×东犯提供虚假证明文件罪，判处有期徒刑一年五个月，并处罚金二万元。

（2）被告人陈×犯提供虚假证明文件罪，判处有期徒刑一年三个月，并处罚金二万元①。

理论解说

一、刑法学分析

我国《刑法》对提供虚假证明文件罪采用了叙明罪状且涉及中介组织的范围不具有确定性，对其如何认定甚为关键，特别是中介组织中参与提供虚假证明文件的不具备专业资质的工作人员定性为提供虚假证明文件罪还是以其他罪名定罪，是厘清此罪与彼罪界的关键。2022 年最高人民检察院、公安部《关于公安机关管辖的刑事案件立案追诉标准的规定（二）》第 73 条规定："承担资产评估、验资、验证、会计、审计、法律服务、保荐、安全评价、环境影响评价、环境监测等职责的中介组织的人员故意提供虚假证明文件，涉嫌下列情形之一的，应予立案追诉：（1）给国家、公众或者其他投资者造成直接经济损失数额在五十万元以上的；（2）违法所得数额在十万元以上的；（3）虚假证明文件虚构数额在一百万元以上且占实际数额百分之三十以上的；（4）虽未达到上述数额标准，但二年内因提供虚假证明文件受过二次以上行政处罚，

① 参见广东省汕头市龙湖区人民法院刑事判决书（2020）粤 0507 刑初 72 号。

又提供虚假证明文件的；（5）其他情节严重的情形。”同时还需要关注最高人民法院、最高人民检察院《关于办理药品、医疗器械注册申请材料造假刑事案件适用法律若干问题的解释》最高人民法院、最高人民检察院《关于办理环境污染刑事案件适用法律若干问题的解释》最高人民检察院《关于地质工程勘测院和其他履行勘测职责的单位及其工作人员能否成为刑法第二百二十九条规定的有关犯罪主体的批复》等。

（一）罪与非罪的界定

提供虚假证明文件罪涉及中介组织人员非法提供证明文件的犯罪行为时常服务或服从于其他主犯罪行为，极易产生是作为主罪行的共犯评价还是以中介组织人员罪名独立认定的问题，如果评估事务所、注册会计师事务所、审计师事务所或法律服务机构等单位与公司恶意串通，指定其人员为该公司出具虚假的验资证明等文件，情节严重的，该单位也会成为本罪主体。由于这些中介组织人员具备执业资质，行业本身具有专门的规范和特定的程序，对其违法行为追究刑事责任时，应结合执业规范和程序认定，精准识别罪与非罪。在罪与非罪的界定中需要讨论以下问题：

一是中介组织的范围。由于最高人民法院、最高人民检察院等有关规定为本罪先后增设了公证员、特种设备检验检测机构及其工作人员、地质工程勘测院和其他履行勘测职责的单位及其工作人员、药物非临床研究机构、药物临床试验机构、合同研究组织的工作人员以及环境影响评价机构或其人员。由于我国《刑法》第229条考虑到了中介组织类型随社会发展的新生性，未给予中介组织一个明确的界定范围，不能完全涵盖中介组织于社会主义市场经济活动中所体现出的不同特点。当某一领域的从事中介行为的机构在实施了提供虚假证明文件的犯罪行为，并产生相应的后果时，由于缺乏刑法对相应的主体条件的规定与要求，就会被判决无罪或者以其他罪名定罪。关于该问题，首先应从中介组织之定义入手。但不同学者对于中介组织的定义所显示出的倾向性各有差别，部分学者在定义中介组织时倾向于对其社会市场性之特点定义，所显示的中介组织是指那些介于政府与企业之间、商品生产者与经营者之间、个人与单位之间，为市场主体提供信息咨询、培训、经纪、法律等各种服务，并且为各类市场主体从事协调、评价评估、检验、仲裁等活动的机构或组织。同时存在强调中介组织之专业性特点，将中介组织界定为以其专业知识和专业能力依法为社会提供服务的社团机构，具有独立性、服务性、自律性和依法性的执业特点。也有学者对中介组织定义强调其自律性，认为在市场经济条件下，按照一定的法律法规、规章，或者根据政府委托，遵循独立、公平和公正的原则，凭借其特有的社会服务功能、沟通功能、公证鉴定功能和监督管理等功能，沟通政府与经济主体之间、政府与社会之间、经济主体与经济主体之间、经济主体与社会之间等的信息，协调双方利益，行使监督和管理职能，为全社会提供各种中介服务的社会性自律组织。更有学者认为，中介组织是指“不直接从事市场客体（商品、劳务等）的交易活动，而以第三者身份为市场主体在市场进入、市场竞争、市场交易秩序、市场纠纷等方面提供验证、公证、评估、协调、仲裁等中介服务，从事中介事务代理、咨询服务，提供交易场所等专业服务，介于市场主体之间、市场主体与国家机关之间的专门组织”，“由这些组织实施的犯罪即为提供虚假证明文件罪”①。本案被告人杨 × 东作为具有执业资质的注册会计师，在为委托单位出具审计报告时，应按照《中国注册会计师审计准则》的规定进行审计，但被告人杨 × 东违反相关规定，可以认定被告人杨 × 东对出具审计报告内容的不真实性是明知的，导致与企业账目严重账实不符，对被告人杨 × 东应以提供虚假证明文件罪追究其刑事责任。

二是在中介组织中参与提供虚假证明文件的不具备专业资质的工作人员，其行为能否定性为提供虚假证明文件罪。司法实践中，本罪的自然人主体除具有专门资质的中介组织工作人员外，有时还会涉及中介组织中不具备专业资质的人员是否构成本罪主体的问题。如，在本案中，被告人陈 × 不具有出具审计报告的从业资格，那么，其是否构成本罪主体值得讨论。在实践中，有两种处理情况。一种是，在对中介组织中非具备专业资格的犯罪人的判罚中，部分司法机关以该罪共同犯罪判罚。本案的一审法院认为，被告人陈 × 虽然不具有出具审计报告的从业资格，但其作为建弘事务所的实际股东、副所长及直接负责的主管人员，在明知 × × 公司处于亏损状态的情况下，为完成 × × 事务所的审计业务，拿到审计费用，仍积极伙同被告人杨 × 东为 × × 公司出具虚假证明文件，导致与企业账目严重账实不符，依法应认定为主犯。另外一种处理是，司法机关以《刑法》229 条系对中介组织以及主要负责从事中介工作的专业人员行为的规制为由，认为虚假证明文件的做出，所依赖的是中介专业领域知识，因此对于不具备专业资格从事行政工作的其他人员，参与犯罪的，都以委托人之行为所触犯的罪名定罪。如司法实践中常见的诈骗罪、骗取贷款罪等，而不应当以《刑法》第 229 条规定论处。对于具备专业资质、资格的工作人员，应当结合具备专业资质与所取得的相关资格证书之规定，结合专业证书考试中的职业责任规定，加之其专业领域内法律、法规的规定，进一步明确其工作人员的界定。对于不具备专业资质的工作人员，应当分为未取得专业资质但是具有专门知识的工作人员与普通行政工作人员。对于未取得专业资质但是具有专门知识的工作人员，对该类型工作人员应当以从业时长

① 参见杜小丽：《提供虚假证明文件罪的立法技术研究》，《法学》2023 年第 2 期。

为限，划定出是否需要参加职业资格考试的基准线。如，对于非具备专业资格但具备专门知识与从业经验的人员连续不间断全职从事该职能中介工作 10 年，并未受到过刑事、行政处罚，且持相关单位的证明可以取得相关职业资格证书。同时，还应以作出该规定的时间为基准线，划定日后如若从事中介组织专业工作必须“持证上岗”之规定。对于非具备专业资质的行政人员，必须明确该部分工作人员从事的工作必须是专业中介工作以外的协助行为。

另外，随着机动车保有数量的提升，在近年来较为多发的机动车安全检测类案件中，由于提供虚假证明文件罪的法条中并未具体列举机动车检测机构及工作人员，司法解释中也未有涉及，因此，实务中存在检测主体是否构成提供虚假证明文件罪主体的争议。

（二）此罪与彼罪

中国《刑法》涉及“证明文件”的罪名主要包括第 142 条的妨害药品管理秩序罪、第 158 条虚报注册资本罪、第 193 条贷款诈骗罪、第 198 条保险诈骗罪、第 229 条提供虚假证明文件罪和出具证明文件重大失实罪。

提供虚假证明文件罪与出具证明文件重大失实罪两者构成要件相似，主观方面存在区别。前者的主观方面表现为故意，行为人明知自己提供的虚假证明文件，仍然积极为之；后者的主观方面除故意外还表现为过失，行为人严重不负责，出具的证明文件存在重大失实。如公诉机关以提供虚假证明文件罪对被告人进行追诉，辩护人则主张许 × 的行为应以出具证明文件重大失实罪定罪量刑，最终法院对辩护人的意见予以采纳，认定被告人许 × 构成出具证明文件重大失实罪。法院认为：被告人许 × 出具的审计报告以经过侨光公司实际控制人同意提供的财务数据为依据，其在未对财务数据的真实性进行核实的情况下出具审计报告，系严重不负责任；侦查机关在侦查阶段搜集的三份审计报告虽能证明当时侨光公司提供的财务报表是真实的，但并不能说明修改报表利润系被告人许 × 主动作为。且作出此三份审计报告的仙桃洪信达与本案存在利害关系，其所出具的审计报告不宜作为定案依据，故证明被告人许 × 系故意提供虚假的证明文件依据不足。因此应以出具证明文件重大失实罪定罪量刑①。

提供虚假文件罪与刑法 280 条前 2 款规定的伪造、变造、买卖或者盗窃、抢夺、毁灭国家机关、公司、企业、事业单位、人民团体的公文、证件、印章罪有很大的相似性。二者的共同点在于：它们都是故意犯罪、犯罪对象都是内容有一定意义的证明

---

① 参见湖北省仙桃市人民法院刑事判决书（2018）鄂 9004 刑初 51 号。

文件。两者的区别表现在：（1）妨害公文、证件、印章罪侵犯的是国家机关、企业、事业单位、人民团体的正常管理活动及其信誉。其犯罪对象为公文、证件、印章。本罪侵犯的是国家对工商企业的管理活动。其侵犯的对象为有关公司成立或生产经营的证明文件。（2）犯罪的客观方面不同。后者表现为伪造、变造或者盗窃、抢夺、毁灭公文、证件、印章的行为。所谓伪造，是指无权制作者制作不真实的公文、证件、印章。本罪表现承担资产评估、验资、验证、审计职责的人员或单位故意提供虚假证明文件、情节严重的行为，它是有权制作者出具了不真实的证明文件。（3）犯罪主体不同。后罪的主体为一般主体，即达到法定年龄，具有刑事责任能力的人都能构成，其主体为自然人，不包括单位。本罪的主体为特殊主体，行为人必须具备一定的身份才能构成。具体说，其主体为承担资产评估、验资、验证、会计、审计、法律服务等职责的中介组织的人员或单位。既包括自然人，也包括单位。

二、犯罪学分析

近年来，随着市场交易主体多元化，经济效率的提高，中介组织及其工作人员在对接交易双方或者多方经贸往来信息、促进市场多元化发展方面发挥了不可小觑的作用。中介组织在推动市场经济灵活发展的同时，某些中介组织组织及其工作人员利用其与交易相对人掌握的交易信息的不对等性、掌握专业资源的优势，提供虚假的证明文件，提供虚假证明文件罪案件发生数量整体呈上升趋势。

一是中介组织及其工作人员在面对利益诱惑或客户需求与职业道德冲突时，一些从业人员可能选择放弃职业操守，篡改评估数据，导致评估报告失真。如为了迎合委托方需求，未经成本核算与市场调查，直接出具价值严重虚高的资产评估报告，或者未经账目核验与会计凭证抽查，直接以虚假财务报表为依据出具审计报告①。

二是关键因素是利益驱动。实践中，这些行业往往受市场规律调节，执业人员具有承揽、拓展业务的现实需求，相关法律法规亦没有执业人员回避和禁止跟当事人接触的规定，评估结果的偏差可能带来巨大的经济利益，这成为驱动违规操作的重要因素。如本案中，广东 × × 环保科技有限公司在经揭阳市 × × 会计师事务所审计的 2010—2013 年四个年度共亏损 32017869.08 元的情况下，其与广州 × × 会计师事务所通谋，出具虚增营业额及利润的年度报告，使得 2010—2013 年四个年度的审计报告实际共虚增净利润 103678365.07 元，其目的是申请成为广东省引进创新创业团队，进而

---

① 参见辽宁省开原市人民法院刑事判决书（2022）辽 1282 刑初 141 号。

获得广东省拨付的财政专项资金 2800 万元以及 × × 市财政局拨付的财政配套资金 650 万元。

三是犯罪的形式多样，主要体现在伪造数据、篡改报告、冒用他人名义签字等行为。如，实践中有些中介组织为了降低成本或迎合客户需求，可能会伪造采样样品、篡改采样时间、编造实验数据等，甚至在空白审计报告上签字。如被告人徐 × × 身为注册会计师及厦门某会计师事务所的执行主任，明知被告人陈 × × 不具备从业资格，仍未按照法律规定履行法定职责，授权陈 × × 代为签名或者在空白审计报告上签名后提供给陈 × × 用于出具审计报告[①]。

提供虚假证明文件罪不仅干扰了国家对市场经济秩序的管理，还会损害潜在的第三方交易主体的利益。同时，作为市场经济运转的桥梁和润滑剂，若中介组织因其犯罪行为逐渐失去交易主体的信任，对于市场经济健康有序发展也是极为不利的。

风险警示

财务造假毁坏资本市场诚信基础，严重侵害投资者合法权益。近期，中介机构等第三方配合造假问题频繁发生并引发市场高度关注。中介机构如果未履行勤勉尽责义务或配合造假，出具虚假的专业报告，将会严重误导投资者，从而成为财务造假的“帮凶”。

2024 年最高人民检察院《关于办理财务造假犯罪案件有关问题的解答》对中介机构及其人员犯罪认定等问题提出明确意见，全链条打击为财务造假行为提供虚假证明文件的中介机构。2024 年证监会《关于加强上市公司监管的意见（试行）》强调压实上市公司和中介机构责任，对审计评估机构坚决“一案双查”“并联立案”，对串通舞弊等违法案件从重处罚。2024 年国务院办公厅转发《关于进一步做好资本市场财务造假综合惩防工作的意见》又明确推广以上市公司和债券发行人质量为导向的中介机构执业质量评价机制，督促保荐机构、会计师事务所、资产评估机构、律师事务所等中介机构加强执业质量控制。2024 年司法部会同财政部、中国证监会起草的《国务院关于规范中介机构为公司公开发行股票提供服务的规定（征求意见稿）》规定了中介机构为公司公开发行股票提供服务，应当遵循诚实守信、勤勉尽责、独立客观的原则；制作、出具的文件不得有虚假记载、误导性陈述或者重大遗漏；不得以参与实施财务

① 参见福建省厦门市思明区人民法院刑事判决书（2019）闽 0203 刑初 1011 号；福建省厦门市中级人民法院刑事裁定书（2021）闽 02 刑终 419 号。

造假、欺诈发行、违规信息披露等形式，帮助不符合法定条件的公司公开发行股票。对于违反规定的中介机构及其从业人员，监管部门可以“没一罚十”或者最高处以 100 万元罚款。证监会严惩中介机构未勤勉尽责违法行为，依法对机构和责任个人进行“双罚”。《关于办理财务造假犯罪案件有关问题的解答》提出坚持深挖彻查、全面打击中介机构严重不负责任背后隐藏的利益关联或利益输送行为。中介机构作为证券市场的“看门人”，应当以保护投资者利益为价值依归，勤勉尽责，履行核验信息披露的义务，承载维护证券市场秩序的使命。

问题思考

2019 年 5—10 月，北京天煜晟健会计师事务所（普通合伙）执行事务合伙人、注册会计师肖 × 连续 3 次，编造虚假审计报告。与肖 × 存在长期合作关系的北京安瑞普会计师事务所有限公司，在没有履行任何审计职责的情况下，直接为相关公司出具了正式的审计报告。2019 年 5 月，肖 × 为北京杰讯传承文化传媒有限公司和珠海杰讯传承文化传媒有限公司虚假编造了 2017—2018 年度审计报告底稿。后应肖 × 要求，安瑞普会计师事务所和张 × 军直接为两家公司出具了正式的审计报告。最终，公司凭借虚假的审计报告，向北京银行大钟寺支行贷款人民币 3.3 亿元。2019 年 8 月，肖 × 再次虚假编造了北京智安邦科技有限公司 2016—2018 年度审计报告，并以其所在事务所的名义出具正式审计报告。智安邦公司将上述虚假审计报告用于向北京银行大钟寺支行贷款人民币 0.8 亿元。2019 年 10 月，肖 × 又找张 × 军配合，由肖 × 编造智安邦公司 2016—2018 年度审计报告底稿，安瑞普会计师事务所出具正式审计报告。智安邦公司凭借虚假审计报告，再次向北京银行大钟寺支行贷款人民币 4 亿元。肖 × 编造的虚假审计报告给北京银行造成直接经济损失人民币 8 亿余元。安瑞普会计师事务所出具的虚假审计报告给北京银行造成直接经济损失人民币 7 亿余元。

北京房山检察院向房山法院提起公诉，指控肖 × 犯提供虚假证明文件罪，指控安瑞普会计师事务所、张 × 军犯出具证明文件重大失实罪。

法院认为，肖 × 作为承担审计职责的中介人员，故意提供虚假证明文件，情节严重，其行为已构成提供虚假证明文件罪；安瑞普会计师事务所及张 × 军作为承担审计职责的中介方，严重不负责任，出具的证明文件有重大失实，造成严重后果，其行为均已构成出具证明文件重大失实罪。安瑞普会计师事务所在公安机关立案前积极配合公安机关调查并提供相关证据材料，系自首，可对其从轻处罚。

北京房山法院一审判决，肖 × 犯提供虚假证明文件罪，判处有期徒刑一年，缓刑一年，并处罚金人民币五万元。安瑞普会计师事务所犯出具证明文件重大失实罪，判处罚金人民币二万元。张×军犯出具证明文件重大失实罪，判处有期徒刑八个月，缓刑一年，并处罚金人民币五千元[①]。

综观上述案件，结合本节案例，根据《刑法》的规定，讨论以下问题：

（1）如何正确认定提供虚假文件罪以及厘清罪与非罪的界限？

（2）中介机构提供虚假文件罪获得的业务收入是否均应认定为“违法所得”？正常的中介服务费用是否应予扣除？

（3）怎样预防提供虚假文件罪？

① 参见北京市房山区人民法院刑事判决书（2022）京0111刑初34号。

案例 9：

股票交易中未公开信息“私下交流”惹的祸

立法背景

利用未公开信息交易罪，是指证券交易所、期货交易所、证券公司、期货经纪公司、基金管理公司、商业银行、保险公司等金融机构的从业人员以及有关监管部门或者行业协会的工作人员，利用因职务便利获取的内幕信息以外的其他未公开的信息，违反规定，从事与该信息相关的证券、期货交易活动，或者明示、暗示他人从事相关交易的行为。

1979 年《刑法》未对利用未公开信息交易行为进行规定。1997 年《刑法》增设了内幕交易、泄露内幕信息罪与操纵证券、期货市场价格罪，但是并没有将利用未公开信息交易的行为纳入刑法的规制范围。利用未公开信息交易罪作为行政犯，在《证券法》未将交易类信息纳入内幕信息范围的情况下，基于金融机构从业人员利用未公开的经营信息从事相关交易的“老鼠仓”行为出现，尤其多家公司基金经理涉嫌利用职务之便非法获利事件频繁曝光，以及多名基金经理因涉嫌擅自建仓而辞职，导致基金市场反应激烈，2009 年《刑法修正案（七）》新增了利用未公开信息交易罪，规定“证券交易所、期货交易所、证券公司、期货经纪公司、基金管理公司、商业银行、保险公司等金融机构的从业人员以及有关监管部门或者行业协会的工作人员，利用因职务便利获取的内幕信息以外的其他未公开的信息，违反规定，从事与该信息相关的证券、期货交易活动，或者明示、暗示他人从事相关交易活动，情节严重的，依照第一款的规定处罚”，将利用未公开信息交易作为刑事犯罪予以制裁。2018 年最高人民法院、最高人民检察院《关于办理利用未公开信息交易刑事案件适用法律若干问题的解释》细化了利用未公开信息交易在法律适用中的一些问题，确保司法实践中的统一性和准确性。

案件情况

2010 年 12 月，被告人姜 × 君设立上海云腾投资管理有限公司。2011 年 3 月，姜 × 君设立“云腾一期”私募基金，并通过该私募基金从事证券交易。2009 年 4 月至 2015 年 1 月，被告人柳 × 担任泰信基金公司基金经理，管理泰信蓝筹基金，负责该基金的运营和投资决策。2009 年 4 月至 2013 年 2 月，被告人姜 × 君频繁与被告人柳 × 交流股票投资信息。柳 × 明知姜 × 君经营股票投资业务，仍将利用职务便利所获取的泰信蓝筹基金交易股票的未公开信息泄露给姜 × 君；或使用泰信蓝筹基金的资金买卖向其推荐的股票，并继续与姜×君交流所交易的特定股票，从而泄露相关股票交易的未公开信息。而姜×君则利用上述从柳×处获取的未公开信息，使用所控制的证券账户进行股票交易。在上述时间段内，姜×君控制的杨××、金×、叶×证券账户及云腾一期私募基金证券账户与泰信蓝筹基金账户趋同买入且趋同卖出股票76只，趋同买入金额7.99亿余元，趋同卖出金额6.08亿余元，获利4619万余元。

其中，杨××个人证券账户双向趋同交易的股票买入金额1.93亿余元，卖出金额1.56亿余元，获利1708万余元；金×个人证券账户双向趋同交易的股票买入金额0.47亿余元，卖出金额0.40亿余元，获利336万余元；叶×个人证券账户双向趋同交易的股票买入金额1.35亿余元，卖出金额1.29亿余元，获利1566万余元；“云腾一期”私募基金证券账户双向趋同交易的股票买入金额4.22亿余元，卖出金额2.82亿余元，获利1006万余元。

原审法院认为，被告人姜×君、柳×违反规定，共同利用柳×担任基金管理公司从业人员职务便利获取的未公开信息，从事相关证券交易活动，非法获利4619万余元，情节特别严重，其行为均已构成利用未公开信息交易罪，且系共同犯罪。柳×具有自首情节，可依法从轻或者减轻处罚；柳×自愿认罪认罚，退缴部分违法所得；综合上述情节，依法对其减轻处罚。庭审后，姜×君表示认罪，并退缴部分违法所得，具有检举他人犯罪行为的表现，可酌情从轻处罚。据此，依照《中华人民共和国刑法》第一百八十条第四款及第一款、第二十五条第一款、第六十七条第一款、第五十二条、第五十三条、第六十四条之规定，以利用未公开信息交易罪分别判处被告人姜×君有期徒刑六年六个月，并处罚金人民币四千万元；被告人柳×有期徒刑四年六个月，并处罚金人民币六百二十万元；违法所得予以追缴。

控辩意见

上诉人姜×君及其辩护人提出，姜×君一审、二审期间检举揭发他人犯罪均构成立功；且二审期间其亲属代其退出违法所得200万元，请求从轻或减轻处罚。

上诉人柳×及其辩护人提出，二审期间柳×亲属代其退出违法所得150万元，请求从轻处罚。

上海市人民检察院认为，原判认定上诉人姜×君、柳×利用未公开信息交易犯罪的事实清楚，证据确实、充分，适用法律正确，量刑适当，审判程序合法。姜×君一审期间检举揭发他人犯罪经查证不属实或尚无查证结果，不构成立功。二审期间检举揭发他人诈骗犯罪经查证属实，构成立功；检举揭发他人职务犯罪尚无查证结果，不构成立功。姜×君、柳×二审期间又退出部分违法所得。建议二审法院可据此立功情节及退赃情节依法对二人量刑予以体现。

判决结果

法院经查：姜×君一审期间检举揭发多起他人犯罪，经公安机关查证，或不属实或目前尚未有查证结果等，依法不构成立功。二审期间，其检举揭发他人诈骗犯罪，经公安机关查证属实，依法构成立功；其检举揭发他人职务犯罪目前尚无查证结果，依法不构成立功。

上诉人姜×君、柳×违反规定，共同利用上诉人柳×的职务便利获取未公开信息，从事相关证券交易活动，非法获利4619万余元，情节特别严重，依法应以利用未公开信息交易罪判处五年以上十年以下有期徒刑，并处违法所得一倍以上五倍以下罚金。原判鉴于柳×具有自首情节，认罪并退缴部分违法所得150万元，姜×君庭后认罪并退缴部分违法所得300万元，对二人所判处的刑罚体现了罪责刑相适应的原则，量刑并无不当。鉴于二审期间，姜×君具有立功表现，亲属代其退出违法所得200万元，柳×亲属代其退出违法所得150万元，可依法对姜×君、柳×在原判基础上从轻处罚。

综上所述，本院确认，原判认定上诉人姜×君、柳×利用未公开信息交易犯罪的事实清楚，证据确实、充分，适用法律正确，审判程序合法。上海市人民检察院建议二审法院对姜×君、柳×量刑予以体现的意见正确，应予支持。上诉人姜×君、柳×的上诉理由及其辩护人的相关辩护意见可予采纳。据此，依照《中华人民共和国刑法》第一百八十条第四款及第一款、第二十五条第一款、第六十七条第一款、第六十八条第一款、第五十二条、第五十三条、第六十四条及《中华人民共和国刑事诉讼法》第二百三十六条第一款第（二）项之规定，判决如下：

（1）维持上海市第一中级人民法院（2018）沪01刑初30号刑事判决的第三项，即“违法所得予以追缴”。

（2）撤销上海市第一中级人民法院（2018）沪01刑初30号刑事判决的第一项、第二项，即“被告人姜×君犯利用未公开信息罪，判处有期徒刑六年六个月，并处罚金人民币四千万元”“被告人柳×犯利用未公开信息交易罪，判处有期徒刑四年六个月，并处罚金人民币六百二十万元”。

（3）上诉人（原审被告人）姜×君犯利用未公开信息交易罪，判处有期徒刑五年九个月，并处罚金人民币四千万元。

（4）上诉人（原审被告人）柳×犯利用未公开信息交易罪，判处有期徒刑四年，并处罚金人民币六百二十万元①。

理论解说

一、刑法学分析

对于利用未公开信息交易罪，不仅《刑法》作出相关规定，同时最高人民法院、最高人民检察院《关于办理利用未公开信息交易刑事案件适用法律若干问题的解释》以及最高人民检察院、公安部《关于公安机关管辖的刑事案件立案追诉标准的规定（二）》第31条规定的追诉标准，即“证券交易所、期货交易所、证券公司、期货公司、基金管理公司、商业银行、保险公司等金融机构的从业人员以及有关监管部门或者行业协会的工作人员，利用因职务便利获取的内幕信息以外的其他未公开的信息，违反规定，从事与该信息相关的证券、期货交易活动，或者明示、暗示他人从事相关交易活动，涉嫌下列情形之一的，应予立案追诉：（1）获利或者避免损失数额在一百万元以上的；（2）二年内三次以上利用未公开信息交易的；（3）明示、暗示三人以上从事相关交易活动的；（4）具有其他严重情节的。”“利用未公开信息交易，获利或者避免损失数额在五十万元以上，或者证券交易成交额在五百万元以上，或者期货交易占用保证金数额在一百万元以上，同时涉嫌下列情形之一的，应予立案追诉：（1）以出售或者变相出售未公开信息等方式，明示、暗示他人从事相关交易活动的；（2）因证券、期货犯罪行为受过刑事追究的；（3）二年内因证券、期货违法行为受过行政处罚的；（4）造成其他严重后果的。”

（一）罪与非罪的界定

利用未公开信息交易罪与非罪判断，除依据主体、客体、客观方面和主观方面的犯罪构成要件外，作为行政犯需要关注前置法《证券法》，尤其是追诉标准对非罪判断具有重要价值。如果一个行为不具备上述犯罪构成要件，如行为人未实际利用未公开信息进行交易，或未达到刑法规定的数额标准，该行为就可视为非罪。如果是通过非法手段获取证券、期货的未公开信息（非内幕信息），并非因职务便利而获取的，

① 参见上海市第一中级人民法院刑事判决书（2018）沪01刑初30号；上海市高级人民法院刑事裁定书（2019）沪刑终76号。

也不构成本罪。例如，通过窃取、偷听到未公开的投资信息，从而进行证券、期货交易并获利的行为，通常不被认定为利用未公开信息交易罪。明确利用未公开信息交易罪的罪与非罪，需要判断是否构成利用未公开信息交易罪，需要综合考虑主体身份、信息性质、行为方式以及情节严重程度等因素，对以下三个方面重点考虑：

一是对“违反规定”的理解。这里的“违反规定”与《刑法》规定的“违反国家规定”存在差别，是指违反法律、行政法规、部门规章、全国性行业规范有关证券、期货未公开信息保护的规定，以及行为人所在的金融机构有关信息保密、禁止交易、禁止利益输送等规定。与刑法规定的“违反国家规定”或者“违反国家相关规定”相比，仅仅规定了“违反规定”，涵盖了法律、行政法规、部门规章、全国性行业规范中关于证券、期货未公开信息保护的规定，以及金融机构内部的信息保密、交易禁令和利益输送禁止等规定，使其更具有指向性和针对性。本案“原审法院认为，被告人姜×君、柳×违反规定”，没有明确违反何种规定，利用未公开信息交易罪作为行政犯，认定犯罪应当明确违反前置法的具体规定，不宜简单引用《刑法》的“违反规定”。

二是对“明示、暗示他人从事相关交易活动”的认定。他人从事相关交易的证券、期货品种、交易时间与未公开信息所涉证券、期货品种、交易时间等方面是否基本一致，即是否存在“高度趋同交易行为”，是判断他人从事相关交易活动是否受到行为人的明示或暗示影响的重点。一般而言，具有下列情形之一的，可以认定：（1）行为人具有获取未公开信息的职务便利；（2）行为人获取未公开信息的初始时间与他人从事相关交易活动的初始时间具有关联性；（3）行为人与他人之间具有亲友关系、利益关联、交易终端关联等关联关系；（4）他人从事相关交易的证券、期货品种、交易时间与未公开信息所涉证券、期货品种、交易时间等方面基本一致；（5）他人从事的相关交易活动明显不具有符合交易习惯、专业判断等正当理由；（6）行为人对明示、暗示他人从事相关交易活动没有合理解释。本案柳×明知姜×君经营股票投资业务，仍将利用职务便利所获取的泰信蓝筹基金交易股票的未公开信息泄露给姜×君，放任姜×君从事相关交易活动较为明显。

三是对“情节严重”的认定。具有下列情形之一的，可以认定：（1）违法所得数额在一百万元以上的；（2）二年内三次以上利用未公开信息交易的；（3）明示、暗示三人以上从事相关交易活动的。如果是同一只股票，行为人以期待非法获利而趋同买入证券，后为利益变现卖出证券时与金融机构的卖出行为相趋同。如何计算证券交易成交额则是罪与非罪的关键。针对同一只股票，在同一谋利意图下实施的趋同买入行为和趋同卖出行为是一个整体行为。据此，证券交易成交额直接涉及定罪量刑，在同一谋利目的下，针对相同数量相同股票进行买卖不宜将趋同买入的成交额和趋同卖出的成交额进行累加，如果趋同买入的成交额大于趋同卖出的成交额，应将趋同买入的成交额作为证券交易成交额；如果趋同买入的成交额小于趋同卖出的成交额，应将趋同卖出的成交额作为证券交易成交额。因此，在计算利用未公开信息交易罪中证券交易成交额时，针对同一只股票，行为人买入趋同但卖出不趋同，或者买入不趋同但卖出趋同的，应仅计算实际趋同交易一边的成交额；行为人买入、卖出均趋同，如果两个行为各自存在独立谋利意图的，应累计计算成交额；如果卖出行为仅是买入行为的利益变现，并无独立谋利意图的，应仅计算成交额较大的一边[①]。

（二）此罪与彼罪

利用未公开信息交易罪可与其他涉及证券市场的犯罪进行比较，主要是与内幕交易罪、操纵证券、期货市场罪以及背信运用受托财产罪进行对比。

（1）利用未公开信息交易罪与内幕交易罪。二者均属于身份犯，涉及证券、期货交易内幕信息的知情人员以及非法获取证券、期货交易内幕信息的人员，两罪在以下方面存在主要区别。

一是主体上的区别。利用未公开信息交易罪主要是证券、期货、金融从业人员或行业协会人员、监管部门人员，即指证券交易所、期货交易所、证券公司、期货经纪公司、基金管理公司、商业银行、保险公司等金融机构的从业人员以及有关监管部门或者行业协会的工作人员。内幕交易罪相对宽泛，任何人只要非法获取内幕信息并进行内幕交易，都可以成为内幕交易罪的犯罪主体，主要是证券、期货、金融行业从业或监管、服务人员。

二是信息类型的区别，即内幕信息与未公开信息的区别。未公开信息与内幕信息一样，也具有“重大性”和“尚未公开”的特性，区分内幕信息和未公开信息，应紧紧把握是否为涉及发行人的信息。根据2019年《证券法》第52条第1款的规定，“证券交易活动中，涉及发行人的经营、财务或者对该发行人证券的市场价格有重大影响的尚未公开的信息，为内幕信息”。未公开信息是内幕信息以外的其他未公开的信息。根据最高人民法院、最高人民检察院《关于办理利用未公开信息交易刑事案件适用法律若干问题的解释》第1条的规定，《刑法》第180条第4款规定的“内幕信息以外的其他未公开的信息”包括：（1）证券、期货的投资决策、交易执行信息；（2）证券持仓数量及变化、资金数量及变化、交易动向信息；（3）其他可能影响证券、期货交

---

① 参见江奥立：《判断趋同性证券交易行为须结合“谋利意图”》，《检察日报》2017年5月29日。

易活动的信息。“未公开信息”相较于内幕信息呈现了更复杂的特质，往往需要综合交易或者获利行为进行综合判断。

三是侵犯客体的区别。内幕交易罪与利用未公开信息交易罪两者的犯罪客体即侵犯的法益有所不同。利用未公开信息交易罪是基金从业人员背弃对基金份额持有人负有的信义义务，损害基金财产和基金份额持有人利益的背信行为；内幕交易罪是对资本市场正常运营及信赖利益的侵害。

（2）利用未公开信息交易罪与操纵证券、期货市场罪。二者区别主要在于：利用未公开信息交易行为侧重于通过操作客户资金承担额外市场风险以降低个人风险，其目的在于利用机构即将使用客户资金购买证券、期货的信息进行抢先建仓或提前撤仓以谋取利润，并不旨在操纵交易价格；相反，操纵证券期货市场则是利用资金和信息优势或通过对倒、对敲手法影响交易价格或成交量，以实现获利。

（3）利用未公开信息交易罪与背信运用受托财产罪。二者区别主要在于犯罪主体不同：背信运用受托财产罪是单位犯罪，犯罪主体是金融机构，未规定金融机构从业人员的刑事责任，主要是指金融机构擅自运用客户资金和受托财产的决策本身与受托义务相违背，因而有可能使管理的客户资产陷入极大的风险之中；而利用未公开信息交易罪是一种个人犯罪，犯罪主体是从事资产管理机构的从业人员，资产管理机构作出的投资购买证券、期货的决策本身并不违背受托义务，不属于擅自运用受托财产，主要打击的是资产管理机构的从业人员利用机构内部信息提前建仓谋取非法利益的行为。

二、犯罪学分析

近年来，利用未公开信息交易的违法犯罪行为频发，与此前金融领域监管薄弱以及金融发展快速不无关系。利用未公开信息交易罪的犯罪原因通常包括经济动机、职务便利、法律法规缺失或执行不力等。这类犯罪往往源于行为人追求经济利益的欲望，同时又具有一定的社会关系和信息获取能力，使其有机会接触到未公开信息。此外，法律法规的缺失或执行不力可能导致内幕交易行为难以被及时发现和制止。

以本案为例，姜×君作为投资公司和私募基金的设立者，具有一定的职务便利以及强烈的经济利益追求动机。他看到利用未公开信息进行交易可获取巨额利润的机会，积极与柳×合作获取信息并进行交易，通过控制多个证券账户实现获利目的。柳×作为基金经理，本应遵守职业操守和法律法规，但受到经济利益诱惑以及对自身职业规范和法律责任的漠视，利用职务便利获取并将未公开信息泄露给姜×君，其行为是犯罪行为得以实施的关键环节。

一是利用未公开信息出于获取利益或避免损失的目的，犯罪行为往往涉及复杂的关系网络和信息传递链条，具有一定的隐蔽性与持续性，发现相对困难，导致犯罪分子的侥幸心理，从而铤而走险、暗度陈仓。本案中当事人的交易行为并非明目张胆地违反规则，而是利用未公开信息在市场中提前布局。姜×君控制的多个证券账户与泰信蓝筹基金账户趋同买入且趋同卖出股票76只，这种趋同交易在表面上可能看起来是正常的市场行为，但实际上是利用未公开信息进行的操作，具有很强的隐蔽性。在持续性方面，从2009年4月至2013年2月，他们持续进行这种利用未公开信息的交易行为，时间跨度较长，体现了犯罪行为的持续性。

二是利用未公开信息犯罪的专业性较强，查处难度加大，在一定程度上影响这类犯罪的欲望。在姜×君等利用未公开信息交易案中，这一点体现得较为明显。从专业性来看，姜×君设立投资公司和私募基金，柳×作为基金经理，他们都具备一定的金融专业知识和交易技巧，能够准确地分析股票市场行情，根据未公开信息进行合理的交易决策，在趋同买入和趋同卖出股票的操作中，涉及对股票价格走势的判断、交易时机的把握等专业技能。同时，他们对金融市场规则和相关法律法规也有一定的了解，并非误触法律红线，而是在明知规则的情况下，利用规则的漏洞或者自身职务便利来实施犯罪。从查处难度来说，案件中涉及的未公开信息传递较为隐蔽。柳×将基金交易股票的未公开信息通过与姜×君的交流泄露出去，这种信息传递方式不像一些公开的违规行为那样容易被发现。另外，他们利用这些信息进行的交易行为也具有一定的隐蔽性，如趋同交易在表面上看起来可视为正常的市场行为，增加了监管部门发现异常的难度。此外，查处此类案件需要监管人员具备较高的金融专业知识和法律素养。由于犯罪行为涉及复杂的金融交易和法律适用问题，监管人员如果缺乏相关专业知识，很难准确地识别和判断犯罪行为。犯罪的专业性和查处难度在一定程度上刺激了犯罪欲望。犯罪人在具备专业知识和技能的前提下，认为自己能够逃避监管和查处，从而更有胆量去实施犯罪行为。且利用专业优势获取非法利益的利益诱惑在一定程度上激发他们的犯罪欲望。如针对利用未公开信息交易犯罪中获利数额认定、交易金额及盈利计算方法即“先进先出法”、盈利数额的计算公式等问题，都对监管人员的专业知识有着较高的要求。再如，山东省高级人民法院（2019）鲁刑终279号案，公安机关立案后，委托上海和深圳两个证券交易所、利安达会计师事务所对涉案九个证券账户趋同交易的获利情况均进行了统计与鉴定，但原审判决按照有利于被告人的原则，就低采信了两个证券交易所的统计结果[①]。因此，通过该案例以得出针对专业性

① 参见山东省高级人民法院刑事裁定书（2019）鲁刑终279号。

和指向性较强的司法案件时，为了保障查处效率和查处专业度，不仅可以依靠司法机关、行政机关的努力，还可以委托专业性强的第三方机构或者司法鉴定机构来确定案件的相关事实。

三是法律滞后和监管的漏洞为利用未公开信息行为提供了机会。现有的法律法规对于利用未公开信息交易的行为界定不够明确，监管力度不足，导致一些从业人员有机可乘。本案案发于2015年11月，此时现有的法律法规对于利用未公开信息交易的行为界定不够明确，并没有相关司法解释以及追诉标准的规定。在姜×君等利用未公开信息交易案中，犯罪嫌疑人可能会利用法律的模糊性和监管的漏洞，对某些信息是否属于禁止利用的未公开信息存在侥幸心理，从而实施犯罪行为。另外，监管部门可能没有有效的监测机制来及时发现异常。

风险警示

利用未公开信息交易罪是金融领域的一种典型犯罪，对于证券市场的公平和公正秩序造成严重破坏，影响国家经济安全和金融稳定。利用未公开信息交易罪采用“违反规定”而非“违反国家规定”的表述，涵盖了法律、行政法规、部门规章、全国性行业规范中关于证券、期货未公开信息保护的规定，以及金融机构内部的信息保密、交易禁令和利益输送禁止等规定。将金融机构内部的信息保密、禁止交易、禁止利益输送等规定纳入“违反规定”的范畴，是因为相较于法律、行政法规、部门规章、全国性行业规范中关于未公开信息保护的原则性规定，金融机构内部的这些规定更为具体和细致，是对上位法相关原则的进一步细化和落实，也是对监管范围的进一步扩大，能够更直接地规范证券公司、基金公司等金融机构从业人员，要求具具有风险防范意识和法律红线意识，要注意到即使是看似平常的“私下交流”，都可能隐藏着巨大的法律风险，因此从业人员要严格遵守相关保密规定对工作中所接触的信息进行保密，切勿以身试法，维护金融市场的公平、公正和有序运行。

企业是金融市场的主体，承担着维护市场公平和公正的责任。因此，企业应完善内部治理，防止内部人员泄露敏感信息，建立有效的内部风险控制和信息保密制度。加强公司治理，提高企业自律水平和市场竞争力。应关注金融科技发展对金融犯罪的影响，充分利用科技手段加强市场监管。具体做法包括：（1）利用大数据、人工智能等技术手段加强对市场异常交易行为的监测和预警；（2）建立健全金融科技风险管理制度，确保金融科技发展与监管同步；（3）加强对金融科技应用的审慎监管，确保科技创新不成为金融犯罪的新渠道；（4）探索建立跨境金融科技犯罪打击合作机制，共同应对全球范围内的金融犯罪挑战。

问题思考

涂×1在某登记结算公司工作期间，于2011年6月至2014年3月，利用其证券账户查询权限，在知悉相关信托产品、金融机构资管产品（包括私募基金）的股票拥有及变动情况等未公开信息后，以电话短信等方式告知其弟涂×2，涂×2按照涂×1的指令，用实际由涂×1控制的“白×英”等证券账户进行操作，趋同买入金额人民币19.71亿元，盈利157.79万元。同时，涂×2也利用其本人控制的“宋×欣”等证券账户跟随交易。上述九个账户与相关私募基金、券商资管计划趋同交易股票237只，累计趋同买入金额人民币21.37亿元，趋同交易盈利347.53万元。深圳中院以涂×1犯利用未公开信息交易罪，判处有期徒刑三年，罚金二百万元；以涂×2犯利用未公开信息交易罪，判处有期徒刑二年，罚金一百五十万元；违法所得347.53万元依法没收。涂×2不服上诉，广东高院维持原判[①]。许多专家学者对本案登记结算机构作为利用未公开信息交易罪的犯罪主体资格提出了质疑。

经济金融犯罪隐蔽性强、专业程度高，证据容易被隐匿，证明犯罪难度大。具有获取未公开信息职务便利条件的金融机构从业人员及其近亲属从事相关证券交易行为明显异常，且与未公开信息相关交易高度趋同，即使其拒不供述未公开信息传递过程等犯罪事实，但其他证据之间相互印证，能够形成证明利用未公开信息犯罪的完整证明体系，足以排除其他可能的，可以依法认定利用未公开信息罪。综观上述案件，结合本节案例，根据《刑法》的规定，讨论以下问题：

（1）利用未公开信息罪的“违反规定”与行政认定的关系如何？

（2）如何区别利用未公开信息罪与内幕交易罪、操纵证券、期货市场罪、背信运用受托财产罪以及其他近似证券犯罪的界限？

（3）金融科技的发展在一定程度上可能为内幕交易等金融犯罪提供了新的渠道和手段。如何利用科技手段加强金融市场监管，防范和打击金融犯罪？

---

① 参见广东省高级人民法院刑事裁定书（2018）粤刑终479号。

案例 10：

“内幕”轻传与误传引火烧身

立法背景

内幕交易、泄露内幕信息罪，是指证券、期货交易内幕信息的知情人员或者非法获取证券、期货交易内幕信息的人员，在涉及证券的发行，证券、期货交易或者其他对证券、期货交易价格有重大影响的信息尚未公开前，买入或者卖出该证券，或者从事与该内幕信息有关的期货交易，或者泄露该信息，或者明示、暗示他人从事上述交易活动，情节严重的行为。

1993 年国务院发布的《股票发行与交易管理暂行条例》《禁止证券欺诈行为暂行办法》对内幕交易行为进行了规范。1997 年《刑法》第 180 条对内幕交易罪作出规定。1999 年《证券法》对内幕交易的构成要件作了较为具体的规定。1999 年《刑法修正案（一）》增加了处罚期货内幕交易、泄露期货内幕信息的规定。2009 年《刑法修正案（七）》增加了"明示、暗示他人从事相关交易活动，情节严重的"构成犯罪的内容。虽然《刑法》对内幕交易、泄露内幕信息罪进行了两次修订，仍然跟不上新型证券、期货犯罪的发展脚步。为此，2012 年最高人民法院、最高人民检察院《关于办理内幕交易、泄露内幕信息刑事案件具体应用法律若干问题的解释》针对证券、期货犯罪对了内幕信息的知情人员、非法获取内幕信息的人员、内幕信息敏感期以及定罪处罚标准等法律适用问题作出了详细的解释。2019 年修改的《证券法》进一步完善了证券市场的基本制度，具体列举了"可能对上市公司、股票在国务院批准的其他全国性证券交易场所交易的公司的股票交易价格产生较大影响的重大事件"以及"可能对上市交易公司债券的交易价格产生较大影响的重大事件。在证券类犯罪方面作出了一些改动和衔接，并随之出台了一系列以从严打击证券类违法犯罪活动的规范性文件，对于内幕交易、泄露内幕信息罪的认定与惩处需要对这些规定予以关注。

案件情况

2004—2016 年，被告人朱 × 海违法国家规定，利用木马病毒非法侵入、控制他人计算机信息系统，非法获取相关计算机信息系统存储的数据。期间，被告人朱 × 海非法控制计算机信息系统 2474 台，利用从华夏基金管理有限公司、南方基金管理有限公司、嘉实基金管理有限公司、海富通基金管理有限公司等多家基金公司非法获取的交易指令，进行相关股票交易牟利，其中：

（1）2015 年 11 月 16—17 日买入曙光股份共计 650000 股，成交金额 7131237. 52

元，同年 11 月 17—25 日卖出，成交金额 8437611. 48 元，获利 1306373. 96 元。

（2）2015 年 3 月 25—31 日买入省广股份共计 221500 股，成交金额 8323568. 98 元，同年 3 月 26 至 4 月 1 日卖出，成交金额 8852925. 29 元，获利 529356. 31 元。总计获得违法所得人民币 1835730. 27 元。

2009 年，被告人朱 × 海利用木马病毒从中信证券股份有限公司非法获取了《中信网络 1 号备忘录——关于长宽收购协议条款》《苏宁环球公司非公开发行项目》《美的电器向无锡小天鹅股份有限公司出售资产并认购其股份》《关于广州发展实业控股集团股份有限公司非公开发行项目的立项申请报告》《开滦立项申请报告》《赛格三星重组项目》等多条内幕信息，在相关内幕信息敏感期内从事对应公司的股票交易：

（1）2009 年 3 月 23 日，买入鹏博士股份 14600 股，成交金额 221343. 57 元，同年 4 月 21 日卖出，成交金额 233833. 74 元。

（2）2009 年 7 月 2 日，买入苏宁环球股份 15000 股，成交金额 225548. 4 元，同年 7 月 6 日卖出，成交金额 241747. 93 元。

（3）2009 年 7 月 10 日，买入美的电器股份 56600 股，成交金额 903594. 20 元，同年 7 月 13—16 日卖出，成交金额 896697. 60 元。

（4）2009 年 7 月 16 日，买入广州发展股份 15000 股，成交金额 109944. 13 元，同年 10 月 29 日卖出，成交金额 100128. 25 元。

（5）2009 年 8 月 14 日至 10 月 29 日，买入开滦股份 56900 股，成交金额 1341626. 02 元，同年 8 月 17 日至 11 月 2 日卖出，成交金额 1305562. 13 元。

（6）2009 年 10 月 29 日，买入赛格三星股份 38600 股，成交金额总计 318848. 55 元，同年 10 月 30 日卖出，成交金额 362623. 17 元。

原审法院经公开开庭审理，对本案涉案证据进行了庭审质证，根据被告人朱 × 海犯罪具体事实、性质、情节及对社会的危害程度并依照《中华人民共和国刑法》第二百八十五条第二款、第一百八十条第一款、第四十七条，第五十二条、第六十四条、第六十七条第三款、第六十九条，《中华人民共和国刑事诉讼法》第七十六之规定，判决如下：

（1）被告人朱 × 海犯非法获取计算机信息系统数据、非法控制计算机系统罪，判处有期徒刑三年，并处罚金人民币 1800 万元；犯内幕交易罪，判处有期徒刑六个月，并处罚金人民币 9. 8 万元，数罪并罚，决定执行有期徒刑三年一个月，并处罚金人民币 1809. 8 万元。

（2）对被告人朱 × 海的违法所得人民币 1855418. 22 元，依法予以追缴，上缴国库。

（3）对被告人朱 × 海作案使用的联想 Thinkpad - ×230 笔记本电脑、服务器主机、

U 盘、硬盘等作案工具，依法予以没收，上缴国库。

控辩意见

辽宁省人民检察院的出庭检察员提出如下意见：根据《中华人民共和国刑法》第一百八十条第一款、最高人民法院、最高人民检察院《关于办理内幕交易、泄露内幕信息刑事案件具体应用法律若干问题的解释》第 6 条第 1 项的规定，被告人朱 × 海所犯内幕交易罪属于情节特别严重的情形，应判处五年以上十年以下有期徒刑。葫芦岛市中级人民法院对被告人朱 × 海以内幕交易罪判处朱 × 海有期徒刑六个月，量刑畸轻，属适用法律错误。

上诉人朱 × 海的上诉理由是：（1）非法获取计算机信息系统数据、非法控制计算机系统罪与内幕交易罪应属牵连犯而择一重罪处罚。（2）一审法院对非法获取计算机信息系统数据、非法控制计算机信息系统罪，判处十倍罚金数额过高，无法律依据。（3）一审认定其行为属于内幕交易犯罪证据不足，应属于股票的短线操作。

辩护人辩护意见是：（1）一审认定事实错误，内幕交易罪事实不清，有的股票购买几天就出手，没有利用内幕交易信息，不构成内幕交易罪。（2）一审判决罚金数额过高，无法律依据。

关于检察机关提出的抗诉意见，经审理认为，根据最高人民法院、最高人民检察院《关于办理内幕交易、泄露内幕信息刑事案件具体应用法律若干问题的解释》第 7 条规定，在内幕信息敏感期内从事或者明示、暗示他人从事或者泄露内幕信息导致他人从事与该内幕信息有关的证券、期货交易，证券交易成交额在二百五十万元以上的，应当认定为刑法第一百八十条第一款规定的"情节特别严重"，上诉人朱 × 海证券交易成交额累计在 600 余万元（证券买入金额与证券卖出金额累计计算），其情形符合"情节特别严重"的规定，根据刑法第 180 条第 1 款的法律规定，应当在五年以上十年以下有期徒刑的量刑幅度内量刑。一审法院根据最高人民法院、最高人民检察院《关于办理利用未公开信息交易刑事案件适用法律若干问题的规定》第 7 条规定，利用未公开信息交易，违法所得数额在一千万元以上的，应当认定为"情节特别严重"，认为上诉人朱 × 海内幕交易非法获利 1.9 万余元，数额较小，所获得的内幕信息实质上未对上市公司股票交易价格产生较大影响，认定犯罪情形符合"情节严重"的规定，混淆了内幕交易、利用未公开信息交易两罪在主体身份、侵犯客体、适用法律等方面的迥异，并导致量刑畸轻，系适用法律错误，应予纠正。检察机关抗诉意见具有事实和法律依据，应予采纳。

关于上诉人朱 × 海及其辩护人所提"一审认定内幕交易犯罪证据不足，应属于股票短线操作行为”的上诉理由和辩护意见，经审理认为，证人唐×、蒋×等人证言、深圳赛格三星股份有限公司重大资产重组进展公告、中国证券监督管理委员会《关于朱×海涉嫌内幕交易美的电器等股票有关问题的函》等书证、上诉人朱×海供述等证据均能证实上诉人朱×海通过黑客手段获取的多份信息已经被中国证监会确定为内幕信息，在该信息敏感期内购入相关股票并卖出，其行为应当认定为构成内幕交易罪。而单纯股票的短线操作行为应该与获得内幕信息并无任何关联，利用非法获取内幕信息的操作即使短线行为亦构成犯罪，且与获利与否无关。故该上诉理由和辩护意见无事实和法律依据，法院不予采纳。

关于上诉人朱×海所提“非法获取计算机信息系统数据、非法控制计算机系统罪与内幕交易罪应属牵连犯而择一重罪处罚”的上诉理由，经审理认为，非法获取计算机信息系统数据、非法控制计算机系统罪是指侵入计算机信息系统，或者采用其他技术手段，获取计算机信息系统中存储、处理或者传输的数据，或者对该计算机信息系统实施非法控制，情节严重的行为，该行为以实施非法控制为目的，给网络安全带来极大的隐患，对国家信息网络的安全造成严重威胁，严重扰乱了社会管理秩序。而内幕交易罪是指非法获取证券、期货交易内幕信息的人员，在涉及证券的发行、证券期货交易或者其他对证券期货交易价格有重大影响的信息尚未公开前买入或者卖出该证券，情节严重的行为，其侵犯的客体是国家对证券、期货交易的管理制度和投资者的合法权益。虽然上诉人朱×海均是利用股票信息的非法获利行为，但上诉人朱×海实施两个不同的事实和行为，侵犯两个法益，且两种行为均属犯罪既遂，不能评价为刑法理论的牵连犯而择一重罪处罚。故该上诉理由无事实和法律依据，法院亦不予采纳。

关于上诉人朱×海及其辩护人所提“一审判决朱×海犯非法获取计算机信息系统数据、非法控制计算机信息系统罪罚金过重”的上诉理由和辩护意见，经审理认为，我国《刑法》第52条规定，判处罚金，应当根据犯罪情节决定罚金数额。在刑法分则中，对于凡涉及附加刑判处罚金数额一般规定在涉案数额的两倍以下或违法所得一倍以上五倍以下。但一审法院根据上诉人朱×海的违法所得判处十倍罚金，并无任何法律依据，也违背了罪刑相适应的司法原则，应予调整改判。上诉人及其辩护人所提“罚金过重”的上诉理由和辩护意见，应予采纳。

判决结果

法院认为，上诉人朱×海又利用其非法获取的内幕信息，在内幕信息尚未公开前，买入、卖出与内幕信息有关的股票，情节特别严重，其行为又构成内幕交易罪，上诉人朱×海一人犯有数罪，应依法实行数罪并罚。检察机关抗诉意见具有事实和法律依据，本院予以支持。对上诉人朱×海及其辩护人所提"非法获取计算机信息系统数据、非法控制计算机信息系统罚金过高"的上诉理由和辩护意见予以采纳。上诉人朱×海到案后能够如实供述其犯罪事实，具有坦白情节，可依法对其从轻处罚。综上，经本院审判委员会讨论决定，依照《中华人民共和国刑事诉讼法》第一百九十五条第三项、第二百三十六条第一款第三项之规定，判决如下：

（1）维持葫芦岛市中级人民法院（2018）辽14刑初39号刑事判决书的第二、第三项。

（2）撤销葫芦岛市中级人民法院（2018）辽14刑初39号刑事判决的第一项。

（3）上诉人朱×海犯非法获取计算机信息系统数据、非法控制计算机系统罪，判处有期徒刑三年，并处罚金人民币三百六十万元；犯内幕交易罪，判处有期徒刑五年，并处罚金人民币九万八千元，数罪并罚，决定执行有期徒刑六年，并处罚金人民币三百六十九万八千元①。

理论解说

一、刑法学分析

从本质而言，内幕交易、泄露内幕信息罪是一种资源优势型犯罪，其犯罪模式表现为犯罪主体利用资源上的优势地位，先于其他公众投资者对影响证券、期货价格走势的敏感信息作出反应，借此从证券、期货市场谋取巨额非法利益或减少自身损失，损害其他投资者的利益，进而容易引发信任危机，严重破坏证券、期货市场的交易秩序。最高人民检察院、公安部《关于公安机关管辖的刑事案件立案追诉标准的规定（二）》第30条规定：证券、期货交易内幕信息的知情人员、单位或者非法获取证券、期货交易内幕信息的人员、单位，在涉及证券的发行，证券、期货交易或者其他对证券、期货交易价格有重大影响的信息尚未公开前，买入或者卖出该证券，或者从事与该内幕信息有关的期货交易，或者泄露该信息，或者明示、暗示他人从事上述交易活动，涉嫌下列情形之一的，应予立案追诉：（1）获利或者避免损失数额在五十万元以上的；（2）证券交易成交额在二百万元以上的；（3）期货交易占用保证金数额在一百

① 参见辽宁省高级人民法院刑事判决书（2020）辽刑终242号。

万元以上的；（4）二年内三次以上实施内幕交易、泄露内幕信息行为的；（5）明示、暗示三人以上从事与内幕信息相关的证券、期货交易活动的；（6）具有其他严重情节的。内幕交易获利或者避免损失数额在二十五万元以上，或者证券交易成交额在一百万元以上，或者期货交易占用保证金数额在五十万元以上，同时涉嫌下列情形之一的，应予立案追诉：（1）证券法规定的证券交易内幕信息的知情人实施或者与他人共同实施内幕交易行为的；（2）以出售或者变相出售内幕信息等方式，明示、暗示他人从事与该内幕信息相关的交易活动的；（3）因证券、期货犯罪行为受过刑事追究的；（4）二年内因证券、期货违法行为受过行政处罚的；（5）造成其他严重后果的。

（一）罪与非罪的界定

内幕交易罪与非罪的界定除对主体、客体、主观方面和客观方面分析外，还应当关注以下问题：

一是与内幕信息知情人员关系密切人员的认定。实践中知情人员关系密切的人员的认定是案件处理的争议焦点。最高人民法院、最高人民检察院《关于办理内幕交易、泄露内幕信息刑事案件具体应用法律若干问题的解释》第 2 条第 2 款规定：内幕信息知情人员的近亲属或者其他与内幕信息知情人员关系密切的人员，在内幕信息敏感期内，从事或者明示他人从事，或者泄露内幕信息导致他人从事与该内幕信息有关的证券、期货交易，相关交易行为明显异常，且无正当理由或者正当信息来源的属于非法获取证券、期货交易内幕信息的人员。一般而言，与内幕信息知情人员关系密切的人员不同于其他人员，不管是被动还是主动获取，只要相关交易行为明显异常，且无正当理由或者正当信息来源的，即认定为非法获取内幕信息的人员。因此，在认定关系密切人员是否属于非法获取内幕信息的人员时，应采取严格的证据标准，只要有证据显示内幕信息来源与非内幕信息知情人，一般不宜认定为非法获取内幕信息的人员。最高人民法院在《关于办理内幕交易、泄露内幕信息刑事案件具体应用法律若干问题的解释》的理解与适用中提到，“出于审慎起见，刑法和相关的司法解释，并未将被动型内幕信息人员纳入本罪的法定主体范围”。但是实践中也存在惩处被动型获悉内幕信息的人员，如（2019）粤 03 刑初 473 号一案中，行为人是以被动方式（听到朋友打电话）获取到内幕信息的，但在最终判决中法院还是认定其构成内幕交易罪。因此如果与内幕知情人员是朋友，并且联系频繁，相关交易行为明显异常，且无正当理由或者正当信息来源的，应当认定相关人员为关系密切人员[1]。同时要注意，

---

① 参见广东省深圳市中级人民法院刑事判决书（2019）粤 03 刑初 473 号。

即使与内幕信息知情人员具有姻亲关系，如有正当理由或者正当信息来源，不能认定为非法获取内幕信息的人员①。本案朱×海的 6 次从事对应公司的股票交易在内幕信息形成至公开的期间，符合内幕交易的敏感期内的认定。

二是被动获悉内幕信息是否应当认定为非法获取内幕信息的人员。未主动窃取、骗取、套取、刺探或者私下交易等手段获取内幕信息，由内幕信息知情人员在聊天中，主动告知其内幕信息，被知悉人在敏感期内进行了证券、期货交易，认定为非法获取证券、期货交易内幕信息的人员，构成内幕交易、泄露内幕信息罪②。依据最高人民法院、最高人民检察院《关于办理内幕交易、泄露内幕信息刑事案件具体应用法律若干问题的解释》第 2 条第 1 款规定，不管内幕信息受领人的层级多少，只要利用窃取、骗取、套取、窃听、利诱、刺探或者私下交易等手段获取内幕信息的，都可以认定为非法获取内幕信息的人员，构成内幕交易罪。第 3 款规定：在内幕信息敏感期内，与内幕信息知情人员联络、接触，从事或者明示、暗示他人从事，或者泄露内幕信息导致他人从事与该内幕信息有关的证券、期货交易，相关交易行为明显异常，且无正当理由或者正当信息来源的属于非法获取证券、期货交易内幕信息的人员，同样可以认定为"非法获取证券、期货交易内幕信息的人员"。二层以上被动获悉或者无意中获悉内幕信息人员不认定为非法获取内幕信息的人员。

三是内幕信息是否必须真实、是否必须对交易价格产生实际重大影响。第一，不对内幕信息的真实性作特别要求。《上海证券交易所股票上市规则》和《深圳证券交易所股票上市规则》均明确规定："对上市公司及相关信息披露义务人披露的信息进行形式审核，对其内容的真实性不承担责任。"《证券法》第 52 条规定："证券交易活动中，涉及发行人的经营、财务或者对该发行人证券的市场价格有重大影响的尚未公开的信息，为内幕信息。"根据上述规定，只要信息对交易价格有重大影响，不管是虚假还是真实，应认定为内幕信息。如信息与真实信息相差甚远，不可能对交易价格具有重大影响。即使该信息不属于内幕信息，但如果泄露或传播，可能涉嫌编造并传播证券、期货交易虚假信息罪。第二，不要求对交易价格产生实际重大影响。《证券法》第 52 条没有要求内幕信息对证券市场价格产生实际的重大影响。如果根据一般人的预判，信息对证券、期货的交易价格或交易量具有重大影响，但实际并未产生影响，不影响内幕信息的认定，这种情形下可能是因为偶然介入的因素导致一般人预判的影响未实现③。

---

① 参见广东省高级人民法院刑事裁定书（2015）粤高法刑二终字第 215 号。

② 参见湖北省荆州市中级人民法院刑事判决书（2017）鄂 10 刑初 14 号。

③ 参见河南省郑州市中级人民法院刑事判决书（2011）郑刑一初字第 14 号。

（二）此罪与彼罪

内幕交易罪可以与其他涉及证券市场的犯罪进行对比，主要是泄露内幕信息罪、利用未公开信息交易罪、操纵证券、期货市场罪以及侵犯商业秘密罪。

一是内幕交易罪与泄露内幕信息罪。两罪的主体有重合部分，都包括证券、期货交易内幕信息的知情人员和非法获取证券、期货交易内幕信息的人员。二者主要在行为表现方面存在不同，内幕交易罪强调的是利用内幕信息进行证券、期货交易的行为；而泄露内幕信息罪侧重于将内幕信息泄露给他人的行为。例如，在朱×海案中，其行为并未涉及泄露内幕信息给他人或散布虚假信息误导投资者。朱×海的行为主要是利用内幕信息进行交易，为自己牟取利益。因此，在此罪与彼罪的对比中，朱×海的行为与泄露内幕信息罪有所区别，被认定为内幕交易罪。

二是内幕交易罪与利用未公开信息交易罪。两罪都属于利用特定信息优势在证券、期货市场获取不正当利益的犯罪。而内幕交易罪所涉及的信息是证券、期货交易内幕信息，即对证券、期货交易价格有重大影响且尚未公开的信息；利用未公开信息交易罪所涉及的是内幕信息以外的其他未公开信息，通常是金融机构从业人员因职务便利获取的特定信息。朱×海案中，朱×海并不属于这些特定主体范畴，他是通过非法手段获取内幕信息，且这些信息对相关证券的交易价格有重大影响且尚未公开，并不是内幕信息以外的其他未公开信息，其行为主体和客体不符合利用未公开信息交易罪的要求。

三是内幕交易罪与操纵证券、期货市场罪。在一些复杂的证券、期货违法犯罪行为中，可能同时存在内幕交易和操纵市场的行为，但二者的行为本质不同。内幕交易罪是利用未公开的内幕信息进行交易获利；而操纵证券、期货市场罪是通过人为地影响证券、期货市场价格或交易量来获取不正当利益。如某投资者通过散布虚假消息、集中资金优势连续买卖等手段来操纵股价，构成操纵证券、期货市场罪，如果该投资者是利用未公开的内幕信息进行交易则构成内幕交易罪。

四是内幕交易罪与侵犯商业秘密罪。侵犯商业秘密罪，是指以盗窃、利诱、胁迫、披露、擅自使用等不正当手段侵犯商业秘密，给商业秘密的权利人造成重大损失的行为。两罪的行为对象具有一定的相似性，都是属于尚未公开的、具有市场价值的、能给当事人带来一定经济利益的信息。两罪的主要区别在于客体和主体的不同。内幕交易罪的客体为国家对证券、期货市场的管理制度和管理秩序以及广大投资者的合法权益；而侵犯商业秘密罪的客体为企事业单位的合法权益；内幕交易罪的主体为特殊主体，是证券、期货交易内幕信息的知情人员或者非法获取证券、期货交易内幕信息的人员；而侵犯商业秘密罪的主体为一般主体。

总结来说，在刑法学的角度上分析朱×海案，其行为符合内幕交易罪的犯罪构成要件。同时，在对比其他涉及证券市场的犯罪时，朱×海的行为与泄露内幕信息罪、利用未公开信息交易罪、操纵证券、期货市场罪、侵犯商业秘密罪等犯罪有所不同，属于内幕交易罪而非其他罪名，最终被认定为内幕交易罪。

二、犯罪学分析

我国严厉惩处的背后实则透露出证券类违法犯罪手段的恶劣、违法犯罪行为的频发。2015 年股灾后，越来越多内幕交易行为被查处，越来越多的内幕交易刑事案件被曝光。随着技术手段的不断改进，这类犯罪行为将会不断增多，作案手段也会日益丰富。

从北京市金融法院受理的证券犯罪案件案由来看，"内幕交易、泄露内幕信息案 42 件，占受理案件的 89.36%，成为当前审理证券犯罪案件的'第一大罪'"①。有学者对 42 个内幕交易、泄露内幕信息案件对具体犯罪行为方式进行分析，其中，利用他人账户亲自进行内幕交易的一审案件共计 16 件，占比为 38.1%；直接操作本人账户进行内幕交易的一审案件共计 12 件，占比为 28.57%；知情人员指使他人进行内幕交易的一审案件共计 10 件，占比为 23.81%；授意他人利用第三人的账户进行内幕交易的一审案件共计 3 件，占比为 7.14%；单纯泄露内幕信息的一审案件共计 1 件，占比为 2.38%。在这些数据中，有 30.95% 的内幕交易案件中的犯罪人是通过他人之手来为己牟利的；有 66.67% 的内幕交易案件中的犯罪人是亲自上手操作的。对于涉及的环节与阶段上，涉及公司重大资产重组内幕信息的一审内幕交易、泄露内幕信息案件共计 16 件，占比 38.1%；涉及收购内幕信息的一审内幕交易、泄露内幕信息案件共计 11 件，占比 26.19%；涉及股权合作内幕信息的一审内幕交易、泄露内幕信息案件共计 5 件，占比 11.91%；涉及内部尚未公开的增资控股内幕信息的一审内幕交易、泄露内幕信息案件共计 2 件，占比 4.76%；涉及年度利润分配内幕信息的一审内幕交易、泄露内幕信息案件共计 2 件，占比 4.76%；涉及竞购股权内幕信息的一审内幕交易、泄露内幕信息案件共计 2 件，占比 4.76%；涉及筹划非公开发行股票事宜内幕信息的一审内幕交易、泄露内幕信息案件共计 2 件，占比 4.76%；涉及股份转送内幕信

① 参见徐伟伦：《北京三中院通报证券期货犯罪审判基地审理案件情况 内幕交易及泄露内幕信息成"第一大罪"》，法治网，http://www.legaldaily.com.cn/index_article/content/2024-08/22/content_9043283.html。访问时间：2024 年 11 月 3 日。

息的一审内幕交易、泄露内幕信息案件共计 2 件，占比 4.76%[①]。决定股价走势的真正动力是估值和业绩等核心指标，仅仅依靠突发内部消息带来的短期巨大波动，即使获利也会因严查而得不偿失，轻者受到行政处罚，获得非法利益被没收；重者身陷囹圄，还得被判罚金。

从犯罪原因和环节来看，犯罪人主要过度追求个人利益，面对诱惑无法自觉抵制，“关系—交易—赚钱”成为一些人梦寐以求的交易模式；犯罪人熟悉证券市场的运行规律和投资策略。涉案人员主要集中在公司高管或具有证券从业背景、专业知识的人群中。公司实际控制人、董监高管理层人员及基金经理、投资经理等证券从业人员为证券犯罪的高发群体。在朱×海案中，充分体现了上述犯罪原因和环节特征。

第一，朱×海过度追求个人利益及无法抵制诱惑。为了获取非法利益，从 2004 年至 2016 年，朱×海利用木马病毒非法侵入、控制他人计算机信息系统，获取相关计算机信息系统存储的数据，并利用这些数据进行股票交易牟利。这一系列行为表明他过度追求个人利益，面对通过非法手段获取经济利益的诱惑无法自觉抵制，遵循了“关系—交易—赚钱”的交易模式，虽然此处未涉及典型的利用关系进行交易，但他利用非法获取的数据进行交易赚钱的本质是相同的。

第二，朱×海熟悉证券市场规律和投资策略。朱×能够利用从多家基金公司非法获取的交易指令进行相关股票交易，并且从 2009 年起，他利用木马病毒从多家证券公司非法获取了多条内幕信息，在相关内幕信息敏感期内从事对应公司的股票交易，表明他熟悉证券市场的运行规律和投资策略，能够根据获取的信息进行股票操作。

从犯罪作为整体看，朱×海作为能够实施此类复杂犯罪行为的人，符合涉案人员主要集中在具有相关专业知识背景人群的特征，即具备一定的计算机技术知识，同时对证券市场也有了解。

风险警示

随着证券、期货市场的快速发展，一些机构和个人利用上市公司并购重组等事件，进行证券、期货内幕交易和利益输送，内幕交易、泄露内幕信息犯罪案件呈逐年增长的发展态势。“内幕”的轻传与误传指的是在非正式、非授权的情况下，内幕信息被不经意或错误地传播给他人。这种行为会导致内幕交易的发生，即利用未公开的重要

---

① 参见《内幕交易、泄露内幕信息案实证研究——基于 46 个案例》，搜狐网，https://www.sohu.com/a/492427689_121184343。访问时间：2024 年 11 月 3 日。

信息进行证券交易，从而获得不正当的经济利益。内幕交易不仅违反了证券市场的公平原则，还将对市场秩序造成严重破坏。在股市上，要抑制追逐短期暴富的冲动，莫侥幸，莫伸手，伸手必被捉。

随意传播、泄露内幕信息将会对行为人自身和行业发展带来不利影响。对于行为人来说，一方面会面临职业声誉受损风险，基金经理若涉及内幕交易，将很难再在基金行业立足，其职业发展将受到极大的阻碍；另外，还会面临社会声誉受损风险，内幕交易行为被曝光后，犯罪人在社会公众中的声誉也会一落千丈。更有甚者，内幕交易一旦被查实，犯罪人将面临严厉的刑事处罚。对于行业发展来说，不仅市场公平性被破坏，而且容易导致投资者信任危机，将导致市场活跃度降低，影响证券市场的健康发展。

目前还有很多人觉得股市就是赌场，炒股要赚钱，就得靠内幕消息炒短线，以致内幕交易成为司空见惯的现象，对于那些有机会获得内幕消息的人来讲，就很可能犯错而不自知，以致陷入违法犯罪的泥潭。为维护证券、期货市场的秩序，保证投资者平等、开放地参与证券、期货交易，相关部门频频严厉打击内幕交易、泄露内幕信息的违法犯罪行为。同时，通过加强立法、完善监管制度、提高道德教育以及完善内部制度等措施，预防和控制类似的内幕交易犯罪行为，维护证券市场的公平和诚信。内幕交易切勿碰，泄密也会付代价。在全新的市场生态下，"靠内部消息炒股"越来越不靠谱，仅仅依靠短线打法也越来越不合时宜，不符合"耐心资本"的资本市场发展的方向。

问题思考

某节能公司总经理郭×为实现公司资产证券化，安排时任公司财务资产部主任即被告人王×联系券商提供咨询，王×通过被告人李×介绍，联系某证券公司工作人员季×芳。2015 年 3 月至 9 月，季×芳及其下属刘×向某节能公司提供了多种上市方案，推荐借壳上市，筛选出包括某区电力公司在内多家上市公司壳资源。同年 10 月 26 日，郭×召开某节能公司上市准备工作会，研究委托券商、与某区电力公司主管单位商谈等问题。会后，郭×安排王×了解某区电力公司资产情况。11 月 6 日，某区电力公司上级单位某市电力公司总经理路×军应郭×要求，指派某市电力公司财务部主任陈×到北京向郭×介绍某区电力公司情况，王×参加中午聚餐，陈×在席间提到借壳某区电力公司需要取得区政府的同意。12 月 29 日 8 时 25 分，郭×和某节能公司办公室主任樊×成、总会计师夏×俊等人从北京飞往某市商谈借壳某区电力公司上市事宜，夏×俊在飞机起飞前于8时20分电话通知王×因到某市出差故而取消原计划前往天津的行程。12月29日下午，郭×等人先后与某区政府、某区电力公司会商，取得对方对借壳的支持；12月30日，某区电力公司股票停牌。2016年2月25日，某区电力公司发布与某节能公司重组的公告。经证监会认定，该公告事项属于《证券法》规定的内幕信息，敏感期为2015年10月26日至2016年2月25日，王×系内幕信息知情人。2015年11月11日晚，被告人王×、李×以夫妻名义与樊×成聚餐。同年11月12日，李×向其控制的焦×证券账户转入200万元，后于当日9时34分至38分全仓买入某区电力公司股票7.42万股，成交金额199.79万余元。12月29日8时21分，王×拨打李×电话，8时40分李×给王×回电话，9时31分李×将其通过焦×证券账户持有的其他股票亏本清仓，9时34分至37分买入某区电力公司股票6.91万股，成交金额212.61万余元。综上所述，李×在内幕信息敏感期买入某区电力公司股票，成交金额共计412.4万余元。

北京市第二中级人民法院于2019年12月23日作出（2019）京02刑初141刑事判决：一、被告人王×犯内幕交易罪，判处有期徒刑五年，并处罚金人民币一万元。二、被告人李×犯内幕交易罪，判处有期徒刑五年，并处罚金人民币一万元。宣判后，王×、李×提出上诉。北京市高级人民法院于2020年10月30日作出（2020）京刑终55号刑事裁定：驳回王×、李×的上诉，维持原判①。

目前，公司并购重组、实际控制人变更等重大事件是内幕交易高发领域，“靠内部消息炒股获利”的市场陋习依然盛行，难以摆脱内幕交易的惩罚。综观上述案件，结合本节案例，根据《刑法》的规定，讨论以下问题：

（1）从法律法规完善视角看，当前的法律法规是否足以应对内幕交易等金融犯罪行为？

（2）对于传递型内幕交易中二手以上人员是否应当追究刑事责任？

（3）监管部门监管能力问题：金融监管部门是否具备足够的能力和手段有效地监管金融市场、打击内幕交易等违法行为？如何提高监管部门的监管效能和能力？

（4）从企业内部治理看，何种企业内部治理机制能够有效地防范内幕交易等违法犯罪行为？

① 参见北京市第二中级人民法院刑事判决书（2019）京02刑初141号；北京市高级人民法院刑事裁定书（2020）京刑终55号。

案例 11：

操纵期货市场的蛊惑与迷途

立法背景

我国期货市场起步较晚，直到 1999 年国务院颁布《期货交易管理暂行条例》，期货市场规范运行才构建了基本制度框架。1999 年《刑法修正案》第 6 条将操纵期货市场的行为犯罪化，规定为“操纵证券、期货交易价格罪”。2005 年修改《证券法》后，2006 年《刑法修正案（六）》在“操纵证券市场犯罪”中删除了“获取不正当利益或转嫁风险”这一行为要件，修改了“约定交易”与“洗售交易”，同时在“约定交易”中删除了“不持有证券互相买卖”，并在“洗售交易”中增设了“在自己实际控制的账户之间进行证券交易”，将其定性为“操纵证券期货市场罪”。2007 年《期货交易管理条例》引入了金融期货及期权合同，扩大了操纵期价犯罪的客体范围。中国证监会于 2007 年 3 月 27 日印发了《证券市场操纵行为认定指引（试行）》（现已废止），并将“蛊惑式”“抢帽子式”“虚假申报式”“特定价格、特定时间点”等五类操作列为“其他操作方式”进行规范。2010 年最高人民检察院、公安部《关于公安机关管辖的刑事案件立案追诉标准的规定（二）》第 39 条除了对“连续交易”“约定交易”“洗售交易”等犯罪进行了界定外，还将“利用信息支配地位”“虚假申报”“抢帽子”等操纵行为界定为“通过其他方法操纵证券期货市场”。2011 年最高人民法院、最高人民检察院、公安部、中国证券监督管理委员会联合印发《关于办理证券期货违法犯罪案件工作若干问题的意见》【证监发〔2011〕30 号】（2024 年进行修改）。2019 年《关于办理操纵证券、期货市场刑事案件适用法律若干问题的解释》规定了操纵证券市场罪“情节严重”和“情节特别严重”的具体情形，较为明确、合理地量化了操纵证券市场罪的客观要件认定标准。

2020 年《刑法修正案（十一）》结合期货市场发展及监管实践，对“操纵期货市场罪”进一步修改完善，明确列举了操纵证券、期货市场，影响证券、期货交易价格或者证券、期货交易量，情节严重的情形，即（1）单独或者合谋，集中资金优势、持股或者持仓优势或者利用信息优势联合或者连续买卖的；（2）与他人串通，以事先约定的时间、价格和方式相互进行证券、期货交易的；（3）在自己实际控制的账户之间进行证券交易，或者以自己为交易对象，自买自卖期货合约的；（4）不以成交为目的，频繁或者大量申报买入、卖出证券、期货合约并撤销申报的；（5）利用虚假或者不确定的重大信息，诱导投资者进行证券、期货交易的；（6）对证券、证券发行人、期货交易标的公开作出评价、预测或者投资建议，同时进行反向证券交易或者相关期货交易的；（7）以其他方法操纵证券、期货市场的。2022 年《期货和衍生品法》第

12 条列举了九种操纵期货市场，影响或者意图影响期货价格或者期货交易量的方式。这九种操纵期货市场除连续交易操纵、相对委托操纵、洗售交易操纵、蛊惑交易操纵、虚假申报操纵、抢帽子操纵、囤积现货操纵、跨市场操纵与《证券法》相同的操纵类型外，还规定了“在交割月或者临近交割月，利用不正当手段规避持仓限额，形成持仓优势”的挤仓操纵行为。然而，2019 年出台的《关于办理操纵证券、期货市场刑事案件适用法律若干问题的解释》却未将挤仓操纵纳入刑法的规制范围，因此，需要进一步关注《期货和衍生品法》与《刑法》的衔接和适用中的问题。

案件情况

伊世顿公司违反《××所交易细则》《××所实际控制关系账户报备指引（试行）》关于股指期货交易实行实际控制关系账户报备、连接测试、程序化交易报备等监管措施的相关规定，隐瞒了实际控制账户和大量账户使用高频程序化交易等情况，规避了××所对风险控制的监管，从而恶意取得不正当交易优势；伊世顿公司违反《期货交易管理条例》《期货公司监督管理办法》《××所交易细则》关于××所实行会员（即期货公司）分级结算制度和基于该制度延伸出的保证金制度和持仓限额制度等基本制度，擅自使用未经检测的 RM 交易系统，绕过 Z 公司的资金和持仓验证，减少了相较于其他合规投资者必须耗费的验证时间，降低了自身整体交易时间延迟，从而非法取得其他合规投资者无法取得的额外交易速度优势；伊世顿公司在本身已使用高频程序化交易的基础上，利用上述不正当交易优势和额外交易速度优势抢占交易先机，限制或排除其他合规投资者最优交易机会，其行为严重破坏了股指期货市场公平交易秩序和原则，符合操纵期货市场的行为特征。伊世顿公司的操纵行为系新型操纵行为，不仅破坏了股指期货市场的基本制度、基本原则和交易秩序，而且造成了严重的社会危害，与《中华人民共和国刑法》第一百八十二条第一款前三项所规定的典型操纵情形在危害性上具有相当性。据此，伊世顿公司为谋取非法利益，操纵××所 IC、IF 主力合约，其行为构成操纵期货市场罪。伊世顿公司所犯操纵期货市场罪的操纵手法隐蔽，操纵时间长，非法获利数额特别巨大，操纵后果十分严重，属于情节特别严重。伊世顿公司认罪、悔罪，依法可予酌情从轻处罚。

被告人高×、梁×中作为被告单位伊世顿公司的直接责任人员，均积极参与伊世顿公司操纵期货市场行为，故其行为均构成操纵期货市场罪，且均属情节特别严重。高×能主动到案和如实供述犯罪事实，梁×中在被采取强制措施前如实供述犯罪事实，故依法应当认定高×、梁×中均具有自首情节，结合两名被告人在伊世顿公司中的具体地位和作用以及认罪悔罪态度，依法均可以减轻处罚，适用缓刑，并对梁×中不驱逐出境。

被告人金×献与被告单位伊世顿公司合谋，操纵××所 IC、IF 主力合约，其行为亦构成操纵期货市场罪，情节特别严重，且系共同犯罪；金×献还利用其全面负责 Z 公司与伊世顿公司业务联系等职务便利，非法占有本单位资金达 1348 万余元，数额巨大，其行为又构成职务侵占罪，依法应予两罪并罚。金×献在被采取强制措施前后分别主动供述参与操纵期货市场的主要事实和公安机关尚未掌握的职务侵占事实，依法可予认定其所犯两罪均具有自首情节。结合金×献在操纵期货市场罪中所起作用和已退缴、追缴职务侵占罪大部分违法所得等情节综合考量，可对其所犯两罪均予减轻处罚。

公诉机关起诉指控被告单位伊世顿公司、被告人高×、梁×中犯操纵期货市场罪、被告人金×献犯操纵期货市场罪和职务侵占罪的罪名成立，应予支持。高×、梁×中的辩护人所提量刑意见可予采纳。金×献的辩护人所提部分量刑意见予以采纳。

控辩意见

公诉机关认为，被告单位伊世顿公司及其直接责任人员被告人高×、梁×中伙同被告人金×献利用以逃避期货公司资金和持仓验证等非法手段获取的交易速度优势，滥用高频程序化交易软件进行股指期货合约交易，严重影响期货市场正常定价机制，扰乱市场交易秩序，情节特别严重，应以操纵期货市场罪追究刑事责任，且系共同犯罪。金×献身为公司工作人员，利用职务便利，侵占本单位资金数额巨大，还应以职务侵占罪追究刑事责任，予以数罪并罚。高×、梁×中、金×献犯罪以后自动投案，如实供述主要犯罪事实，系自首。据此，依据《中华人民共和国刑法》第一百八十二条、第二百七十一条、第六条、第二十五条第一款、第三十条、第三十一条、第三十五条、第六十七条第一款、第六十九条和《中华人民共和国刑事诉讼法》第一百七十二条之规定，提起公诉。

被告单位伊世顿公司的诉讼代表人对起诉指控伊世顿公司犯操纵期货市场罪的事实、证据和罪名均无异议。伊世顿公司的辩护人提出如下辩护意见：（1）证监会和××所出具的函件不具备法定证据形式，在内容上存在统计数据不客观、计算方法误读、比较方式不正确和适用法律错误等问题，故不能作为证据使用；（2）起诉指控伊世顿公司非法获利 3.893 亿余元不准确，应该按照××所分析报告认定的市场正常偏离度区分合法所得和违法所得，而不能采用司法鉴定意见。

被告人高×辩护人提出如下辩护意见：（1）高×系受指使参与伊世顿公司操纵期货市场犯罪，且参与程度较轻；（2）高×具有自首情节，且认罪悔罪态度较好，建议法庭结合本案系新型犯罪等因素对高×减轻处罚，并适用缓刑。

被告人梁×中的辩护人提出如下辩护意见：梁×中具有自首情节，系从犯，能认罪、悔罪，建议法庭对梁×中减轻处罚，并适用缓刑，且不附加驱逐出境。

被告人金×献的辩护人提出如下辩护意见：（1）证监会等出具的函件不能作为证据使用；（2）金×献所实施的操纵期货市场行为和职务侵占行为构成牵连关系，应当以操纵期货市场罪论处，建议法庭对金×献判处三年以下有期徒刑，并适用缓刑。

判决结果

（1）被告单位张家港保税区伊世顿国际贸易有限公司犯操纵期货市场罪，判处罚金人民币三亿元。

（2）被告人高×犯操纵期货市场罪，判处有期徒刑三年，缓刑四年，并处罚金人民币一百万元。

（3）被告人梁×中犯操纵期货市场罪，判处有期徒刑二年六个月，缓刑三年，并处罚金人民币八十万元。

（4）被告人金×献犯操纵期货市场罪，判处有期徒刑二年，并处罚金人民币六十万元；犯职务侵占罪，判处有期徒刑四年，决定执行有期徒刑五年，并处罚金人民币六十万元。

（5）追缴被告单位张家港保税区伊世顿国际贸易有限公司违法所得人民币三亿八千九百三十万元，上缴国库。追缴被告人金×献职务侵占违法所得人民币八百一十五万元，发还给被害单位Z公司。

被告人高×、梁×中回到社区后，应当遵守法律、法规，服从监督管理，接受教育，完成公益劳动，做一名有益社会的公民[①]。

理论解说

一、刑法学分析

操纵期货市场犯罪是金融市场犯罪中法律适用疑难问题最多、实践争议最大的行

① 参见上海市第一中级人民法院刑事判决书（2016）沪01刑初78号。

为类型之一。从法律适用角度来看，期货市场本身具有复杂性和专业性，其交易规则、市场机制以及各类金融衍生品的特性使得操纵期货市场的行为难以被准确界定和规范。最高人民检察院、公安部《关于公安机关管辖的刑事案件立案追诉标准的规定（二）》第 34 条规定：操纵证券、期货市场，影响证券、期货交易价格或者证券、期货交易量，涉嫌下列情形之一的，应予立案追诉：（1）持有或者实际控制证券的流通股份数量达到该证券的实际流通股份总量百分之十以上，实施刑法第一百八十二条第一款第一项操纵证券市场行为，连续十个交易日的累计成交量达到同期该证券总成交量百分之二十以上的；（2）实施刑法第一百八十二条第一款第二项、第三项操纵证券市场行为，连续十个交易日的累计成交量达到同期该证券总成交量百分之二十以上的；（3）利用虚假或者不确定的重大信息，诱导投资者进行证券交易，行为人进行相关证券交易的成交额在一千万元以上的；（4）对证券、证券发行人公开作出评价、预测或者投资建议，同时进行反向证券交易，证券交易成交额在一千万元以上的；（5）通过策划、实施资产收购或者重组、投资新业务、股权转让、上市公司收购等虚假重大事项，误导投资者作出投资决策，并进行相关交易或者谋取相关利益，证券交易成交额在一千万元以上的；（6）通过控制发行人、上市公司信息的生成或者控制信息披露的内容、时点、节奏，误导投资者作出投资决策，并进行相关交易或者谋取相关利益，证券交易成交额在一千万元以上的；（7）实施刑法第一百八十二条第一款第一项操纵期货市场行为，实际控制的账户合并持仓连续十个交易日的最高值超过期货交易所限仓标准的二倍，累计成交量达到同期该期货合约总成交量百分之二十以上，且期货交易占用保证金数额在五百万元以上的；（8）通过囤积现货，影响特定期货品种市场行情，并进行相关期货交易，实际控制的账户合并持仓连续十个交易日的最高值超过期货交易所限仓标准的二倍，累计成交量达到同期该期货合约总成交量百分之二十以上，且期货交易占用保证金数额在五百万元以上的；（9）实施刑法第一百八十二条第一款第二项、第三项操纵期货市场行为，实际控制的账户连续十个交易日的累计成交量达到同期该期货合约总成交量百分之二十以上，且期货交易占用保证金数额在五百万元以上的；（10）利用虚假或者不确定的重大信息，诱导投资者进行期货交易，行为人进行相关期货交易，实际控制的账户连续十个交易日的累计成交量达到同期该期货合约总成交量百分之二十以上，且期货交易占用保证金数额在五百万元以上的；（11）对期货交易标的公开作出评价、预测或者投资建议，同时进行相关期货交易，实际控制的账户连续十个交易日的累计成交量达到同期该期货合约总成交量的百分之二十以上，且期货交易占用保证金数额在五百万元以上的；（12）不以成交为目的，频繁或者大量申报买入、卖出证券、期货合约并撤销申报，当日累计撤回申报量达到同期该证券、期货合约总申报量百分之五十以上，且证券撤回申报额在一千万元以上、撤回申报的期货合约占用保证金数额在五百万元以上的；（13）实施操纵证券、期货市场行为，获利或者避免损失数额在一百万元以上的。

操纵证券、期货市场，影响证券、期货交易价格或者证券、期货交易量，获利或者避免损失数额在五十万元以上，同时涉嫌下列情形之一的，应予立案追诉：（1）发行人、上市公司及其董事、监事、高级管理人员、控股股东或者实际控制人实施操纵证券、期货市场行为的；（2）收购人、重大资产重组的交易对方及其董事、监事、高级管理人员、控股股东或者实际控制人实施操纵证券、期货市场行为的；（3）行为人明知操纵证券、期货市场行为被有关部门调查，仍继续实施的；（4）因操纵证券、期货市场行为受过刑事追究的；（5）二年内因操纵证券、期货市场行为受过行政处罚的；（6）在市场出现重大异常波动等特定时段操纵证券、期货市场的；（7）造成其他严重后果的。对于在全国中小企业股份转让系统中实施操纵证券市场行为，社会危害性大，严重破坏公平公正的市场秩序的，比照本条的规定执行，但本条第一款第一项和第二项除外。

（一）罪与非罪的界定

操纵期货市场罪的主要构成要件包括主体、客体、行为、客观方面和主观方面。本罪的主体一般为有一定能力操纵期货市场的个人或单位，如伊世顿公司和金×献。本罪的客体是期货市场的公平交易秩序。本罪的行为主要指用不正当手段操纵期货市场，如使用未经检测的交易系统，绕过资金和持仓验证，或利用高频程序化交易等。本罪的客观方面是对期货市场的公平交易秩序产生重大影响。本罪的主观方面要求是具有主观故意，即明知其行为会破坏期货市场的公平交易秩序仍然实施该行为。伊世顿公司及其相关被告人明知其行为违反期货市场的相关规定，仍然实施了一系列操纵行为，通过不正当手段获取交易速度优势，滥用高频程序化交易，采取自买自卖、撤销申报等违规方法进行交易，目的是获取非法利益，这些行为表明他们具有操纵期货市场的故意。

本案中犯罪人的行为符合操纵行为特征。一是集中资金优势、持股优势或者利用信息优势。伊世顿公司通过实际控制多个期货账户，包括 19 个个人期货账户和 7 个特殊法人期货账户，组成伊世顿账户组，利用账户组的资金优势以及通过梁×中收集的交易政策和市场行情数据等信息优势，进行高频程序化交易，符合操纵行为中关于集中优势进行操纵的特征。二是连续买卖。2015 年 6 月 1 日至 7 月 6 日，伊世顿公司及其相关被告人利用不正当优势，在交易日内多次、反复、大量、连续交易中证 500 股指期货主力合约、沪深 300 股指期货主力合约共 377.44 万余手，这种连续买卖的行为符合操纵期货市场罪的行为特征。三是操纵交易价格或者交易量。伊世顿公司的操纵行为导致市场出现多种异常情况。如，其成交量占比明显高，委托速度绝对领先，订单排序绝对优先，成交率优势明显，最优价位成交率处于垄断地位，并且在交易方向及交易数量对市场后续 5 笔行情均价已经产生了实际影响，干扰了市场瞬间行情的涨跌趋势，这些都表明其操纵了交易价格和交易量，符合操纵期货市场罪的行为特征。有学者认为，操纵意图是关键，解决的是如何区分合法与非法行为的根本标准问题；人为价格是结果，解决的是对市场造成了什么样的影响才会被归责的问题；因果关系是纽带，解决的是如何在行为与结果之间建立联系，以构成操纵的问题①。

2022 年《期货和衍生品法》第 3 条第 2 款规定：“本法所称衍生品交易，是指期货交易以外的，以互换合约、远期合约和非标准化期权合约及其组合为交易标的的交易活动。”同时在第 12 章中规定了违反本法禁止性规定的法律责任，规范的对象不仅是期货市场和期货交易活动，也包括了衍生品市场和衍生品交易活动。但在涉及期货的刑法条款以及相关司法解释中从未出现过对于“衍生品”的描述，能否将刑法中的“期货”合理解释为包括“衍生品”呢？我国存在国债期货、股指期货、股指期权等金融衍生品，而衍生品的交易的风险具有更强的突发性、灵活性和传导性，衍生品相关的犯罪容易造成大规模的体系性金融风险，涉及衍生品的犯罪行为具有与期货犯罪行为具有相当的社会危害性和处罚必要性，如果将金融衍生品排除在刑法规制范围之外，将造成该领域的刑事立法空白，可能变相纵容犯罪分子的投机行为。但是，在确定是否将金融衍生品纳入刑法规制范围时，需要慎重考虑罪与非罪的界限。因为金融衍生品的交易具有一定的复杂性和创新性，与传统的期货交易存在差异。在制定相关法律规定时，需要充分考虑金融衍生品的特点和风险，确保法律的合理性和可操作性。

（二）此罪与彼罪

涉及期货犯罪专业性较强，需要深入研究期货交易规则，审查分析相关行为是否符合相关金融犯罪的罪质特征，以便准确区分此罪与彼罪。此罪与彼罪的区分重点在于厘清各自的法律构成要件。操纵期货市场罪需要与操纵证券市场罪进行细分，同时还要与职务侵占罪进行区分。

第一，操纵期货市场罪与操作证券市场罪。两者在本质上都是通过不正当手段影响金融市场价格或交易量，以获取非法利益。其行为都破坏了金融市场的公平性、公

① 参见钟维：《期货市场操纵构成要件论》，《法学家》2023 年第 6 期。

正性和公开性，损害了广大投资者的合法权益。两者的区别主要在于：

一是证券期货犯罪对“内幕信息”采用了空白罪状。证券犯罪以《证券法》作为前置法，可以引用《证券法》第 52 条对“内幕信息”进行认定。期货犯罪在《期货和衍生品法》实施前仅能按照国务院《期货交易管理条例》规定的“内幕信息”的认定。《期货和衍生品法》扩大了“内幕信息”的认定范围，不仅增加了“相关市场中的重大异常交易信息”作为内幕信息，还因我国期货类犯罪包括对衍生品交易，将可能影响衍生品交易价格的未公开信息认定为内幕信息，同时期货监督管理机构以及其他相关部门任何未公开的信息、数据会对市场造成明显影响，这些公开的信息、数据也能够认定为“内幕信息”。

二是《期货和衍生品法》对《期货交易管理条例》规定的“内幕信息知情人”进一步扩大，使其符合目前的期货和衍生品交易现状。其中，明确了内幕信息知情人可以由单位主体和个人主体构成，由于在定义中增加了“经营地位”的表述，期货经营机构的相关人员也可以成为“内幕信息知情人”。

第二，操纵期货市场罪与职务侵占罪。操纵期货市场罪主要关注的是对期货市场公平交易秩序的破坏，而职务侵占罪主要关注的是利用职务之便非法占有公共或他人财物的行为。本案中的金 × 献既参与了操纵期货市场，又利用职务之便侵占了 Z 公司的资金，构成了两罪。

二、犯罪学分析

涉及期货领域职务犯罪通常具有非典型性，腐败分子大多精通监管规则，熟悉市场操作，犯罪手段也从过去的直接以权谋私，转化为利用专业知识借助期货业务来实现，造成此类案件具有专业性强、手段隐蔽的特点。“伊世顿公司等操纵期货市场案”属于全国首例操纵期货市场刑事案件，其涉及期货交易市场中最新出现的高频程序化交易方式，属于典型的操纵期货市场的犯罪。实践中反映出来的主要问题是：上市公司内控机制不健全。在操纵证券、期货市场犯罪中，部分上市公司实控人与专业操盘团伙相勾结，主动策划操纵自家公司股价。中介机构“看门人”职责失职缺位。例如，在证券虚假陈述犯罪中，部分中介机构从业人员欠缺职业操守，出具与实际不符的审计报告或者出具虚假证明文件，利用专业优势为他人虚假陈述积极出谋划策等。行刑衔接机制不完善。以操纵期货市场犯罪为例，从行政调查到刑事审判的时间普遍在 3 年以上，在一定程度上导致刑事惩治不够及时。从我国操纵期货市场罪案件情况来看，该类犯罪主要存在三大特点：

一是犯罪链条化特征十分明显。操纵期货市场犯罪中，部分上市公司实控人与专业操盘团伙相勾结，主动策划操纵自家公司股价。时常伴有资金、技术等黑灰产业的支持，极易形成产业链条。这就需要充分利用大数据从多层面交叉比对判断行为人的交易习惯是否明显背离、风险承受和盈利比例是否明显畸高、交易条件是否符合常理等，通过穿透式深入挖掘涉案行为特点和行为规律，辅助进行交叉验证，提高定罪量刑的准确度。

二是犯罪手法不断更新。操纵期货市场犯罪专业化和组织化程度越来越高，不仅出现职业化的操纵团伙，而且上市公司实控人为抬升自家公司股价而寻求操纵团伙支持、共同作案的案件也不断增多。有些公司在临近交割月或者交割月合约上，利用不正当手段规避持仓限制，形成持仓优势，影响期货交易价格的行为被视为挤仓操纵，从而扭曲商品价格，破坏期货市场的价格发现功能。

三是犯罪技术性特征日益凸显，通过制造虚假供求关系，影响期货市场价格发现功能、套期保值、风险规避、资源配置功能的正常发挥而获利，尤其是用程序化交易等信息化工具进行操纵市场以及犯罪手段的智能化。

风险警示

期货市场的套期保值是一种为避免或减少价格发生不利变动的损失，而以期货交易临时替代实物交易的一种行为，交易人在买进（或卖出）实际货物的同时，在期货交易所卖出（或买进）同等数量的期货交易合同作为保值。套期保值作为企业的经营策略和正当手段，有些公司提交虚假的套期保值申请材料，动用了很多私人账户进行对敲，实质上这些账户归为一家公司操作，从事违法犯罪行为。据统计，2023 年证监会查办的证券期货违法案件共 717 件，同比增长 19%；作出行政处罚 539 件，同比增长 40%，处罚责任主体 1073 人（家）次，同比增 43%①。可见，“严监严管”已成为证券期货市场的主基调，对于期货违法犯罪从严、从重、从快惩治。2024 年国务院办公厅转发中国证监会等部门《关于加强监管防范风险促进期货市场高质量发展的意见》提出，从严查处违法违规行为。

操纵伴随着期货市场的产生而产生，可以说是期货市场面临的最大问题。严厉打击操纵市场、内幕交易、编造传播虚假信息等违法违规行为，加强公开曝光，对严重

① 参见证监会：《“长牙带刺”“严监严管”证监会持续加大证券期货违法行为打击力度——中国证监会 2023 年执法情况综述》，http：//www. csrc. gov. cn/csrc/c100028/c7480575/content. shtml。访问时间：2024 年 11 月 3 日。

违法违规者实施市场禁入。从严从快查办期货市场大要案件，着力实现精准执法、高效执法。加强央地、部门协同，提高非法期货活动查处能力。加大对以商品中远期交易名义开展“类期货”交易的地方交易场所的清理整顿力度。在此背景下，证券期货市场参与主体应提高警惕，避免触及红线。即使是从事期货投资咨询业务，也应当取得中国证监会的业务许可，未经中国证监会许可，任何机构和个人均不得从事期货投资咨询业务。期货公司居间人不得隐瞒重要事实或者进行误导性陈述，提供、传播虚假或者误导投资者的信息，夸大或者片面宣传投资业绩，向投资者作获利保证或者共担风险的承诺，诱使投资者进行期货交易，广大市民群众要树立投资风险意识，警惕此类非法期货活动。证监会的“严监管”警示整个期货行业要加强行业自律。行业协会和相关机构应进一步完善行业规范和准则，加强对会员的教育和监督，防止类似操纵市场的行为再次发生。防止相关人员触及犯罪红线，避免罚款与刑罚。

问题思考

某石化有限公司是某物产集团有限公司控股 70% 的子公司，被告人吴 × ×案发时任物产集团总裁、石化公司法定代表人兼董事长。物产集团的管理人员与其控股单位签订了三年的对赌协议，约定如果达不到盈利目标，归属管理层的利益相应减少。2016 年 4 月，物产集团出现了亏损。为了实现盈利，吴 × ×指使石化公司研究部负责人关注聚丙烯产品，经过研究部的调研，聚丙烯 1609（1609 是指 2016 年 9 月到期交割，在交割月之前，均可交易）合约适合做多头配置。

2016 年 5 月，吴 × ×召集石化公司各部门负责人开会研究策略，决定大量购买聚丙烯 1609 期货合约，同时囤积现货，将现货价格、期货价格一同拉升。会后，公司各部门在吴 × ×的指示下开始具体的操纵行为，分别利用包括实际控制的公司账户、资金管理账户以及个人账户等 19 个账户大量买入聚丙烯 1609。2016 年 5 月 24 日、7 月 19 日、7 月 26 日石化公司实际控制的 19 个账户分别买持仓量 37494 手，买持仓占比为 11.28%，超过了大连商品交易所规定的持仓限额；买持仓量为 143005 手，买持仓保证金额超过 4 亿元，买持仓占比为 35.65%；买持仓量为 140000 手，买持仓保证金额接近 4 亿元，买持仓占比为 36.70%，形成持仓优势。与此同时，石化公司通过直接购买、委托采购、售后回购等方式大量囤积聚丙烯现货，在市场上制造了聚丙烯需求旺盛的氛围，操纵聚丙烯 1609 价格。吴 × ×还指使研究人员撰写《聚丙烯行情强反弹下的市场冷观察》一文，并发布到公共平台上，配合石化公司实际控制的期货账户平仓获利。记者了解到，在石化公司操纵期间，聚丙烯 1609 的价格从 6389 元/吨上升至 8355 元/吨，上涨了 30.77%。石化公司实际控制的 19 个账户非法获利 5.6 亿余元。

2017 年 6 月，国家审计署在审计过程中，发现物产集团涉嫌利用实际控制的期货账户，做多聚丙烯期货合约，一方面大规模增加期货持仓量，另一方面通过囤积现货推高合约价格，之后平仓套现牟利。随后，国家审计署将线索移送证监会及公安部。2017 年 8 月，公安机关对物产集团涉嫌操纵期货市场犯罪立案侦查。2018 年 4 月，案件被移送至抚顺市检察院审查起诉。

2018 年 10 月，抚顺市检察院以被告单位石化公司、被告人吴××涉嫌操纵期货市场罪，向抚顺市中级法院提起公诉。2019 年 9 月 29 日，抚顺市中级法院对被告单位石化公司、被告人吴××操纵期货市场案公开宣判，以操纵期货市场罪对石化公司判处罚金 3 亿元，对吴××判处有期徒刑五年，并处罚金 500 万元；操纵行为违法所得依法追缴。宣判后，石化公司、吴××均提出上诉。辽宁省高级法院前不久裁定驳回上诉，维持原判①。

目前，有些公司通过囤积现货或者超过自己实际需要大量囤积现货，影响特定期货品种市场行情，并进行相关期货交易，从中获得非法利益。综观上述案件，结合本节案例，根据《刑法》的规定，讨论以下问题：

（1）操纵证券市场犯罪与操纵期货市场犯罪存在何种区别及其对立法有何价值？

（2）对于操纵期货行为适用“兜底条款”时，如何证明定罪处罚的行为与所明确列举的操纵行为方式具有“同质”的危害性？

（3）上述案例中的期货交易所在公司治理和内部控制方面存在哪些不足？如何改进这些问题以提高公司治理水平和防范潜在风险？

① 参见辽宁省抚顺市中级人民法院刑事判决书（2018）辽 04 刑初 55 号；辽宁省高级人民法院刑事裁定书（2020）辽刑终 303 号。

第三部分　金融诈骗犯罪

案例 12:

伪造医院应收款骗贷:罪与非罪之辨

立法背景

贷款诈骗罪，是指以非法占有为目的，编造引进资金、项目等虚假理由，使用虚假的经济合同，使用虚假的证明文件，使用虚假的产权证明作担保，超出抵押物价值重复担保或者以其他方法，诈骗银行或者其他金融机构的贷款、数额较大的行为。

我国 1979 年《刑法》未单独设立贷款诈骗罪，与之相应的是以诈骗罪定罪处罚或者作为民事案件处理。随着金融体制的改革和市场经济发展，金融业作为独立的经济领域，贷款诈骗问题受到刑事立法的关注。1994 年 5 月国务院召开的“防诈骗、防盗窃、防抢劫，保障银行资金安全”会议，将防诈骗放在“三防一保”工作的首位，强调金融诈骗犯罪活动已经成为当时影响金融业系统安全的突出问题，必须及时遏制并予以打击①。1995 年《商业银行法》首次规定了“贷款诈骗”构成犯罪的，应当依法追究刑事责任，为刑事立法奠定了前置法的基础。1995 年全国人大常委会《关于惩治破坏金融秩序犯罪的决定》第 10 条对诈骗贷款的具体行为方式和量刑标准作出明确规定。1997 年《刑法》吸收上述决定的具体规定，1997 年最高人民法院《关于执行 < 中华人民共和国刑法 > 确定罪名的规定》以及最高人民检察院《关于适用刑法分则规定的犯罪的罪名的意见》确立了“贷款诈骗罪”罪名，并放置在破坏社会主义市场经济秩序罪的第五节金融诈骗罪中，对“数额特别巨大或者情节特别严重”的贷款诈骗罪增设了罚金刑，并增加了“超出抵押物价值重复担保”的犯罪行为情形。2001 年《全国法院审理金融犯罪案件工作座谈会纪要》对金融诈骗犯罪非法占有的目的认定标准，贷款诈骗罪的认定和处理提出了较为详细处理意见，并强调单位不能成为贷款诈骗罪的主体。为解决司法实践中贷款诈骗罪非法占有目的取证困难的问题，有效惩治金融领域的骗贷行为，2006 年，《刑法修正案（六）》增设了骗取贷款罪，逐步建立起严密的贷款类罪名体系。

案件情况

2012 年 6 月，郑 × 节以其成立的力天公司名义在工商银行某支行办理总额为 1290 万元的国内保理贷款，到期后按时归还。2013 年 9 月，郑 × 节再次向该银行申请国内保理贷款，为骗取贷款，其故意夸大力天公司对供货单位安徽省立医院与安医一附院

① 李建国：《对做好金融系统“三防一保”工作的几点思考》，《青海金融》1995 年第 7 期。

的应收账款数额，以其公司对上述两个医院虚假的应收账款作为质押，向工商银行某支行申请贷款，并伪造了供货合同、医院公章及法人章，使用虚假印章伪造了医院的应收账款确认函回执，债权转让通知书等材料提交银行审核。同时虚构贷款用途，谎称贷款用于支付某医疗公司货款，并通过该公司法定代表人潘×以医疗公司名义开立了一个由郑×节实际控制的银行账号。2013 年 9 月 25 日，郑×节的贷款申请获得审批，郑×节与银行签订国内保理业务贷款合同。2013 年 9 月 27 日，工商银行某支行分两次向郑×节发放贷款分别为 800 万元、900 万元，贷款期限 1 年。收到贷款后，郑×节于放款当日将该款转走，用于归还个人债务以及用于力天公司的生产经营等。

2014 年 7—8 月，郑×节提前归还工商银行某支行贷款 200 万元，后在公安机关立案前，郑×节陆续归还银行贷款 15 万元，立案后陆续归还贷款 5 万元，此时尚有 1480 万元贷款未归还，造成银行损失。另查明，2014 年 9 月，贷款到期后郑×节无力归还剩余贷款，工商银行某支行依照合同约定向安徽省立医院及安医一附院追缴力天公司对其的应收账款并起诉至合肥市中级人民法院。郑×节向法庭如实陈述了在两笔贷款中提供虚假材料骗取贷款的事实，2015 年 11 月 18 日，工商银行某支行向合肥市公安局庐阳分局报案，2016 年 2 月 26 日公安机关将郑×节抓获归案。

控辩意见

公诉机关指控：被告人郑×节以非法占有为目的，诈骗银行贷款共计人民币 1485 万元，数额特别巨大，其行为已构成贷款诈骗罪。

郑×节辩称：（1）本案应为单位犯罪，其作为直接负责的法定代表人承担刑事责任；（2）一审判决认定其构成贷款诈骗罪定性错误，其行为应构成骗取贷款罪；（3）其在工商银行某支行向安徽省立医院和安医一附院追缴力天公司对该两个医院的应收账款的民事案件中积极应诉，如实供述自己的犯罪事实，并向法院提交了自书的《情况说明》，后工商银行金寨路支行才向公安机关报案，其行为应构成自首。

辩护人提出了基本相同的辩护意见，并提交了上诉人郑×节控制的力天公司、鼎盈公司及郑×节本人资产资料等证据，证明上诉人郑某节在 2013 年 9 月申请保理贷款时有履约能力，其不具有非法占有的主观目的，依法不构成贷款诈骗罪。

判决结果

本案原审法院认为：被告人郑×节以非法占有为目的，诈骗银行贷款共计人民币

1485 万元，数额特别巨大，其行为已构成贷款诈骗罪[1]。

后被告人郑 × 节不服一审判决结果，提出上诉，二审法院认为郑 × 节没有非法占有的主观目的。具体理由如下：

（1）从郑 × 节以往在银行的贷款表现看，郑 × 节在涉案贷款的上一年度以力天公司名义在工商银行某支行办理了总额为 1290 万元的国内保理贷款，到期后如约按时归还。郑 × 节以往在银行的贷款表现良好。

（2）从郑 × 节申请贷款时是否具有履约能力看，郑 × 节辩护人二审向法院提交的上诉人郑 × 节实际控制的公司及其个人的资产材料证实，郑 × 节在 2013 年 9 月与工商银行某支行签订保理贷款合同时，其控制的力天公司、鼎盈公司及其个人拥有的应收款、房产、汽车等价值 3000 万元左右，远远超过其申请保理贷款的 1700 万元数额，郑 × 节在申请贷款时有履行贷款合同的能力。另外，中国工商银行某支行的银行调查报告证实，工商银行某支行在审批涉案贷款时对力天公司的经营状况、财务状况、资信状况等进行了调查，评判力天公司财务指标正常，具有长短期偿还债务的能力。

（3）从郑 × 节在贷款合同到期后是否积极偿还看，对于涉案的 1700 万元保理贷款，上诉人在贷款合同到期前提前归还了其中 200 万元，后由于资金链断裂等意志以外的原因，在合同到期后未能一次性偿还贷款，但其仍一直在积极努力履行还款义务，陆续偿还贷款 20 万元。

结合上述因素，不宜认定其具有非法占有目的。郑 × 节虚构资金用途，伪造供货合同及应收账款确认函等贷款申请材料，骗取银行贷款，给银行造成特别重大损失，符合骗取贷款罪的构成要件，依法构成骗取贷款罪[2]。

理论解说

一、刑法学分析

随着金融市场的快速发展和信贷规模的不断扩大，贷款诈骗的行为越发猖獗，实务中如何界定贷款诈骗罪尤为重要。最高人民检察院、公安部《关于公安机关管辖的刑事案件立案追诉标准的规定（二）》第 45 条规定：“以非法占有为目的，诈骗银行

① 参见安徽省合肥市庐阳区人民法院刑事判决书（2016）皖 0103 刑初 485 号。

② 参见安徽省合肥市中级人民法院刑事判决书（2017）皖 01 刑终 225 号。

或者其他金融机构的贷款，数额在五万元以上的，应予立案追诉。”本节结合郑×节案相关情况作出以下分析。

（一）罪与非罪的界定

根据我国《刑法》的规定，以虚构事实、隐瞒真相的方法骗取贷款可构成贷款诈骗罪，本罪与非罪的关键是“非法占有”的目的和“骗取”的行为方式。而在“骗取”行为方式上，使用虚假的经济合同、虚假的证明文件及其虚假的产权证明作担保或者超出抵押物价值重复担保或者使用虚假证明将犯罪所得赃物作为自己的所有物向金融机构作抵押从而取得贷款。在郑×节案中，郑×节以虚假的应收账款作为质押向银行申请贷款，并伪造供货合同、医院公章及法人章，使用虚假印章伪造医院的应收账款确认函回执，债权转让通知书等材料从而获得贷款，其行为系典型的“骗取”方式，控辩双方在“骗取”行为认定上不存在争议。但是实践中“以其他方法诈骗”时常存在争议。有人认为，“获得担保贷款后，未经银行等金融机构同意，擅自处分业已质押、抵押、担保的财产、有价证券等，导致到期贷款不能偿还的”[①]，可以作为认定非法占有目的的依据。这种观点是值得商榷的。《刑法》所规定的“其他方法”，并非是没有限制、可任意填充的“口袋”规定，而是应当与前四种方法具有性质上的同一性，即都属于在申请贷款时使用了诈骗的方法，例如，伪造单位印章骗取贷款的，盗用他人真实存单作抵押骗取贷款的，等等。因此，合法借贷后恶意不归还贷款或者擅自处分担保物的，均不能视为以“其他方法诈骗”贷款的行为，应当按照民事违法进行处理。

本罪的主体为一般主体，单位不能成为本罪的主体，对于单位符合《刑法》第224条规定的合同诈骗罪构成要件的，应当以合同诈骗罪定罪处罚。本罪侵犯的客体是复杂客体，不仅侵犯了银行或者其他金融机构对贷款的所有权，还侵犯了国家金融管理制度。

本罪主观方面要求行为人具有非法占有目的。而在司法实践中，认定是否具有非法占有为目的，应当坚持主客观相一致的原则，既要避免单纯根据损失结果客观归罪，也不能仅凭被告人自己的供述，应当根据案件具体情况进行具体分析[②]。根据司法实践，对于行为人通过诈骗的方法非法获取资金，造成数额较大资金不能归还，并具有下列情形之一的，可以认定为具有非法占有的目的：（1）明知没有归还能力而大量骗

---

① 林统：《贷款诈骗罪司法认定疑难问题研究》，《经济研究导刊》2010年第26期。

② 刘宪权、王玉珏：《骗取信用证行为的认定困境与反思》，《法学杂志》2011年第1期。

取资金的；（2）非法获取资金后逃跑的；（3）肆意挥霍骗取资金的；（4）使用骗取的资金进行违法犯罪活动的；（5）抽逃、转移资金、隐匿财产，以逃避返还资金的；（6）隐匿、销毁账目，或者搞假破产、假倒闭，以逃避返还资金的；（7）其他非法占有资金、拒不返还的行为[①]。郑×节案中，一审法院与二审法院定性区别的重点在于，被告人郑×节在贷款时是否具有非法占有目的，根据二审法院的判决理由看，判断其贷款时不具有非法占有目的的主要情节为，根据被告人的资产状况与长期信贷表现，其在贷款时具有还款能力、贷款后具有还款意愿，不宜认定其具有非法占有目的，故而不能认定为贷款诈骗罪。

对于行为人在获取贷款时并无非法占有目的，而在事后却因各种各样的原因产生了占有的目的和占有行为的情况，应当如何定性？理论上和实践中争议颇大。司法实践中，此类情况的主要表现有：（1）以合法手段取得贷款后，再采取欺诈手段不归还贷款。这种情况往往是行为人通过合法的手段申请并获取银行或者其他金融机构的贷款后，在规定的归还到期之前，以经营亏损为由，采取转移或隐藏资金、携款潜逃等方式逃避归还贷款。（2）以欺诈手段取得贷款后，先使用贷款再采取欺诈手段不归还贷款。这种情况主要是行为人在申请并获取贷款时，虽然使用了一定的欺诈手段，但有证据证明行为人主观上并无非法占有目的，而只是想使用贷款，但在使用过程中，行为人萌发占有目的，以经营亏损为由，采取欺诈手段逃避归还贷款。对于此类案件，因贷款诈骗不是转化型犯罪，不能以行为人后期的主观犯意发生转化而定罪。除了转化型犯罪以外，刑法对任何行为主客观方面的定性考察都应当以行为人实施犯罪行为的时间为节点。对此类案件的定性，应当以被告人在其实施贷款行为时的主观犯意为判断标准[②]。

实践中，银行及其他金融机构出现呆账、坏账的情况并非偶然，经营者因经营不善或其他事项导致企业亏损，无法按期偿还贷款是较为常见的，对于这些原因而产生的无力偿还贷款的，《全国法院审理金融犯罪案件工作座谈会纪要》指出："对于合法取得贷款后，没有按规定的用途使用贷款，到期没有归还贷款的，不能以贷款诈骗罪定罪处罚；对于确有证据证明行为人不具有非法占有的目的，因为不具备贷款的条件而采取了欺骗手段获取贷款，案发时有能力履行还贷义务，或者案发时不能归还贷款是因为意志以外的原因，如因经营不善、被骗、市场风险等，不应以贷款诈骗罪定罪处罚。"[③] 区分贷款诈骗罪与一般贷款纠纷的关键点在于，行为人在贷款时是否具有非

---

① 孙道萃、黄帅燕：《刑事主观事实的证明问题初探》，《证据科学》2011 年第 5 期。

② 陈兴良：《金融犯罪若干疑难问题的案例解读》，《江西警察学院学报》2017 年第 6 期。

③ 刘宪权：《贷款诈骗罪若干疑难问题的刑法分析》，《甘肃政法学院学报》2008 年第 4 期。

法占有钱款的目的，以及是否采用了欺骗手段骗取贷款。

此外，在该罪的共同犯罪问题上存在一个较为突出的现象，即存在较多案件系金融机构的内部人员和社会上的人员互相勾结进行贷款诈骗，此类案件对于金融机构内部人员的定性可能会有两种情形：一是将金融机构内部工作人员定性为职务类犯罪；二是将共同犯罪的所有被告人均认定为贷款诈骗这一罪名。因不同法院对于相关案件的定性不同，也产生了一些同案不同罪的司法困境。对利用职务之便参与贷款诈骗行为的金融内部人员，其同时构成职务类犯罪的实行犯和贷款诈骗罪的帮助犯，系想象竞合；外部人员则构成贷款诈骗罪的实行犯和职务类犯罪的帮助犯，系想象竞合。宜对其进行分别定罪，但在重合的范围内承认两者之间存在共犯关系。

（二）此罪与彼罪

贷款诈骗罪是从诈骗罪中分化出来一种新型经济欺诈犯罪，与其他欺骗类金融犯罪容易混淆，需要予以区别。

1. 贷款诈骗罪与诈骗罪

贷款诈骗罪与诈骗罪在一定程度上容易混淆，两罪都是故意犯罪，且主观上都具有非法占有的目的；在客观上都使用了虚构事实、隐瞒真相的方法；犯罪主体都为自然人。两罪的区别主要有：（1）侵犯的客体不同。贷款诈骗罪侵犯的客体是复杂客体，既侵犯了银行或者其他金融机构的财物所有权，又侵犯了金融管理秩序；而诈骗罪侵犯的客体是单一客体，即只侵犯了公私财物所有权。（2）客观方面不同。贷款诈骗罪的客观方面只能表现为编造引进资金、项目等虚假理由，使用虚假的经济合同，使用虚假的证明文件，使用虚假的产权证明作担保或者超出抵押物价值重复担保，或者使用其他方法，诈骗贷款的行为；而诈骗罪的客观方面表现为采用虚构事实或者隐瞒真相的方法，骗取数额较大的公私财物的行为。（3）构成“数额较大”的标准不同。《立案追诉标准（二）》规定，贷款诈骗罪“数额较大”的标准是5万元以上；而根据2011年最高人民法院、最高人民检察院《关于办理诈骗刑事案件具体应用法律若干问题的解释》的规定，诈骗罪“数额较大”的标准是3千元至1万元以上。

2. 贷款诈骗罪与骗取贷款罪

骗取贷款罪可以看作是从贷款诈骗罪脱离出来单独设立的罪名，在定性上，骗取贷款罪容易与贷款诈骗罪混淆，贷款诈骗罪与骗取贷款罪是特别关系，二者的基本构成要件相同，都表现为通过欺骗手段骗取金融机构的贷款，区别在于，贷款诈骗的行为人在骗取金融机构贷款的时候应当具有非法占有目的。对于难以认定具有非法占有目的的行为人，且具备造成重大损失的客观处罚条件的，依据 2006 年《刑法修正案(六)》以骗取贷款罪定罪处罚。骗取贷款表现为，在不符合贷款条件的情况下为取得贷款而采用非法手段，签订贷款时有还款的能力且有归还的意愿。不能简单地认为只要以非法手段取得贷款并在贷款到期后不能偿还，就一律以贷款诈骗罪论处，而应通过多方面客观行为全面考察行为人的主观心态，从而得出行为人是否具有非法占有贷款的主观目的。因我国刑法对于贷款诈骗罪严格要求行为人在获得银行贷款时应当具有非法占有的犯意，而相较于国际上其他国家，我国《刑法》对于贷款欺诈行为的打击略显不足，这一立法现状使得一些人采用欺诈手段获取贷款给金融机构造成重大损失，但没有非法占有的主观故意，或者非法占有的主观故意不明显或证据不足的行为无法纳入刑法评价的范围内。故为弥补该情况下对金融机构资金安全保障不足的短板，设立该新罪名。

二、犯罪学分析

贷款诈骗与我国市场经济的发展相伴而生，对金融机构资金安全、金融经营秩序、诚实信用市场经济原则造成侵害，具体成因主要有以下几个方面：

第一，地方经济过热效应。因项目的多少及规模逐渐成为政绩指标，一些地方领导可能急于利用项目引进资金，为诈骗分子提供了机会，他们以项目转让、引资投资等作为诱饵，通过项目需要垫底资金等借口骗取银行贷款，实施诈骗犯罪活动。

第二，金融机构内部作案的“温床”。有些金融机构擅自搞账外经营，为寻求账外资金迅速增值，经常多方积极搜寻贷款源，而遇有大宗贷户（包括有诈骗意图的贷户）往往迅速达成共识，且由于账外经营资金运作大多游离于金融监管视野之外，很难被及时发现，所以有些贷款诈骗犯罪一般极易得逞。

近年来，在司法实践中，贷款诈骗罪表现出了犯罪主体复杂化的倾向，部分案件显示，相关贷款诈骗犯罪行为系经贷款单位决策机构决策、违法所得亦用于集体分利，且犯罪数额较大。而各大银行及各金融机构的贷款对象，很大比例亦为单位主体，自然人仅占小部分。然而在我国《刑法》金融诈骗罪一节中没有规定单位可以成为贷款诈骗罪的主体，也不能以贷款诈骗罪追究单位的直接负责的主管人员和其他直接责任人员的刑事责任，导致部分犯罪行为采取了以合同诈骗罪或诈骗罪进行处置的变通方式，不仅有违背罪刑法定原则之嫌，而且造成银行大量资金损失，破坏了我国稳定的金融信贷秩序。

风险警示

对于该罪的单位犯罪，一贯采取变通论方式解决问题，不仅导致罪名评价的范围与实际犯罪行为侵害的法益不相符，且不免存在违背罪行法定原则之嫌。不同主体的犯罪行为系基于不同的犯罪意志支配下发生，对其进行准确的定罪量刑也更为符合罪责自负的原则。故应当考虑将单位纳入贷款诈骗罪主体的立法范畴，在量刑上实行双罚制，以从根本上解决单位贷款诈骗行为的认定问题及罪名与罪质不统一的问题。

针对金融机构内部工作人员与外部人员共同犯罪的情况，目前我国金融机构多采取审贷分离、分级审批的贷款管理制度，在多人负责、多层审核的体系下，骗贷在程序上是较为困难的。但金融机构内部工作人员，利用其对于内部工作流程的熟悉及便利条件，一旦参与相关犯罪，则比一般犯罪个体具有更高的隐蔽性和危害性。针对此，应当从金融机构内部持续检查、完善业务审查与监督机制，同时强化金融从业人员廉政教育及执业法制教育，对相关内部犯罪进行有效预防。

问题思考

2013 年开始，被告人杜 × 波因经营生意不善，欠下高额债务，萌发伪造房地产权证骗取贷款之念。2014 年 5 月 14 日，杜 × 波通过一名外地男子（身份不明）伪造的一本房地产权证（粤房地产证字第 ** 7 × × × × 号）作为抵押，以其妻子李某及“某制品厂”经营者陈 ×、陈 × × 承担连带担保，向某小贷公司贷款人民币 50 万元，每月利息 1.0%，期限 6 个月。杜 × 波取得贷款后将款项用于偿还其他债务。至 2014 年 12 月 31 日，被告人杜 × 波付还汕头市澄海区某小额贷款有限公司贷款利息共人民币 38000 元，无法付还本金。经与汕头市澄海区某小额贷款有限公司协商，被告人杜 × 波付还本金 4 万元，后办理转贷手续贷款人民币 46 万元，每月利息 1.0%、期限 3 个月。至 2015 年 3 月 30 日，被告人杜 × 波付还汕头市澄海区某小额贷款有限公司的贷款利息共 13800 元后，因无法付还本金离开澄海区逃匿。经汕头市澄海区房产管理局检验，意见为：杜 × 波提供给汕头市澄海区某小额贷款有限公司作为抵押的房地产权证（粤房地产证字第 ** 7 × × × × 号）属假证。2022 年 4 月 13 日 19 时 50 分许，被告人杜 × 波在广州市越秀区横枝岗路 × × 号门前被登峰派出所民警抓获。

综观上述案件，结合本节案例，根据《刑法》规定，探讨以下问题：

（1）骗取贷款罪与贷款诈骗罪区别意义在何？如果银行或者其他金融工作人员与

犯罪分子没有事前合谋，但违反法律、行政法规的规定，发放信用贷款或者发放担保贷款的条件优于其他借款人同类贷款的条件，违反国家规定发放贷款，数额巨大或者造成重大损失，如何定罪？

（2）单位贷款诈骗行为往往是单位利用借款合同实施的、单位在签订、履行借款合同过程中，以欺骗手段获取金融机构的贷款，是构成骗取贷款罪还是贷款诈骗罪或合同诈骗罪？

（3）如何有效防范贷款诈骗犯罪的发生？

案例 13：

骗取保险索赔花招换来的灾难

立法背景

保险诈骗罪，是指投保人、被保险人、受益人，以使自己或者第三者获取保险金为目的，采取虚构保险标的、保险事故或者制造保险事故等方法，骗取保险金、数额较大的行为。

1979 年《刑法》制定时，我国保险业尚处于起步阶段，保险诈骗行为并不常见，未单独设置该罪名，对于发生的个别保险诈骗案件，通常按照一般诈骗罪定罪处罚。后随着改革开放进程的加快，市场经济的发展促进了保险业的繁荣，利用保险合同关系进行保险诈骗的案件日益增多，对保险业的赔付率和金融秩序造成了严重影响。为了有效打击保险诈骗行为，1995 年全国人大常务委员通过了《关于惩治破坏金融秩序犯罪的决定》设立了保险诈骗罪。保险诈骗罪一般由诈骗罪分离出来，单独作为一类犯罪处理。1996 年最高人民法院《关于审理诈骗案件具体应用法律的若干问题的解释》（法发〔1996〕32 号）对保险诈骗罪的三档法定刑具体数额进行了明确规定。1997 年《刑法》吸收了《关于惩治破坏金融秩序犯罪的决定》关于保险诈骗罪的规定，对保险诈骗罪的故意虚构保险标的、编造虚假的事故原因或夸大损失程度、编造未曾发生的保险事故、故意造成财产损失或人身伤亡等保险事故等 5 种具体行为方式作出了明确规定，规定了不同数额和情节的保险诈骗罪的刑罚标准。至此，我国 1997 年《刑法》正式确立“贷款诈骗罪”这一罪名，并放置在破坏社会主义市场经济秩序罪的第五节金融诈骗罪中。为了行政执法与刑事司法的衔接，2009 年修改《保险法》沿用了《刑法》中保险诈骗的概念，将“保险欺诈活动”改为“保险诈骗活动”，在主体构成与行为方式的界定上，与《刑法》中关于保险诈骗罪的规定基本相同，但将保险从业者纳入了保险诈骗的独立实施者或共同参与者。

案件情况

2013 年 11 月，被告人马 × 春从马 × 处得知马 × 林（另案处理）能办理无车上牌手续，便同马 × 林取得联系，后经二人商议，马 × 春将其个人身份证复印件、照片提供给马 × 林。在没有购置车辆的情况下，马 × 林从他人处购买票面金额为 68 万元的伪造的机动车销售统一发票、合格证，马 × 林缴纳车辆购置税后在石家庄市公安局交通管理局车辆管理所第一分所办理了所有人为马 × 春、号牌为冀 A 的白色丰田兰德酷路泽的机动车注册、转移、注销登记、转入申请表、机动车查验记录表以及行驶证、号牌，并交给马×春，被告人马×春通过马×共付给马×林酬金20万元。

被告人马×春按照其购买的车辆相关手续对应的车型购置一辆汽车，套用其非法购买的车辆注册登记手续。2014年5月4日，被告人马×春与中国人民财产保险股份有限公司西宁市城西支公司签订保险合同，向保险公司隐瞒车辆真相，为该车投保，保值1073500元。2014年8月18日被告人马×春以该车辆被盗为由向西宁市公安局刑侦支队及保险公司报案，2015年2月4日被告人马×春向中国人民财产保险股份有限公司西宁市城西支公司提出索赔申请，2015年8月21日中国人民财产保险股份有限公司西宁市城西支公司向其支付赔付金1005375.69元。

控辩意见

公诉机关指控：被告人马×春在没有实际车辆的情况下，将个人信息提供给马×林并支付报酬20万元，从马×林处购买了车辆上牌手续，包括机动车注册、转移、注销登记转入申请表、机动车查验记录表、伪造的合同证明、伪造的机动车销售统一发票、完税证明以及行驶证。后马×春隐瞒真相，使用其购买的伪造的车辆手续为其非法购买的与该手续同车型的车辆向中国人民财产保险股份有限公司西宁市城西支公司投保。后以车辆被盗为由，向保险公司提出索赔申请，保险公司向其支付了赔付金1005375.69元。被告人马×春构成购买伪造的增值税专用发票罪及保险诈骗罪。

辩护理由：被告人马×春及其辩护人对起诉书指控其犯购买伪造的增值税专用发票罪的事实和罪名不持异议，但其辩护人提出量刑时应当考虑被告人马×春不知其购买的车辆手续系假手续，其未见过假的购车发票；被告人马×春的行为没有造成严重的社会危害后果，且其具有自首情节，可对其实施单处罚金的处罚。对指控其犯保险诈骗罪，认为被告人马×春主观上没有通过保险合同诈骗的犯意，同时也不具备犯罪的客观要件，其与保险公司之间属于民事法律关系，不构成保险诈骗罪，公诉机关系定性错误。

判决结果

西宁市城西区人民法院于2016年12月26日作出判决：认定被告人马×春犯购买伪造的增值税专用发票罪，判处有期徒刑十个月，并处罚金。宣判后，被告人马×春未提出上诉，公诉机关未抗诉，判决已生效[①]。

① 参见青海省西宁市城西区人民法院刑事判决书（2016）青0104刑初446号。

理论解说

一、刑法学分析

保险诈骗行为不仅会损害保险公司的财务健康，增加保险公司的运营成本，而且这些最终可能会转嫁到诚实的保险消费者身上，导致保险费用上升，从而破坏社会对保险行业的信任。最高人民检察院、公安部《关于公安机关管辖的刑事案件立案追诉标准的规定（二）》第 51 条规定："进行保险诈骗活动，数额在五万元以上的，应予立案追诉。"本节结合马 × 春案相关情况作出以下分析。

（一）罪与非罪的界定

根据我国《刑法》的规定，投保人、被保险人、受益人采取虚构保险标的、保险事故或者制造保险事故等方法骗取保险金可构成保险诈骗罪。故保险诈骗罪的行为主体是法律规定的特定主体，即特定为投保人、被保险人与受益人，包括自然人和单位。本罪的责任形式为故意，行为人必须具有非法获取保险金的目的。在客观行为方面，构成本罪必须符合《刑法》第 198 条明确规定的 5 五种行为类型之一：（1）故意虚构保险标的来骗取保险金。此为投保人在签订保险合同时，虚构本不存在的标的，而后谎称保险标的灭失，以骗取保险金。（2）编造事故虚假的原因或者夸大损失的程度来骗取保险金。此为投保人、被保险人、受益人为了骗取保险金，在事故发生之后，故意向保险公司虚构事故发生的原因，将不属于保险理赔范围内的实际原因加以掩饰，编造属于保险理赔范围内的原因，或者故意夸大损失程度来骗取保险金。（3）编造未曾发生的保险事故来骗取保险金。此为投保人、被保险人、受益人为了骗取保险金，通过编造根本未发生的"保险事故"要求保险人理赔，达到骗取保险金的目的。（4）故意制造有财产损失的保险事故来骗取保险金。此为投保人、被保险人为了骗取保险金，在投保后故意破坏、毁损作为保险标的的财产，以骗取保险金。（5）故意造成被保险人死亡、伤残或者疾病来骗取保险金。此为投保人、受益人为了骗取保险金，故意造成被保险人死亡、伤残或者疾病的保险事故。本罪的客观方面既包括作为，也包括不作为。

保险诈骗罪侵犯的是复杂客体，破坏保险交易市场秩序的同时，又侵害了保险人的财产所有权。我国《刑法》将保险诈骗罪规定在分则第三章"破坏社会主义市场经济秩序罪”中，表明本罪所属类罪的同类客体是社会主义市场经济秩序。以马×春案为例，法院生效裁判认为：保险诈骗罪，是指投保人、被投保人或者受益人违反保险法规定，用虚构事实或者隐瞒真相的方法，骗取保险金，数额较大的行为。本案的关键在于被告人马×春将伪造的购车发票办理的行驶证、号牌等“合法手续”套用在其购买的来历不明而不能落户的“黑户车”上，向保险公司投保，后因非人为的车辆失窃保险事故向保险公司索赔获取保险金的行为是否属于《刑法》第198条保险诈骗罪客观行为中“虚构保险标的、骗取保险金”？理论上和司法实践中对于其中“虚构保险标的”是否包含虚构部分保险标的之内容颇有争议，一部分观点认为，“虚构保险标的”指虚构根本不存在的保险对象与保险人订立保险合同，此为狭义的“虚构”解释；广义解释的虚构既可以包括编造完全不存在的内容，也可包括编造与实际不相同的内容，即认为虚构保险标的并不局限于保险标的不存在，也包括保险标的存在，但虚构者对与保险标的有关的一些重要事实不如实说明①。刑法上的虚构保险标的仅指虚构不存在的保险标的，不应扩大至保险标的来源不合法。因保险标的来源的不合法并不对危险因素的增加有任何影响，也没有改变该保险标的出现保险事故的概率。保险标的来源不合法，可以认为是投保人在投保时虚构了保险利益，但该行为并不能给诈骗保险金创造决定性条件。故马×春以实际存在的财产投保，不能认定具有虚构保险标的、骗取保险金的主观故意。而根据《保险法》第12条规定，“投保人对保险标的应当具有保险利益，投保人对保险标的不具有保险利益的，保险合同无效”。对不具有保险利益的标的进行投保，会导致合同无效。被告人马×春和保险人双方合意签订保险合同，按约支付保费，这是一个正当的过程，非人为原因造成保险事故，但被告人马×春对该车的实际占有是不为法律所承认的，因为被告人马×春对该车不具有保险法所指的保险利益，故此保险合同属于无效合同。

（二）此罪与彼罪

保险诈骗罪是从诈骗罪中分化出来一种新型经济欺诈犯罪，与其他欺骗类金融犯罪容易混淆，需要予以区别。

1. 保险诈骗罪与诈骗罪

保险诈骗罪与诈骗罪二者属于普通法条和特别法条的法条竞合关系。当保险诈骗罪与诈骗罪发生独立竞合时，依据《刑法》第266条“本法另有规定的，依照规定”，

---

① 高铭暄、曹波：《保险刑法规范解释立场新探——基于缓和违法一元论的展开》，《中国应用法学》2019年第3期。

以适用特别法规定。但是我们可以看到，在《刑法》整个金融诈骗章节中，几乎每一罪名都以“数额较大”为入罪门槛，而数额的相关量化规定刑法并未明示，而是规定于各司法解释当中，这导致了数额上的不一致，其中尤其以保险诈骗罪与诈骗罪之间的数额规定差异为明显。根据 2011 年《“两高”关于办理诈骗刑事案件具体应用法律问题的解释》规定，财物价值 3000 元至 10000 元以上的，应当被认定为《刑法》第 266 条规定的“数额较大”，此所谓诈骗罪的罪量入罪门槛。而根据《立案追诉标准规定（二）》的规定，保险诈骗活动的立案追诉标准为诈骗数额在五万元以上。

此外，《刑法》中所规定的绝大多数金融诈骗犯罪的法定刑设置均不低于诈骗罪，无论是诈骗罪还是其他大部分金融诈骗犯罪，法定最高刑都可以判处无期徒刑，然而，保险诈骗罪的最高刑期仅为 15 年有期徒刑。这为特别法条与普通法条之间罪刑不均埋下了隐患，也引起理论界与司法实务界长期以来的争论。那么对于行为性质符合特别法条的构成特征，但因数额、数量未达到特别法条要求时，能否转而以普通法条定罪？或保险诈骗罪犯罪数额特别巨大，情节特别恶劣时，能否依据合同诈骗罪判处最高刑无期徒刑？对此我们持分类讨论的意见。在数额未达到特别法条要求时，不满足保险诈骗罪的犯罪构成，但并不意味着其不满足其他犯罪的构成要件，因此我们认为，在数额未达到特别法条要求时，同时为打击犯罪，可以依据普通法条定罪；而在数额特别巨大，大部分探讨声音认为以保险诈骗罪这一特别法予以处罚无法满足罪责刑相适应原则时，应当基于罪刑法定原则，坚持行为性质符合的特别法条保险诈骗罪对该行为的评价。

2. 保险诈骗罪与合同诈骗罪

合同诈骗罪，是指以非法占有为目的，在签订、履行合同过程中，以虚构的单位或者冒用他人名义签订合同，或者以伪造、变造、作废的票据或者其他虚假的产权证明作担保，或者没有实际履行能力，以先履行小额合同或者部分履行合同的方法，诱骗对方当事人继续签订和履行合同，或者收受对方当事人给付的货物、货款、预付款或者担保财产后逃匿，或者以其他方法骗取对方当事人财物，数额较大的行为。

保险诈骗罪与合同诈骗罪都是故意犯罪，且主观上都以非法占有为目的，客观上都表现为签订合同的行为，且都占有了对方的财物，因此具有较大的相似性。两罪的区别主要有：（1）侵犯的客体不同。保险诈骗罪侵犯的客体是复杂客体，既侵犯了公私财产所有权，又侵犯了国家金融管理秩序；而合同诈骗罪侵犯的客体尽管也是复杂客体，但其侵犯的是他人以及公司、企业或者其他有关单位的财物所有权和市场交易秩序。（2）客观方面不完全相同。保险诈骗罪的客观方面表现为投保人故意虚构保险标的，或者投保人、被保险人或者受益人对发生的保险事故编造虚假的原因或者夸大损失的程度，或者投保人、被保险人或者受益人编造未曾发生的保险事故，或者投保人、被保险人故意造成财产损失的保险事故，或者投保人、受益人故意造成被保险人死亡、伤残或者疾病，骗取保险金，数额较大的行为；而合同诈骗罪的客观方面表现为在签订、履行合同过程中，以虚构的单位或者冒用他人名义签订合同，或者以伪造、变造、作废的票据或者其他虚假的产权证明作担保，或者没有实际履行能力，以先履行小额合同或者部分履行合同的方法，诱骗对方当事人继续签订和履行合同，或者收受对方当事人给付的货物、货款、预付款或者担保财产后逃匿，或者以其他方法骗取对方当事人财物，数额较大的行为。（3）构成犯罪的数额标准不同。保险诈骗罪成立的数额标准是5万元以上；而合同诈骗罪成立的数额标准是2万元以上。（4）主体不完全相同。保险诈骗罪无论是自然人主体还是单位主体，都必须是保险合同的投保人，或者约定的被保险人、受益人，非上述三类人员单独不构成保险诈骗罪，但可以追究诈骗罪等其他犯罪的刑事责任。

3. 一罪与数罪的认定

《刑法》第198条第2款规定，犯前款第4项、第5项所列行为，同时构成其他犯罪的，依照数罪并罚的规定处罚，即投保人、被保险人故意造成财产损失的保险事故，骗取保险金的或投保人、受益人故意造成被保险人死亡、伤残或者疾病，骗取保险金的，同时构成保险诈骗罪，数罪并罚。保险诈骗罪的行为一般并不是孤立的，行为人在实施保险诈骗犯罪的过程中，其行为往往会触犯其他的罪名，构成另一独立的犯罪。如借助杀人、放火、故意毁损财物等其他犯罪手段行为来制造事故，或者伪造、变造与保险事故有关的证明资料和其他证据等。该手段行为与目的行为之间一般又具有牵连关系，需进行个案的罪数认定。从刑法理论上来说，手段与目的行为之间有牵连关系的应属于牵连犯，理论上一般主张按“从一重罪处断”的原则处理。但是，在保险诈骗罪当中，《刑法》对此明文规定对该行为应予以数罪并罚，是因为制造保险事故的行为本身已经严重侵犯了另一独立法益，构成了独立的犯罪，而骗取保险金便是利用制造的保险事故实施的另一犯罪行为，故应以数罪论处。

4. 共同犯罪问题

保险事故的鉴定人、证明人、财产评估人故意提供虚假的证明文件，为他人诈骗提供条件的，以保险诈骗罪的共犯论处。在认定过程中，要注意以下几点：（1）查明保险事故的鉴定人、证明人、财产评估人提供虚假的证明文件在主观上是否是故意。如果是故意，可依法认定成立保险诈骗罪的共犯；如果主观上没有故意，不应认定成立保险诈骗罪的共犯。（2）行为人提供虚假的证明文件的行为是否实际上为他人进行保险诈骗提供了条件。如果实际上提供了条件，应认定成立保险诈骗罪的共犯。（3）他人的保险诈骗罪是否成立。如果他人实施的保险诈骗行为没有成立保险诈骗罪，不应认定行为人的行为成立保险诈骗罪的共犯；反之，可认定成立保险诈骗罪的共犯。

5. 保险公司工作人员骗保行为定性

依照我国《刑法》第 183 条的规定，保险公司工作人员利用职务上的便利，故意编造未曾发生的保险事故进行虚假理赔，骗取保险金归自己所有的，依照《刑法》第 271 条的规定定罪处罚。国有保险公司工作人员和国有保险公司委派到非国有保险公司从事公务的人员有前款行为的，依照《刑法》第 382 条、第 383 条的规定定罪处罚。此外，对于投保人等与保险公司工作人员内外勾结，故意诈骗保险金的共同犯罪行为的认定，可根据 2000 年最高人民法院《关于审理贪污、职务侵占案件如何认定共同犯罪几个问题的解释》，投保人、被保险人、受益人与保险公司的工作人员内外勾结骗取保险金的，应依主犯的性质进行定罪，即如果主犯是保险公司的工作人员，则将共同犯罪认定为职务侵占罪或贪污罪；如果主犯是投保人、被保险人、受益人，则将共同犯罪认定为保险诈骗罪。

二、犯罪学分析

近年来，随着保险市场的不断扩大，保险欺诈手段也日益多样化和复杂化。一些不法分子为了获取不正当保险赔偿，不惜违背道德和法律，精心策划各种骗局，同时诈骗技术也不断升级，给保险行业带来了严峻挑战。保险诈骗犯罪的行为诱因，可以从以下三个方面进行分析：

第一，从社会环境和诈骗心理方面来看。社会公众对保险行业认识存在局限性，多数人仅能够从个人的投资回报和利益角度来看待保险，难以形成对保险行业发展的宏观认识，因而不少人的保险意识与实际情况存在偏差，认为投保得不到赔偿就是“吃亏”，应当说这就给一些不法分子铤而走险、实施诈骗提供了心理因素的温床。

第二，从保险业管理现状方面来看。保险行业自身制度不严、有章不循，是造成保险诈骗案件屡屡发生的一个重要原因，这一点又可具体表现为三方面内容：一是承保核保把关不严，重业务开拓，轻制度管理，重数量扩张，轻质量效益，是近年来保险业发展过程中的一个倾向性问题。二是现场查勘不到位，许多案件特别是车险案的第一现场到达率低，现场查勘、调查不及时，第一手资料匮乏，容易使诈骗行为人在事件性质、受损程度、证据等方面做手脚、钻空子。三是一些保险行业工作人员素质不高，责任心不强，法制观念淡薄，对一些本该识破的骗局未能及时发现，有的甚至与诈骗行为人内外勾结，共同实施保险诈骗行为。

第三，从法律规章制定与执行方面来看。激烈的同业竞争和社会法律环境不完善，也在很大程度上助长了保险诈骗之风的蔓延。就目前保险行业法律规制体系而言，现行体系对保险诈骗犯罪的行为类型和规制路径的分析总结尚不完善，在实际工作中遇到此类情况，被害方也存在仅追回被骗款了事，从而不对诈骗行为人寻求刑事法律制裁的情形。因此，无论在理论规定还是司法实务方面，我国现行保险行业法律规制体系的不充分、不健全、不完善，对于保险诈骗犯罪的发生均存在一定的诱导影响和客观的纵容作用。

风险警示

保险欺诈不仅是一种个人违法行为，它还涉及对社会的整体诚信以及对保险机制的破坏。这些行为使得保险费用上升，结果是每位诚实投保人的权益受到侵害。我国《刑法》对保险诈骗罪的处罚非常严厉，对涉及金额大、情节严重的，确定长达十年的监禁和高额罚金，形成对欺诈行为的强烈震慑，作为普通消费者，应该预防这类事件的发生。

保险诈骗罪条款未将保险机构纳入主体范围，往往只能按诈骗罪论处，体现较重的处罚，应当引起保险机构的高度重视。从保险诈骗行为引发的社会风险来看：一是扰乱保险行业和社会经济的稳定发展。保险诈骗行为违背了最大诚信原则，扰乱了保险市场秩序，冲击了合法保险机构的正常经营，损害了保险业的形象，不仅威胁着保险业的生存与发展，而且破坏了保险的社会“稳定器”功能，影响国民经济的稳定与发展；二是败坏社会风气，损害社会信用。保险诈骗行为严重地败坏了社会风气，扰乱了正常的社会经济秩序。巨额保险金使得少数不法分子铤而走险，甚至以杀人、纵火、故意制造事故等一系列的手段诈骗保险金。而这些犯罪行为一旦得逞，又会产生一系列负面的“示范效应”，使得社会道德风险频生；三是对保险消费者的危害。保险诈骗行为直接蚕食保险消费者的保险金，损害保险消费者的风险保障，增加保险公司的经营成本，间接侵害了保险消费者的合法权益；四是对保险公司的危害。一方面保险诈骗行为影响了公司财务稳健性和盈利水平，给保险公司造成巨大经济损失；另一方面保险诈骗行为往往导致投保人对保险公司乃至整个行业的不信任，从而影响行业的可持续发展。

防范保险诈骗是每一位保险消费者的责任和义务，要求广大保险消费者：一要增强自我保护意识，提高警惕，不轻易相信陌生人的推荐或承诺，对于涉及保险理赔的事项，务必通过正规渠道咨询和办理。二要树立正确的保险消费观念。消费者应当认真了解保险责任、免责条款等内容，正确看待保险保障功能，从自身需求出发选择适合的保险产品，摒弃侥幸心理，抵制不法利益诱惑。三要诚信为本履行保险合同。消费者应当提供真实的保险投保信息，对保险机构询问事项履行如实告知义务；如实反馈保险事故情况并提供有关证明文件，如现场照片、医疗记录、警方报告等。四要积极举报保险欺诈行为。一旦发现保险欺诈行为或线索，应立即向金融监管总局、保险公司或公安机关举报，共同维护保险市场的健康秩序。

问题思考

从2015年至2020年6月，李×通过购票虚构行程，多次利用飞机延误骗取理赔金。其骗取理赔金的过程为：首先，挑选延误率较高的航班，并查询相应航班的出发地是否有极端天气。其次，确定可能有极端天气后，李×用从亲朋好友处获得的20多个身份证号与护照号购买机票与延误险。为了逃避系统核查，李×每次都用多个身份购票，每个身份只购买30—40份延误险。不过，如果根据航班动态，相应航班可能不会延误的，李×会提前退票以减少损失。如果航班延误，李×就向保险公司索赔。据查，购买一份保险的保费在40元左右，而延误后获赔的金额为400—2000元不等，特殊情况下甚至会赔付7000—8000元。李×通过前述方法，共实施骗取理赔金行为近900次，获得理赔金近300万元①。

基于刑事犯罪与行政处罚的衔接，《保险法》第174条规定了保险诈骗活动。我国《民法典》规定了“保险欺诈”。《保险法》作为民法的特别法如何调整与《民法典》的关系，保持与《刑法》的衔接，是需要研究的问题。综观上述案件，结合本节案例，根据《刑法》规定，探讨以下问题：

（1）李某利用延误险投保规则获利是否构成犯罪？构成何种犯罪？

（2）李某不以乘坐航班为真实目的，而追逐航班延误所应得到的保险理赔款，在主观方面能否认定其具有“非法占有目的”？

（3）李某虚构行程、使用亲友身份信息购买保险，是否属于“虚构保险标的”？

① 《警方通报航延险骗保300万案情：嫌疑人伪造材料虚构航班延误事实》，腾讯网2020年6月12日，https：//new. qq. com/rain/a/FIN2020061201043000。

案例14：

伪造金融凭证雕虫小技的败亡

立法背景

金融凭证诈骗罪，是指以非法占有为目的，采用虚构事实、隐瞒真相的方法，使用伪造、变造的委托收款凭证、汇款凭证、银行存单等其他银行结算凭证，骗取他人财物，数额较大的行为。

1979 年，《刑法》对利用金融凭证进行诈骗的未明文规定，对使用金融凭证进行诈骗达到犯罪程度的，一般是以诈骗罪定罪处罚。改革开放后，随着社会主义市场经济的快速发展，利用金融凭证进行犯罪的活动日益增多，1995 年全国人大常委会《关于惩治破坏金融秩序犯罪的决定》第 12 条第 2 款规定了“使用伪造、变造的委托收款凭证、汇款凭证、银行存单等其他银行结算凭证的，依照前款的规定处罚”。这仅仅是将使用伪造、变造的其他银行结算凭证进行诈骗的行为规定为一种犯罪行为，没有作为独立的金融凭证诈骗罪。1996 年最高人民法院《关于审理诈骗案件具体应用法律若干问题的解释》第 5 条第 4 款规定：“使用伪造、变造的银行结算凭证进行诈骗，数额较大的，以票据诈骗罪定罪处罚。”

1997 年《刑法》吸收上述内容，1997 年最高人民法院《关于执行 < 中华人民共和国刑法 > 确定罪名的规定》以及最高人民检察院《关于适用刑法分则规定的犯罪的罪名的意见》确定为“金融凭证诈骗罪”。2011 年《刑法修正案（八）》取消了金融凭证诈骗罪的死刑，增加了对单位犯金融凭证诈骗罪中的直接负责的主管人员和其他直接责任人员处以罚金的规定。

案件情况

2014 年年初，被告人林 × 慈个人及其控制的公司没有实际经营，背负有巨额债务而无法偿还。为偿还巨额债务，林 × 慈决定以高额利息为诱饵，虚构投资需要资金等理由骗取他人巨额资金，并指使被告人陈 × 妃负责转账。长期在浙江省杭州市余杭区吸收资金的被告人张 × 勇通过郑 ×、石 ×（均另案处理）等人的介绍，先后结识了陈 × 妃、林 × 慈，并得知林 × 慈等人有资金需求且愿意支付高额利息。经协商，张 × 勇与林 × 慈约定：由张 × 勇在杭州市余杭区吸收资金提供给林 × 慈等人使用，林 × 慈支付给张 × 勇及郑 ×、石 × 等人 20% 的高额利息。

2014 年 3 月，张 × 勇、童 × 美以支付 4% 至 6% 不等的“银行存款贴息”为名在杭州市余杭区向林 ×2、姚 ×、叶 ×、钱 ×、郭 ×、屠 ×、陈 ×5 共 7 人吸收资金共计

511 万元。林×慈与陈×3（另案处理）联系后，决定以支取存折存款，且在存折上不打印的方法骗取资金。同年 3 月 10 日，张×勇与陈×妃一同至中国农业银行石首市中鑫支行将上述 500 余万元资金分别以林×2、姚×、叶×、钱×、郭×、屠×、陈×5 的名义办理 7 本一年期定期银行存折。而后，张×勇将上述存折及相应存折密码交给陈×妃。陈×妃将钱款从存折中取出（存折未显示取款记录）转入陈×3 账户，陈×3 又将 384.4 万元转入陈×妃账户。后陈×妃以其名义出具 500 余万元借条给张×勇。而后，陈×妃从上述钱款中取出 100 余万元以贴息款（20%）的形式支付给张×勇等人。2015 年 1 月，中国农业银行石首支行的工作人员发现上述存折的异常情况，并协同公安机关进行调查。为避免案发，张×勇将相应情况告知陈×妃等人，同时从林×2、姚×等 7 人处收回存折并归还了上述资金，并将存折交还中国农业银行石首支行。

2014 年 3 月至 2014 年年底，张×勇明知资金最终由林×慈、陈×妃等人使用的情况下，伙同童×美在余杭区继续以 3% 至 6% 不等的“银行存款贴息”为名向章×东、秦×、陈×1 等 185 名社会不特定人员非法吸收资金共计 1 亿余元，并将资金存入张×勇银行账户。张×勇将上述人员的身份信息及吸收的资金额等情况提前告知林×慈，林×慈根据张×勇提供的储户信息伪造银行存单。而后，张×勇伙同陈×妃在中国农业银行武汉江汉支行、汉口支行等银行将资金从其个人银行账户陆续转入林×慈、陈×妃控制的银行账户，林×慈、陈×妃相继支付给张×勇等人 20% 的高额利息。为了骗取相关被害人的信任，林×慈、陈×妃将伪造的银行定期存单交予张×勇，张×勇伙同童×美将上述虚假银行定期存单交予被害人。2014 年 10 月开始，提供资金的葛×、蒋×等人陆续至银行查询发现存单系伪造，公安机关向童×美调查相关情况。张×勇、童×美采用回收存单并归还对应资金的方法避免案发。而后，张×勇、童×美继续以提供伪造银行定期存单的方式在杭州余杭大肆骗取资金，共计吸收 1200 万元，造成实际损失 1100 余万元。林×慈、陈×妃等人将骗取的资金主要用于支付高息、偿还债务、个人挥霍等，至案发前造成被害人实际损失共计 9382.823 万元。

控辩意见

公诉机关指控：被告人林×慈、陈×妃、张×勇、童×美以非法占有为目的，使用伪造的银行金融凭证骗取他人财物，数额特别巨大，其行为已构成金融凭证诈骗罪，依法应当追究其刑事责任。

2016 年 11 月 22 日，一审法院经审理作出如下判决：（1）被告人林×慈犯金融凭证诈骗罪，判处无期徒刑，剥夺政治权利终身，并处没收个人全部财产。（2）被告人陈×妃犯金融凭证诈骗罪，判处有期徒刑十年，并处罚金人民币 20 万元。（3）被告人张×勇犯金融凭证诈骗罪，判处有期徒刑九年，并处罚金人民币 18 万元。（4）被告人童×美犯金融凭证诈骗罪，判处有期徒刑五年，并处罚金人民币 10 万元。（5）责令被告人林×慈、陈×妃、张×勇、童×美共同退赔人民币 9382.823 万元，按损失比例发还被害人①。

一审判决后，被告人林×慈、张×勇、童×美不服，分别提出上诉。

辩护理由：（1）林×慈上诉提出，其使用假存单仅是为了获取出借款项人的信任，不具有非法占有目的，且自始至终未直接实施诈骗行为；其获取的大量款项用于公司经营，并未用于个人挥霍；其在事发后积极还款，请求从轻改判。

（2）张×勇上诉及其二审辩护人提出，原判认定张×勇明知他人实施金融凭证诈骗犯罪而提供帮助错误，其不构成金融凭证诈骗罪，而构成非法吸收公众存款罪，且系从犯，请求改判。

（3）童×美上诉及其二审辩护人提出，童×美不知道实际用款人实施金融凭证诈骗，其始终认为所涉案款被张×勇存到外省银行，对所涉案款的最终去向及使用情况不知情；对假存单之事也毫不知情；没有使用假存单去骗取客户资金，不应认定为林×慈、陈×妃金融凭证诈骗的共犯。原判定罪有误，请求改判。

（4）陈×妃的二审辩护人提出，陈×妃对 2014 年 3 月在中国农业银行石首支行存取的 511 万元没有非法占有目的，也没有使用、伪造金融凭证，不应认定为犯罪；陈×妃不明知林×慈使用伪造的银行凭证骗取他人财物，只是在履行下属的工作中无意帮助了林×慈实施犯罪行为；陈×妃未分得赃款，没有非法占有目的，请求对陈×妃减轻处罚。

判决结果

二审法院经审理认为：被告人林×慈、陈×妃、张×勇、童×美以非法占有为目的，使用伪造的金融凭证骗取他人数额特别巨大的财物，其行为均已构成金融凭证诈骗罪，且造成损失特别重大，应当依法惩处。在共同犯罪中，林×慈起主要作用，系主犯；被告人陈×妃、张×勇、童×美在诈骗过程中均起次要作用，系从犯，原判已分别对其从轻或减轻处罚。林×慈、张×勇、童×美、陈×妃的辩护人要求改判的上诉、辩护理由均不足，不予采纳。原判定罪和适用法律正确，量刑适当。审判程序合

---

① 参见浙江省杭州市中级人民法院刑事判决书（2016）浙 01 刑初 108 号。

法。依照《中华人民共和国刑法》第一百九十四条、第二十五条第一款、第二十六条第一、四款、第二十七条、第五十七条第一款、第六十四条，《中华人民共和国刑事诉讼法》第二百二十五条第一款第（一）项之规定，裁定如下：

（1）驳回林×慈、张×勇、童×美的上诉；

（2）维持原判①。

理论解说

一、刑法学分析

金融凭证诈骗罪的客观行为在个案种表现各不相同，厘清其罪与非罪、此罪与彼罪对于维护金融稳定和公共利益尤为重要。最高人民检察院、公安部《关于公安机关管辖的刑事案件立案追诉标准的规定（二）》第 47 条规定："使用伪造、变造的委托收款凭证、汇款凭证、银行存单等其他银行结算凭证进行诈骗活动，数额在五万元以上的，应予立案追诉。"本节结合林×慈案相关情况作出以下分析。

（一）罪与非罪的界定

根据我国《刑法》的规定，使用伪造、变造的委托收款凭证、汇款凭证、银行存单或其他银行结算凭证，骗取财物可构成金融凭证诈骗罪。本罪与非罪的关键是"非法占有"的目的和"骗取"的行为方式。在"骗取"的行为方式上，本罪在客观方面表现为使用伪造、变造的委托收款凭证、汇款凭证、银行存单或其他银行结算凭证进行诈骗活动，数额较大的行为。伪造，是指仿照真实的金融凭证形式的图样、格式、颜色等特征通过印刷、复印、复制等方法非法制造金融凭证或者在真实的空白金融凭证上作虚假的记载的行为。变造，是指在真实的金融凭证的基础上或者以真实的金融凭证为基本材料，通过剪贴、粘接、涂改、覆盖等方法，非法改变其主要内容的行为，如改变金额、日期等内容。在犯罪手段上，有以下三个方面：（1）伪造、变造委托收款凭证诈骗。在司法实践中，犯罪分子使用委托收款凭证进行诈骗，往往利用或借用账户大量购入委托银行收款结算凭证和销售发票，利用公开信息抄录企业户名、地址、账户、开户银行等资料，通过大量填制凭证和发票，并通过开户银行向与自己无任何

① 参见浙江省高级人民法院刑事裁定书（2017）浙刑终 56 号。

经济往来的企业开户银行寄出，利用“张大网捞小鱼”的办法，坐等银行划款等。（2）伪造、变造汇款凭证诈骗。犯罪分子大多以被骗方的货物作为诈骗目标，采用以下手段作案：一是伪造汇款回单诈骗。犯罪分子先与购货方签订购销合同，约定以汇款回单为提货根据，然后私刻银行业务章，加盖在已骗取到手的电、信汇回单上，再依此回单作为已经汇款的凭据，要求对方发货。二是变迁汇款回单诈骗。将回单金额由小变大涂改后，采用传真的方式通知供货方；或者只向对方提供极易造假的复印件；或者利用临柜人员的疏忽，在填写汇款凭证时故意在金额填写时不顶格，再填上大的数额造假行骗。三是利用假印鉴诈骗。办理汇款时，故意使用假印鉴，款汇到别的账户由自己或同谋者取走后，再以银行审核不严造成开户人损失为由找到银行打官司，以获得补偿。（3）伪造、变造银行存单等其他银行结算凭证诈骗。在司法实践中，犯罪分子经常采用如下作案手段：一是对存折或定期存单进行涂改变造，用以支取或质押贷款或抵偿债务；二是金融机构内部人员盗用存单，私自填入金额加盖印鉴，用以进行金融凭证诈骗活动；三是伪造国外银行或异地银行的大额定期存单，到金融机构办理质押借款。在林×慈案中，林×慈伙同他人以“银行存款贴息”为名向社会不特定人员非法吸收资金，后使用伪造银行定期存单大肆骗取资金，其行为系典型的“骗取”方式，符合金融凭证诈骗罪的构成要件，本案中控辩双方对伪造的银行存单没有争议。

本罪的主体为一般主体，包括个人与单位。银行或其他金融机构的工作人员与金融凭证诈骗的犯罪分子串通，共同策划、充当内应，如利用了自己职务上的便利为诈骗犯罪分子提供帮助，造成本单位经济损失的，以职务类犯罪定性。非利用自身职务之便的，以金融凭证诈骗罪共犯论处。本罪主观方面为故意，行为人对于使用伪造、变造的金融凭证进行诈骗活动必须为明知，且同时应当具有非法占有目的。林×慈案中，控辩双方争议的焦点在于林×慈等人是否具有“非法占有目的”。综合在案证据及查证情况，林×慈以存款贴息为由骗得巨额资金后，大部分款项用于支付高额利息、介绍费、向其他公司支付巨额融资费用、归还债务等。其在严重负债、没有还款能力的情况下而使用伪造的金融凭证骗取他人大量资金，非法占有他人钱财的诈骗故意明显，足以认定其具有非法占有目的。林×慈上诉称其获取的款项大部分用于生产经营，没有非法占有目的，与事实不符，故二审法院未予采信。

本罪的对象为“伪造、变造的委托收款凭证、汇款凭证、银行存单等其他银行结算凭证”。何为银行结算凭证？2000 年的中国人民银行办公厅《关于单位定期存款开户证实书性质认定的批复》认为：支付结算是指单位、个人在社会经济活动中使用票据、信用卡和汇兑、托收承付、委托收款等结算方式进行货币给付及其资金清算的行为，中国人民银行为上述结算活动统一制定的书面凭证为结算凭证。2003 年 12 月 9 日，中国人民银行办公厅《关于其他银行结算凭证有关问题的复函》再次明确：根据《支付结算办法》的有关规定，办理票据、信用卡和汇兑、托收承付、委托收款等转账结算业务所使用的凭证，均属银行结算凭证。此外，银行办理现金缴存或支取业务使用的有关凭证也属银行结算凭证，如现金解款单是客户到银行办理现金缴存业务的专用凭证，也是银行和客户凭以记账的依据，它证明银行与客户之间发生了资金收付关系，代表相互间债权、债务关系的建立，属于银行结算凭证。而单位定期存款开户证实书、对账单、银行询证函等，只具有证明或事后检查作用，不具有货币给付和资金清算作用，不属于结算凭证。因此，只要在经济活动中具有货币给付和资金清算作用，并表明银行与客户之间已受理或已办结相关支付结算业务的凭据，均应认定为银行结算凭证。另外，因汇票、本票、支票被规定为票据诈骗罪的对象，故本罪所指的“其他银行结算凭证”，应为除汇票、本票、支票外的银行结算凭证。关于“伪造”的定义，一般理解为行为人未经国家有关部门批准，以某种客观存在和合法票证为仿照对象，通过印刷、复印、绘制等手法，非法制作相关票证的行为。

（二）此罪与彼罪

金融凭证诈骗罪是近年来金融领域中的多发性犯罪，案情复杂点多面广，作为新罪名极易与其他罪名容易相互混淆，需要作出区别。

1. 金融凭证诈骗罪与诈骗罪

金融凭证诈骗罪与普通诈骗罪的区别，一般可以从犯罪手段、侵害对象上予以区分，一般的诈骗罪犯罪手段多样，侵害的目标对象也没有条件的限制。而金融凭证诈骗罪的犯罪手段只能是采用伪造、变造银行结算凭证进行诈骗，所侵害的目标对象也只能是金融流通领域的银行结算凭证上的记载金额。在被告人利用伪造的金融凭证意在诈骗他人钱财或者是使用作废的金融凭证诈骗的场景下，仅为手段行为触犯了金融凭证相关犯罪，则应当按照牵连犯从一重罪处罚，以诈骗罪定罪处罚。

2. 金融凭证诈骗罪与伪造、变造金融票证罪

根据《刑法》第 177 条第 1 款的规定，伪造、变造委托收款凭证、汇款凭证、银行存单等其他银行结算凭证的，构成伪造、变造金融票证罪。因此，如果行为人只有伪造、变造委托收款凭证、汇款凭证、银行存单等其他银行结算凭证行为的，构成伪造、变造金融票证罪；如果行为人不仅伪造、变造了委托收款凭证、汇款凭证、银行存单等其他银行结算凭证，而且使用该伪造、变造的银行结算凭证进行诈骗，数额较大的，同时构成金融凭证诈骗罪。伪造、变造金融票证罪与金融凭证诈骗罪的法定刑

不同，处罚条件也有所差别。如果行为人伪造、变造委托收款凭证、汇款凭证、银行存单等其他银行结算凭证仅仅是自己使用进行诈骗，应认为属牵连犯，可以伪造、变造金融票证罪和金融凭证诈骗罪择一重罪处罚，不必数罪并罚。然而，如果行为人伪造、变造委托收款凭证、汇款凭证、银行存单等其他银行结算凭证不仅是自己使用进行诈骗，同时还出卖获利，或者送给他人使用的，应认定为分别成立伪造、变造金融票证罪和金融凭证诈骗罪，予以数罪并罚。

3. 金融凭证诈骗罪与票据诈骗罪

金融凭证诈骗罪与票据诈骗罪在一般情况下可以从侵犯对象以及使用手段上予以区分，金融凭证诈骗罪是伪造、变造除汇票、本票、支票以外的金融凭证进行诈骗，而票据诈骗罪侵犯的对象仅限于汇票、支票、本票，手段行为为除伪造、变造以外的方式。在司法实践中，往往存在一些复杂关系的案件，如一行为同时触犯金融凭证诈骗罪与票据诈骗罪两个罪名，通常情况下采用的手段触犯了两个罪名，符合牵连犯的特征，应当从一重罪处罚。但是基于金融凭证诈骗罪与票据诈骗罪法定刑一样，故还应当从案件的行为本质特征上予以把握定性。

4. 金融凭证诈骗罪与职务侵占罪

职务侵占罪，是指公司、企业或者其他单位的人员，利用职务上的便利，将本单位的财物非法占为己有，数额较大的行为。在有银行工作人员参与的金融凭证诈骗案件中，判断其是否构成职务类犯罪，主要看其行为是否利用了职务权限范围内的便利。利用职务上的便利是指利用自己在职务上所具有的主管或者管理、经手本单位财物的便利条件。如果行为人没有利用自己决定、办理及处置某事务的权力，而是利用从事劳务、服务的便利，非法占有单位财物的，不构成本罪[①]。因此，职务侵占罪必须以行为人所担任的具体职务为前提，如果行为人不具有职务上的便利，仅是利用了工作中易于接触他人管理、经手的单位财物，或者熟悉作案环境等便利条件，则属于“利用工作便利”，由此而非法占有单位财物的，不构成职务侵占罪，而应根据其行为的不同手段，认定为其他犯罪。

二、犯罪学分析

近年来，我国经济快速增长、企业发展迅猛，企业间结算及融资的需求也与日俱增，使我国金融凭证业务发展迅猛，金融凭证作为具有结算功能、流动性强的结算工

① 陈咪娜、刘轩：《伙同他人骗取本公司钱款行为是否构成职务侵占罪》，《中国检察官》2023 年第 4 期。

具，在经济生活中被广泛应用。与此同时，利用各类金融凭证进行诈骗的犯罪活动也层出不穷，随着公安经侦部门打击金融领域犯罪力度的加大和社会各界防范诈骗能力的提升，金融凭证诈骗犯罪的隐蔽性也越来越强，利用合法身份进行诈骗犯罪的现象越来越突出。金融凭证本身具有极强的专业性，犯罪分子通常知晓相关专业技术知识和操作技巧，有些甚至与银行内部人员勾连，找各种漏洞、空子实施金融凭证诈骗。从已侦破的金融凭证诈骗犯罪案件看，犯罪分子在犯罪动机产生、确定犯罪目的等方面，都具有指向性明确的特点。由于金融凭证诈骗犯罪具有高额犯罪利益，犯罪分子一旦犯罪得逞，通常会连续作案，性质十分恶劣。

风险警示

金融凭证诈骗形式多样，多是披着“投资理财”的外衣来设置骗局，金融监管部门要加强监管、金融机构要加强内部监管防控，广大消费者也一定要提高警惕，不轻信、不冲动，增强防范意识。具体来讲：（1）严管胜于重罚。司法实践中的案例显示，金融凭证诈骗犯罪既遂通常与金融机构内部监管不严、存在管理漏洞有关，金融机构内部人员利用职务的便利条件和对内部工作流程的熟悉，与外部人员串通勾结进行犯罪的案件也在此占据重要比例。因此，对于此类案件的防范，首先应当从金融机构内部出发，加强金融机构内部控制，严格落实规章制度，强化和健全银行间的垂直管理体制，增强监管意识。同时，大力开展金融机构从业人员法律法规及执业规范、职业道德培训，切实做到以案为鉴。（2）事前预防优于事后补救。充分利用当前先进技术手段，建立金融系统防范控制体系，如将现金防伪技术、系统自动报警技术等应用于相关程序内，及时发现及揭露犯罪行为，确保资金安全。（3）警惕“高息揽储”诱惑。广大公民自身要加强金融知识学习，不盲目相信他人以高息为由吸收存款的营销推介；提高对金融诈骗等非法活动的警惕和伪造、变造的金融凭证的识别能力，选择正规金融机构和合法渠道进行投资，杜绝非正规途径的高风险投资，提高防骗能力。

问题思考

2014 年 6 月，被告人顾 × 国因急需资金，遂与时任九江银行溢浦支行行长的被告人王 × 及被告人项 × 龙、郑 × 仁多次商议，决定以支付高额好处费的方式吸收大额定期存款，通过伪造银行凭证及相关业务资料办理银行质押承兑汇票的方式骗取银行资金。同时约定，溢浦支行行长王 × 负责从银行获取存款单位印鉴卡及开户资料、办理银承手续的审批、负责承兑汇票的变现及套取的资金保管；企业主顾×国负责统一协调安排以及套出资金的管理分配；资金掮客郑×仁负责联系存款，并让存款单位签署“六不”承诺书，避免套取的事被存款单位或银行发现；项×龙和曾×良负责伪造相关单位定期存款开户证实书及伪造办理银承所需的材料；邵×波和宗×荣负责跑腿。2014 年 8—10 月，王×、顾×国、项×龙、郑×仁伙同被告人曾×良、邵×波、宗×荣通过里应外合的方式，使用伪造的银行存单骗取九江银行溢浦支行存款 15000 万元，造成该行损失 12100 万元①。

目前，存单作为交易的一种手段与其相关联的违法犯罪行为在司法实践中层出不穷，但对其中虚构的金融凭证该如何认定成为司法实践中争议较大的问题。综观上述案件，结合本节案例，根据《刑法》规定，探讨以下问题：

（1）银行工作人员与外部人员内外勾结，用伪造的金融凭证骗取金融机构资金，其行为如何定性？

（2）本案中被告人顾×国等人在实施金融凭证诈骗犯罪过程中，是否具有“非法占有目的”？

（3）在金融凭证诈骗共同犯罪中，根据顾×国等人的不同角色和责任，如何认定系主犯或从犯？

① 参见江西省高级人民法院刑事判决书（2020）赣刑终 202 号。

案例 15:

信用卡诈骗的失信渊薮

立法背景

信用卡诈骗罪，是指以非法占有为目的，利用信用卡进行诈骗活动，骗取财物数额较大的行为。

1979 年《刑法》因当时尚无信用卡业务所以未规定信用卡诈骗罪。1984 年上海市检察院出台了《关于处理利用“信用卡”进行诈骗活动的几点意见》对信用卡诈骗采取类推适用诈骗罪一般规定的处理态度。这一意见得到了最高人民检察院的认同并于 1985 年 1 月转发全国，作为当时处理此类信用卡犯罪的主要刑事司法政策依据。随着信用卡犯罪的增多，我国法律开始逐步明确和细化信用卡诈骗罪的相关规定。1995 年最高人民法院、最高人民检察院发布的《关于办理利用信用卡诈骗犯罪案件具体适用法律若干问题的解释》将利用信用卡诈骗的相关情形以诈骗罪追究刑事责任。1995 年全国人大常委会《关于惩治破坏金融秩序犯罪的决定》增设了信用卡诈骗罪。1997 年《刑法》基本沿用了《关于惩治破坏金融秩序犯罪的决定》第 14 条的规定，增设对“恶意透支”的界定以及并处罚金的规定。2005 年《刑法修正案（五）》第 2 条对其进行修改，增加了“使用以虚假的身份证明骗领的信用卡的”情形。2009 年最高人民法院、最高人民检察院联合颁布了《关于办理妨害信用卡管理刑事案件具体应用法律若干问题的解释》，对信用卡诈骗罪的定罪量刑标准进行了进一步细化，明确了“非法占有目的”的几种情形等。随着我国社会主义市场经济的不断发展，人民的消费方式也产生了较大的变化，消费支付方式日渐丰富，信用卡被人们普遍使用，相关犯罪行为也开始逐渐多样化。尤其是恶意透支型犯罪，案件数量巨大，由此造成的社会影响和社会危害都很大，在司法实践中此类犯罪的量刑也较重。在此背景下，2018 年最高人民法院、最高人民检察院修正的《关于办理妨害信用卡管理刑事案件具体应用法律若干问题的解释》，针对司法实践中面临的新情况新问题再次细化，明确了恶意透支型信用卡诈骗新的定罪量刑标准。

案件情况

2014 年 7 月 2 日，董×燕于东丰县工商银行办理一张信用卡，并于 2014 年 8 月至 10 月共计透支 12.992 万元，其中通过 POS 机刷卡提现 9.939 万元，大部分被董×燕用于经营。同期董×燕还款 8 万元。2014 年 10 月 31 日以后没有消费记录，但陆续还款 11 笔，计 3.98 万元。2014 年 10 月 31 日以后被发卡银行计入账单的利息、滞纳金等费用4.551145万元。发卡银行于2014年12月1日对董×燕进行第一次催收，同年12月16日进行第二次催收，直到2015年12月17日共计催收17次。后发卡银行于2016年1月21日向公安机关报案。同日董×燕被抓获。2016年2月4日董×燕通过亲友将卡内所欠本息5.6265万元全部还清。

控辩意见

公诉机关指控被告人董×燕以非法占有为目的，恶意透支，数额较大，其行为已构成信用卡诈骗罪。

辩护理由：被告人董×燕的辩护人认为认定董×燕具有非法占有目的事实不清、证据不足。

判决结果

该案一审判决认为：被告人董×燕以非法占有为目的，恶意透支，数额较大，其行为已构成信用卡诈骗罪。公诉机关指控被告人董×燕犯信用卡诈骗罪，犯罪事实清楚，证据确实充分，指控罪名成立。董×燕已全部偿还透支本息，可以从轻处罚。董×燕在缓刑考验期内发现判决宣告以前还有其他罪没有判决，应当撤销缓刑。原审依照《中华人民共和国刑法》第一百九十六条、第五十二条、第五十三条、第七十七条、第六十九条的规定，判决撤销吉林省东丰县人民法院（2015）东刑初字第192号刑事判决对被告人董×燕犯拒不支付劳动报酬罪，判处有期徒刑六个月，缓刑一年，并处罚金五千元的缓刑执行部分；认定被告人董×燕犯信用卡诈骗罪，判处有期徒刑一年十个月，并处罚金五万元；原判有期徒刑六个月，总和刑期二年四个月，决定执行有期徒刑二年，并处罚金五万元①。

后被告人董×燕提起上诉，经二审审理，终审判决认为：本案现有证据不能证明上诉人董×燕具有“非法占有目的”。终审判决指出：

在本案中，上诉人董×燕申领信用卡时没有虚构事实、隐瞒真相，银行能够联系到持卡人董×燕；涉案信用卡透支款项大部分用于董×燕个体商铺经营，小部分款项用于正常生活开支，而非奢侈品消费或者无节制消费；其因经营困难导致信用卡欠款逾期未能归还，但从涉案信用卡还款情况及董×燕应对催收的态度来看，董×燕共计

---

① 参见吉林省辽源市龙山区人民法院刑事判决书（2017）吉0402刑初74号。

透支 12.992 万元，案发前已还款 11.98 万元，余款逾期未能归还，银行数次电话或短信催收后，董×燕表示“承诺核实后进行还款”，其亲属亦向银行表示了部分还款的想法，并且确有还款行为；董×燕没有变更联系电话、变更地址等逃避催收的行为。本案金融机构却存在怠于行使权利，放任经济损失数额扩大的问题。综上，本案现有证据不能证明上诉人董×燕具有“非法占有目的”，董×燕的行为不构成恶意透支型的信用卡诈骗罪。本案只是一般的民事纠纷。

对于上诉人董×燕提出其无前科劣迹，拒不支付劳动报酬发生于透支行为之后，已归还全部欠款本息，降低了危害后果，金融机构无实际损失，以及辩护人提出原审判决认定董×燕具有非法占有的目的事实不清、证据不足的意见，本院予以采纳。对辽源市人民检察院驳回上诉，维持原判的出庭意见，本院不予采纳。

依照《中华人民共和国刑法》第一百九十六条，《最高人民法院、最高人民检察院关于办理妨害信用卡管理刑事案件具体应用法律若干问题的解释》第六条第二款，和《中华人民共和国刑事诉讼法》第一百九十五条第三项、第二百二十五条第一款第三项的规定，判决如下：

（1）撤销吉林省辽源市龙山区人民法院（2017）吉 0402 刑初 74 号刑事判决；

（2）上诉人董×燕不构成信用卡诈骗罪；

（3）吉林省东丰县人民法院（2015）东刑初字第 192 号刑事判决对被告人董×燕犯拒不支付劳动报酬罪，判处有期徒刑六个月，缓刑一年，并处罚金人民币五千元的缓刑部分继续执行①。

理论解说

一、刑法学分析

信用卡诈骗是金融领域的重点打击对象，当代网络科技的进步以及消费者消费观念的转变，信用卡犯罪相对突出。最高人民检察院、公安部《关于公安机关管辖的刑事案件立案追诉标准的规定（二）》第 49 条规定：“进行信用卡诈骗活动，涉嫌下列情形之一的，应予立案追诉：（1）使用伪造的信用卡、以虚假的身份证明骗领的信用卡、作废的信用卡或者冒用他人信用卡，进行诈骗活动，数额在 5 千元以上的；（2）恶

---

① 参见吉林省辽源市中级人民法院刑事判决书（2017）吉 04 刑终 32 号。

意透支，数额在5万元以上的。本条规定的‘恶意透支’，是指持卡人以非法占有为目的，超过规定限额或者规定期限透支，经发卡银行2次有效催收后超过3个月仍不归还的。恶意透支的数额，是指公安机关刑事立案时尚未归还的实际透支的本金数额，不包括利息、复利、滞纳金、手续费等发卡银行收取的费用。归还或者支付的数额，应当认定为归还实际透支的本金。恶意透支，数额在5万元以上不满50万元的，在提起公诉前全部归还或者具有其他情节轻微情形的，可以不起诉。但是，曾因信用卡诈骗受过2次以上处罚的除外。”本节结合董×燕案相关情况作出以下分析。

（一）罪与非罪的界定

根据我国《刑法》的规定，(1）使用伪造的信用卡，或者使用以虚假的身份证明骗领的信用卡的；(2）使用作废的信用卡的；(3）冒用他人信用卡的；(4）恶意透支的；以上述方式进行信用卡诈骗活动，数额较大的可构成信用卡诈骗罪。上述规定包括四种情形，第一情形使用伪造的信用卡在特约商户购买商品，在银行及其营业网点或者自动柜员机上支取现金等。如果犯罪分子在申领信用卡时，使用伪造的身份证和资信证明、伪造信函、私刻公章，取得银行信任，骗得银行发卡后用该信用卡在短时间内进行大量购物取现，造成大量透支，符合其情形。第二情形主要包括三种情况：一是使用超过有效使用期限的信用卡；二是使用在有效使用期限内办理退卡而无效的信用卡；三是使用因挂失而作废的信用卡。第三情形的“冒用他人信用卡”包括以下四种情况：一是拾得他人信用卡并使用的；二是骗取他人信用卡并使用的；三是窃取、收买、骗取或者以其他非法方式获取他人信用卡信息资料，并通过互联网、通信终端等使用的；四是其他冒用他人信用卡的情形，例如使用信息测录仪盗录银行卡信息并将顾客密码复制；利用为持卡人非法套现之机窃取其银行卡信息；在消费者网络购物时利用网络木马、钓鱼网站窃取其银行卡信息；在银行自助柜员机上安装读卡器窃取信息方式窃取顾客银行卡信息等。第四情形是，有的犯罪分子钻银行授权的空子，套取资金；有的以虚构持卡人身份申请信用卡，逃避实际持卡人的透支责任；有的在甲地谎报信用卡丢失，然后在乙地短时间内恶意透支；有的通过行贿或利用特殊关系，与银行工作人员内外勾结，对该止付的账户不通知止付，导致恶意透支；有的犯罪分子采用“以卡养卡”、拆东墙补西墙的透支方式，手中持有多张不同银行的信用卡，该透支方式导致银行损失呈滚雪球式增长。

信用卡诈骗罪的主观方面除故意外，还要求被告人具有非法占有目的，不具有非法占有目的的善意透支行为，不成立信用卡诈骗罪。在实践中，本罪与非罪的关键是“非法占有目的”和“恶意透支”的认定。在董×燕一案中，二审法院着重就“恶意透支”“非法占有目的”进行论证。信用卡透支是指在银行设立账户的客户在账户无资金或资金不足的情况下，以超过其账户资金的额度支用的行为。“可透支”系信用卡的基本属性，如何从司法实践中界定“恶意透支”，是个案中争论较多的焦点问题。根据《刑法》第 196 条第 1 款、第 2 款的规定，持卡人以非法占有为目的，超过规定限额或者规定期限透支，并且经发卡银行催收后仍不归还的行为属于“恶意透支”，构成信用卡诈骗罪。《最高人民法院、最高人民检察院关于办理妨害信用卡管理刑事案件具体应用法律若干问题的解释》第 6 条第 1 款规定，持卡人以非法占有为目的，超过规定限额或者规定期限透支，并且经发卡银行两次催收后超过 3 个月仍不归还的，应当认定为《刑法》第 196 条规定的“恶意透支”。2018 年《信用卡司法解释修改决定》中对《信用卡司法解释（一）》第 6 条做了进一步完善，在完善“有效催收”认定标准的同时，强调了“非法占有目的”在认定恶意透支中的重要地位，明确规定“不得单纯依据未按规定还款的事实认定非法占有目的”。

上述规定明确了恶意透支型信用卡诈骗罪必须同时具备两个条件：第一，主观上行为人“以非法占有为目的”；第二，客观上行为人实施了“超额或者超限透支”且“经两次以上催收不还”的行为。以上两个条件缺一不可，如果持卡人仅仅是经催收不还，但没有非法占有的目的，则不是恶意透支而是善意透支；如果持卡人具有非法占有的目的，但银行没有对持卡人进行催收，或者开始透支时具有非法占有的目的，但在两次催收后三个月内已经归还，则因为不符合法定构成要件而不能认定为恶意透支①。在董 × 燕案中，被告人董 × 燕客观上实施了超过规定期限透支且经催收不还的行为，根据《最高人民法院、最高人民检察院关于办理妨害信用卡管理刑事案件具体应用法律若干问题的解释》第 6 条第 2 款的规定，被告人被催收的次数超过两次，且超过 3 个月仍未全部归还，符合恶意透支型信用卡诈骗罪的客观要件。因此，本案关键在于判断被告人主观上是否具有非法占有的目的，这也是本案的争议之处。

关于恶意透支型信用卡诈骗罪中“以非法占有为目的”的具体认定，《最高人民法院、最高人民检察院关于办理妨害信用卡管理刑事案件具体应用法律若干问题的解释》第 6 条第 2 款列举了六种情况：（1）明知没有还款能力而大量透支，无法归还的；（2）肆意挥霍透支的资金，无法归还的；（3）透支后逃匿、改变联系方式，逃避银行催收的；（4）抽逃、转移资金，隐匿财产，逃避还款的；（5）使用透支的资金进行违法犯罪活动的；（6）其他非法占有资金，拒不归还的行为。虽然这六种情形规定得已较为具体，但是实践中持卡人使用信用卡的情形较为复杂，个别情况下认定是否

① 肖晚祥：《恶意透支型信用卡诈骗罪认定中的新问题》，《法学》2011 年第 6 期。

“以非法占有为目的”仍有争议。其中最为常见的就是董×燕案这种将透支的信用卡款项用于合法的经营，后因资金困难导致客观上无法偿还的情形。本案中，二审法院结合董×燕如实申领信用卡、透支款项合理用途、因经营困难导致客观上逾期、逾期后还款及积极还款意向、未逃避催收等情况以及金融机构存在的怠于行使权利，放任经济损失数额扩大的问题，综合认定现有证据不能证明上诉人董×燕具有“非法占有目的”，董×燕的行为不构成恶意透支型的信用卡诈骗罪，本案只定性为一般的民事纠纷。

信用卡最主要的功能就是透支从而使持卡人得以购买超出自己现有支付能力的商品或者服务，银行也以各种各样的促销活动鼓励持卡人进行透支消费，因此若仅凭客观上无法偿还欠款就认定为“以非法占有为目的”的恶意透支型银行卡诈骗，就无法将恶意透支型信用卡诈骗罪和透支不还的民事违约行为进行区分。对“以非法占有为目的”的理解仍应坚持主客观相统一的原则，综合考察行为人申领行为、透支行为、还款行为等各种因素，重点考察以下几方面的因素：（1）申领信用卡时提交材料是否真实，有无严重弄虚作假；（2）使用信用卡时是否具有相对稳定的还款能力，如持卡人是否具有稳定合法的工作或收入来源等；（3）透支情况与收入水平是否基本相符；（4）涉案信用卡是否存在大量套现情况；（5）透支款项用途是否合法，是否用于违法犯罪活动；（6）是否存在持续且有效的还款行为；（7）透支后是否与发卡银行保持联系、积极沟通，是否存在故意逃避催收的情况。

（二）此罪与彼罪

司法实践中，不仅信用卡恶意透支的诈骗犯罪与信用卡善意透支的欠款纠纷容易混淆，而且与合同诈骗罪、诈骗罪、盗窃罪在构成要件上有相近之处，实务中在办理涉及合同、信用卡的诈骗案件时，准确区分信用卡诈骗罪与盗窃罪、诈骗罪、合同诈骗罪就成为需要解决的难点。

1. 信用卡诈骗罪与盗窃罪

在区分信用卡诈骗罪与盗窃罪的场合，二者之间较为明显的区别在于侵犯的客体不同，前者侵犯的是公民财产权和国家金融管理秩序，而后者仅为公民的财产权。此外，在客观表现方面，盗窃罪表现为秘密窃取方式获得他人财产，而信用卡诈骗罪作为诈骗的一种，则主要通过欺骗的方式使被害人自愿处分财产。值得注意的是，根据《刑法》第196条第3款的规定，盗窃信用卡并使用的，以盗窃罪定罪处罚。在实践中，一般的“盗窃信用卡并使用”的行为通常又分为对人和对机器使用两种情况，在对ATM机等机器使用的情况下，通常认为，机器不能成为受骗后处分财产的主体，故无法成为诈骗罪的对象，因此定为盗窃罪。而在对人使用的情况下，则通常情况下需要相关银行工作人员对该信用卡的支付行为作出一个判断。但是，《刑法》规定，无论行为人盗窃信用卡之后的行为是否为一个典型的诈骗行为，都按照盗窃罪定罪处罚，此为法律拟制。因此我们认为，这里的“盗窃信用卡”，指的是行为人采用秘密窃取的方法取得他人占有之下的信用卡的行为。之所以强调“他人占有下的信用卡”，即盗窃的对象是有客户真实有效资料的信用卡卡片，而不包括窃取信用卡资料、伪造信用卡后加以使用或直接使用信用卡信息资料于第三方平台使用以获取财物的情形。是因为在现阶段网络移动支付普及的情况下，司法实践中，存在大量偷看、截取或采用数据采集器等技术设备非法获取他人信用卡信息，后伪造信用卡或直接使用信用卡信息资料于第三方平台使用以获取财物的情况，对于该类情况我们认为不属于“盗窃信用卡”的范畴。非法获取他人信用卡信息后直接用于第三方平台的，应符合“冒用他人信用卡”的情形，认定为信用卡诈骗罪；窃取他人信用卡信息资料后，又伪造复制假卡后使用的，则应当根据《刑法》第 196 条第 1 款规定的“使用伪造的信用卡”的情形，认定为信用卡诈骗罪。

2. 信用卡诈骗罪与妨害信用卡管理罪

尽管《刑法》将妨害信用卡管理的行为独立设罪，但是在妨害信用卡管理罪中有许多行为与信用卡诈骗罪具有密切的联系。要准确区分二者定性，首先在于二者主观方面的占有目的不同，妨害信用卡管理罪仅为单纯的妨害国家信用卡管理的行为；而信用卡诈骗罪则要求具有非法占有目的。

在司法实践中经常出现的明知系他人盗窃信用卡仍购买使用的情况，由于妨害信用卡管理罪中规定的购买行为的对象仅限于伪造的信用卡和以虚假的身份证明骗领的信用卡，而未规定他人盗窃的信用卡，因此，在行为人明知系他人盗窃的信用卡，购买后并加以使用的，应当按照信用卡诈骗罪论处；如果行为人购买后并未加以使用，则仅能以妨害信用卡管理罪中的“非法持有他人信用卡”论处[①]。对于购买伪造的信用卡或骗领的信用卡又加以使用的行为，我们认为，在这类案件中，行为人既实施了购买行为，又实施了使用行为，而购买行为与使用行为又分别规定在妨害信用卡管理罪与信用卡诈骗罪的行为之中，但是，行为人购买伪造的信用卡或骗领的信用卡的目的就是使用，因此，其中的购买行为完全是使用行为的手段行为，这在理论上较为符合牵连犯的构成要件，按从一重处断的原则处理较为合理。

3. 信用卡诈骗罪与非法经营罪

根据《最高人民法院、最高人民检察院关于办理妨害信用卡管理刑事案件具体应

① 刘宪权：《妨害信用卡管理罪疑难问题刑法探析》，《政法论坛》2008 年第 2 期。

用法律若干问题的解释》第 12 条规定：违反国家规定，使用销售点终端机具（POS 机）等方法，以虚构交易、虚开价格、现金退货等方式向信用卡持卡人直接支付现金，情节严重的，应当依据《刑法》第 225 条的规定，以非法经营罪定罪处罚。持卡人以非法占有为目的，采用上述方式恶意透支，应当追究刑事责任的，依照《刑法》第 196 条的规定，以信用卡诈骗罪定罪处罚。

对于为恶意透支的信用卡持卡人非法套现的行为人，应当根据其与信用卡持卡人有无犯意联络、有无非法占有目的等证据，区分非法经营罪与信用卡诈骗罪。使用销售点终端机具（POS 机）等方法，以虚构交易等方式向信用卡持卡人支付货币资金，违反了我国《商业银行法》第 3 条、第 11 条和 2021 年实施的《防范和处置非法集资条例》第 39 条等规定，系非法从事资金支付结算业务，构成非法经营罪。与恶意透支的信用卡持卡人通谋，或者明知信用卡持卡人意图恶意透支信用卡，仍然使用销售点终端机具（POS 机）等方法帮助其非法套现，构成信用卡诈骗罪的共同犯罪。虽然信用卡持卡人通过非法套现恶意透支，但证明从事非法套现的行为人构成信用卡诈骗罪共同犯罪证据不足的，对其非法经营 POS 机套现的行为依法以非法经营罪定罪处罚①。

二、犯罪学分析

根据中国司法大数据研究院发布的报告显示，2019—2021 年，我国法院审结的信用卡诈骗罪案件量合计达 3375 件，占到三年内所有金融诈骗类案件量的 50.4%，其中又以恶意透支或超过规定期限透支为主要信用卡诈骗手段。与此同时，近三年来的信用卡诈骗罪案件数量下降幅度也是金融诈骗类犯罪中最大的，从 2019 年的 56.78% 降到了 2021 年的 45.63%。信用卡诈骗犯罪风险整体呈收窄趋势②。

虽然此类犯罪的数量上呈明显下降趋势，但因“网络化”与“技术化”的高速发展，现阶段信用卡诈骗犯罪作案手段多变、智能化、高科技化、隐匿性强，加上金融行业本身所具有的专业性、复杂性特点，致使打击金融诈骗犯罪面临着新问题、新要求、新难度。在信用卡诈骗类案件中，出现了越来越多的利用技术设备截取信用卡信息，在网上银行或第三方支付平台通过验证码登录、修改账户信息的方式，进行账户支付、借贷等资金流转操作，如绑定银行卡、申请网络贷款、打白条等，刷取被害人资金。对该犯罪行为，因其网络化的犯罪模式，除侦查过程的证据固定及收集上均存

---

① 李涛：《利用 POS 机刷本人及亲属信用卡套现该如何定性》，《法治论坛》2017 年第 1 期。

② 曾静娇等：《大数据透视金融诈骗：3 年案件数下降近 6 成，最新被告人画像来了！》，和讯网，https://baijiahao.baidu.com/s?id=1734343929975285796&wfr=spider&for=pc。访问时间：2024 年 11 月 4 日。

在一定难度外，对其定性在理论和实务上也存在盗窃罪和诈骗类犯罪的争议。

风险警示

互联网时代的信用卡诈骗犯罪是非接触性犯罪，隐蔽性强，因第三方支付的介入，各种不确定因素相互交织，极易产生混同，给司法机关的因果关系认定造成困难。特别是在部分电子数据调取困难情况下，难以排除合理怀疑。对司法机关办案技术化发展提出了更高的要求。

对此类犯罪应从源头加强风险防控，一方面，金融机构应当主动承担适当性管理义务，牢固树立合规经营意识。银行发行信用卡应当对申请人开展资信调查，核实并记录申请人有效身份、财务状况、消费和信贷记录等，并确认申请人拥有固定工作、稳定收入来源或可靠还款保障，确认申请人的个人资信状况满足银行发卡条件。另一方面，金融机构应当提升信用卡业务合规经营意识，和客户认真沟通并主动提示风险，避免诱导、引导不适格客户盲目借贷、超前消费，导致持卡人过度负债。银行机构应当审慎发放信用卡，维护与客户的良性金融关系，实现多赢共赢。

公民应当注重个人信息保护，提高安全防范意识。日常生活中使用信用卡应当注意：(1) 妥善保管信用卡（包含银行借记卡、储蓄卡等）及身份证等重要物品，支付绑定短信通知，信用卡丢失后及时办理挂失，不要在信用卡卡面上标注个人信息、密码等，不要将信用卡账户信息、支付密码等个人信息透露给他人或向他人提供信用卡；(2) 提高警惕，仔细甄别，谨防陷入投资、贷款、提额陷阱，不要轻信无资质的个人或机构帮助办理“提升信用卡额度”“发放贷款”等业务；(3) 结合自身经济状况合理使用信用卡，理性消费，不要在自身还款能力范围外进行信贷活动。

问题思考

2020 年 4 月至 5 月，被告人孙 × 先后伙同被告人蒋 ×、龙 ×、王 × 宇等人，使用事先购买的“嗅探器”等设备，在河南省多地非法截获他人手机短信息并获取他人手机号码，后借助第三方终端登录平台，使用手机号码、短信验证码登录的方式筛选可以截取平台验证码的手机号码，再利用携程、飞猪等 App 软件窃取被害人的完整姓名及公民身份号码。后被告人利用截获的手机验证码登录被害人的手机银行，通过手机银行内保存的转账信息或利用脚本抓取的方式获取被害人完整的信用卡信息资料。掌握了被害人上述个人信息后，被告人通过登录京东等第三方平台并绑定银行卡，利用

POS 机闪付、资金归集、购买电话卡或加油卡、Q 币等虚拟产品等手段，冒用被害人张×1、张×2、魏×3、贺×4、张×5、张×6 的信用卡，非法占有卡内资金共计 65058.75 元。其中：2020 年 4 月 1 日，孙×伙同张×（另案处理）冒用张×1 的信用卡，非法占有卡内资金 8499.95 元；2020 年 4 月 14 日，孙×伙同蒋×、龙×冒用张×2 的信用卡，非法占有卡内资金 20110 元；2020 年 4 月 15 日至 17 日，孙×伙同王×、龙×冒用魏×的信用卡，非法占有卡内资金 1723 元；孙×伙同蒋×于 2020 年 4 月 26 日冒用贺×的信用卡，非法占有卡内资金 26858 元，于 2020 年 5 月 5 日冒用张×3 的信用卡，非法占有卡内资金 2710 元；2020 年 5 月 7 日，孙×伙同王×宇冒用张×4 的信用卡，非法占有卡内资金 5157.8 元[①]。

司法实践中犯罪人虚构事实骗取被害人财物行为尤其是“养卡”诈骗案是构成诈骗罪还是合同诈骗罪抑或信用卡诈骗罪存在分歧。综观上述案件，结合本节案例，根据《刑法》规定，探讨以下问题：

（1）通过第三方平台非法获取他人信用卡信息资料后非法占有卡内资金，应当如何定性？如构成犯罪，是构成盗窃罪还是诈骗类犯罪？

（2）本案中被告孙某等人主观方面“非法占有为目”能否认定？

① 参见《以案释法典型案例丨关于犯罪团伙利用信用卡进行金融诈骗一案》，郑州市基层政务公开网，https：//gy.jiceng.zhengzhou.gov.cn/007001001/7659568.jhtml。访问时间：2024 年 11 月 4 日。

案例16：

集资诈骗与诈骗集资的交缠

立法背景

集资诈骗罪，是指以非法占有为目的，使用诈骗方法非法集资，数额较大的行为。

我国 1979 年《刑法》未单独设立集资诈骗罪。1993 年国务院在《批转中国人民银行关于集中信贷资金保证当前经济发展重点需要意见的通知》中指出“要坚决制止和纠正违章拆借、非法集资”，这是我国改革开放后较早使用“非法集资”概念的规范性文件。1995 年全国人大常务委员会《关于惩治破坏金融秩序犯罪的决定》对集资诈骗犯罪的定罪量刑作出明确规定，并将集资诈骗罪、票据诈骗罪、信用证诈骗罪的法定最高刑规定为死刑。1997 年《刑法》吸收上述决定的具体规定，1997 年最高人民法院《关于执行 < 中华人民共和国刑法 > 确定罪名的规定》以及最高人民检察院《关于适用刑法分则规定的犯罪的罪名的意见》确立了“贷款诈骗罪”罪名。2010 年最高人民法院《关于审理非法集资刑事案件具体应用法律若干问题的解释》具体列举了 10 种非法集资行为的类型及其相应的量刑标准。2011 年《刑法修正案（八）》对《刑法》第 200 条做了修改，增加了对单位犯集资诈骗罪中的直接负责的主管人员和其他直接责任人员处以罚金的规定。2014 年最高人民法院、最高人民检察院、公安部《关于办理非法集资刑事案件适用法律若干问题的意见》，对实践中遇到的问题进行的解释。2015 年《刑法修正案（九）》取消了集资诈骗罪的死刑规定。随着社会主义市场经济的不断发展，人民群众的物质生活水平不断提高、投资需求旺盛，实践中的集资诈骗犯罪也呈现多发频发、涉案金额逐渐增大、涉及地域广、人数多的趋势，出现了许多严重影响金融安全和社会稳定的大案要案。为严厉惩治集资诈骗犯罪，2020 年《刑法修正案（十一）》对该罪作出了进一步的修改，将原来的“三档”法定刑改为“两档”，将定额罚金刑修改为不定额罚金刑，增加了罚金刑的适用范围，对单位犯罪的直接负责的主管人员和其他直接责任人员的刑罚档次与自然人犯罪的刑罚档次同步调整，体现了“从严”的立场。

案件情况

2012 年 12 月至 2018 年 4 月，被告人曹 × 铭先后成立并实际控制南京华越健康咨询有限公司（以下简称南京华越）、江苏爱晚投资股份有限公司（以下简称江苏爱晚）、福晚投资控股（上海）有限公司（以下简称上海福晚）、华晚投资管理（北京）有限公司（以下简称北京华晚）、江苏福爱文化发展有限公司（以下简称江苏福爱）、江苏华晚老龄产业发展有限公司（以下简称江苏华晚）等“爱晚系”公司。在此期间，被告人曹×铭以年化收益率8%—36%的高额回报为诱饵，以签订“居家服务合同”“艺术品交易合同”等合同，提供居家养老服务、进行艺术品投资等为由，聘用、安排毕×、岳×、俞×新、芮×兵、张×森、蔡×雷等人（均另案处理）在江苏省、浙江省、山东省、安徽省、天津市等18个省、市成立众多关联公司，以散发传单、口口相传等方式，向社会不特定公众非法集资。

被告人曹×铭将非法集资的资金主要用于支付集资参与人的本金及收益、部分对外投资、支付高管高额薪酬、奖励及销售团队薪酬、提成、个人支配使用、挥霍消费等。其隐瞒非法集资资金的主要用途，通过虚构投资途径、夸大经营规模及投资价值等方式，骗取集资参与人的信任，以达到持续进行非法集资的目的。经审计，被告人曹×铭累计吸收公众资金人民币132.07亿余元（以下均以人民币计算），累计支付集资参与人本金及收益89.22亿余元，至案发时，造成55169名集资参与人共计46.98亿余元本金未归还。

2018年5月2—5日，被告人曹×铭将其与妻子徐×甲（另案处理）名下的房产、车辆以明显低于市场价的价格出售，并将含上述款项在内的2098万元经赵杰个人账户转入33个个人账户；此外，其安排他人将使用非法集资资金购买的字画、工艺品等由南京市转移至安徽省滁州市藏匿。2018年5月9日，被告人曹×铭潜逃至泰国，同年9月13日签署《回国自首书》表示愿意回国投案，同年9月15日回国到达南京。

控辩意见

公诉机关指控：被告人曹×铭未经依法批准，以提供居家养老服务、进行艺术品投资等“老龄产业”为幌子，向不特定社会公众虚假宣传非法吸收资金，吸收资金主要用于还本付息、支付高额薪酬和个人挥霍使用等，未实际投向所谓的“老龄产业”建设，曹某铭明知无法归还集资款，仍编造传播旗下公司国外上市等虚假信息进一步扩大吸收资金规模，“资金链”断裂后又携款潜逃，具有非法占有目的，构成集资诈骗罪。

2019年11月26日，江苏省南京市中级人民法院审理后作出如下判决：被告人曹×铭以非法占有为目的，使用诈骗方法非法集资，数额特别巨大，其行为构成集资诈骗罪。根据《中华人民共和国刑法》第一百九十二条、第五十四条、第五十七条第一款、第五十九条、第六十四条、第六十七条第一款、《最高人民法院关于刑事裁判涉财产部分执行的若干规定》第十三条第一款的规定，以集资诈骗罪判处被告人曹×铭无期徒刑，剥夺政治权利终身，并处没收个人全部财产；查封、扣押、冻结的财物依法处置后，按比例返还集资参与人（以执行时的实际价值计入已退赔数额）；不足部分责令被告人曹×铭继续退赔[①]。

一审宣判后，被告人曹×铭不服，提出上诉。

辩护理由：（1）涉案公司均为合法经营，吸收的资金主要用于养老产业的经营，曹×铭既未肆意挥霍集资款，也未转移隐匿销毁账目，且一再保证偿还集资人所有款项，不具有非法占有目的，其行为构成非法吸收公众存款罪，一审判决认定为集资诈骗罪错误。（2）一审判决认定曹×铭具有自首情节，但未从轻或减轻处罚，属于适用法律错误；其愿意配合对现有资产处置，以弥补集资参与人的损失，表明其认罪悔罪，可以从宽处理。（3）曹×铭检举他人受贿犯罪经查证属实构成重大立功，应当依法对其从轻或者减轻处罚。

江苏省人民检察院检察员的主要阅卷意见为：一审判决认定事实清楚，证据确实充分，审判程序合法，适用法律准确，量刑适当，上诉人曹×铭的上诉理由及其辩护人的相关辩护意见均不能成立，建议维持一审判决。

二审法院经审理，综合评判如下：

（1）关于上诉人曹×铭及其辩护人提出“涉案公司均为合法经营，吸收的资金主要用于养老产业的经营，曹×铭既未肆意挥霍集资款，也未转移隐匿销毁账目，且一再保证偿还集资人所有款项，不具有非法占有目的，其行为构成非法吸收公众存款罪，一审判决认定为集资诈骗罪错误”的上诉理由及相关辩护意见，经查，审计报告显示，“爱晚系”六大板块及关联公司中只有网上商城和南京雁南飞有经营收入，但其经营收入根本无法支撑曹×铭还本付息所需要的资金，“爱福家”项目的唯一收入来源是上海福晚拨付给各门店集资额3%的抽成。曹×铭租赁建立南京满城芳社区，在青岛、杭州和海南购买用于建立满城芳社区的酒店，购买字画等艺术品和金融牌照等，目的是诱使集资参与人相信其所谓老龄产业存在真正的居家养老服务，营造其有实体基础的假象，以吸收更多的资金用于借新还旧。上诉人曹×铭个人控制与支配所有集资款，且主要用于支付前期集资参与人的本金及收益、支付高管高额薪酬、奖励及销售团队薪酬、提成、个人支配使用、挥霍消费等，用于生产经营或者其宣传的投资项目的资金与其筹集资金规模明显不成比例，造成集资参与人损失46.98亿余元；在资金链断裂后，上诉人曹×铭明知其无法归还集资款，仍虚构旗下基金公司国外上市的

① 参见江苏省南京市中级人民法院刑事判决书（2019）苏01刑初59号。

信息加大集资力度，最后携款潜逃。上诉人曹×铭具有非法占有目的，其行为构成集资诈骗罪，一审判决定罪准确。综上，该上诉理由和辩护意见无事实和法律依据，本院不予采纳。

（2）关于上诉人曹×铭及其辩护人提出的“一审判决认定曹×铭具有自首情节，但未从轻或减轻处罚，属于适用法律错误；其愿意配合对现有资产处置，以弥补集资参与人的损失，表明其认罪悔罪，可以从宽处理”的上诉理由及相关辩护意见，经查，曹×铭虽有自首情节，但其以养老为名针对老年人进行诈骗，案发前处置、隐匿资产出逃，归案后拒不交代资产去向，给集资参与人造成特别巨大损失。综合考量其自首质量及其犯罪的社会危害性，可依法不予从轻或减轻处罚。该上诉理由和辩护意见无法律依据，本院不予采纳。

（3）关于上诉人曹×铭及其辩护人提出的“曹×铭检举他人受贿犯罪经查证属实构成重大立功，应当依法对其从轻或者减轻处罚”的上诉理由及相关辩护意见，经查，上诉人曹×铭为谋取被举报的南京华越不被公安机关立案调查，以及非法解冻因连云港分公司涉案被冻结的总公司账户资金等不正当利益，向办案人员行贿，其行贿对象已被采取强制措施，但其主动交代其本人行贿事实的行为不符合立功的规定。该上诉理由和辩护意见无法律依据，本院不予采纳。

判决结果

上诉人曹×铭以非法占有为目的，使用诈骗方法非法集资，数额特别巨大，其行为构成集资诈骗罪。上诉人曹×铭自动投案后能如实供述主要犯罪事实，可以认定为自首，但其携款潜逃，并给集资参与人造成特别巨大损失，社会危害性极大，对其不予从轻处罚。江苏省人民检察院检察员发表的阅卷意见与事实和法律相符，本院予以采纳。一审判决认定上诉人曹×铭犯集资诈骗罪的事实清楚，证据确实、充分，定性准确，量刑适当，审判程序合法。据此，依照《中华人民共和国刑事诉讼法》第二百三十六条第一款第（一）项之规定，裁定如下：

驳回上诉，维持原判。

本裁定为终审裁定[①]。

① 参见江苏省高级人民法院刑事裁定书（2020）苏刑终4号。

理论解说

一、刑法学分析

集资诈骗罪作为涉众型犯罪，其花样亦不断翻新，危害性不断加深。最高人民检察院、公安部《关于公安机关管辖的刑事案件立案追诉标准的规定（二)》第 44 条规定："以非法占有为目的，使用诈骗方法非法集资，数额在十万元以上的，应予立案追诉。"本节结合曹×铭案相关情况作出以下分析。

（一）罪与非罪的界定

根据我国《刑法》的规定，使用诈骗方法非法集资，可构成集资诈骗罪，本罪与非罪的关键是"非法占有"的目的和"非法集资"的行为。从"非法集资"的行为上看，非法集资行为即单位或者个人，违反法律、法规向社会公众或不特定人群募集资金，数额较大的行为。其侵犯的客体是复杂客体，既破坏了国家的金融管理秩序，又侵犯了公私财物的所有权。集资诈骗行为违反有关金融法规，擅自吸收公众存款，干扰正常的金融业务，严重扰乱了金融秩序。在曹×铭案中，被告人曹×铭未经金融管理部门行政许可，向不特定社会公众虚假宣传非法吸收资金，累计向 11 万余人吸收资金人民币 132.07 亿余元，数额特别巨大，曹×铭非法集资的行为控辩双方不存在争议。

本罪的责任形式为故意，要求具有非法占有目的，具体则表现为具有不归还集资款的意思。2022 年《关于审理非法集资刑事案件具体应用法律若干问题的解释》规定：使用诈骗方法非法集资，具有下列情形之一的，可以认定为"具有非法占有目的"：(1) 集资后不用于生产经营活动或者用于生产经营活动与筹集资金规模明显不成比例，致使集资款不能返还的；(2) 肆意挥霍集资款，致使集资款不能返还的；(3) 携带集资款逃匿的；(4) 将集资款用于违法犯罪活动的；(5) 抽逃、转移资金、隐匿财产，逃避返还资金的；(6) 隐匿、销毁账目，或者搞假破产、假倒闭，逃避返还资金的；(7) 拒不交代资金去向，逃避返还资金的；(8) 其他可以认定为非法占有目的的情形。在上述司法解释出台之前，最高人民法院在湖南长沙召开的全国法院审理金融案件工作座谈会上形成的会议纪要，也对包括集资诈骗罪在内的金融犯罪案件中认定"非法占有目的"作了明确的规定：(1) 明知没有归还能力而大量骗取资金的；（2）非法获取资金后逃跑的；（3）肆意挥霍骗取资金的；（4）使用骗取的资金进行违法犯罪活动的；（5）抽逃、转移资金、隐匿财产以逃避返还资金的；（6）隐匿、销毁账目，或者搞假破产、假倒闭，以逃避返还资金的；（7）其他非法占有资金，拒不返还的行为[①]。对于没有非法占有目的，在特定范围内筹集资金，如面向单位职工集资，即使使用了一定的欺诈手段，也不能认定为犯罪，而是应当按债务纠纷处理。

在曹×铭案中，控辩双方争议的焦点在于被告人曹×铭是否具有非法占有目的。根据《刑法》相关规定，对于非法集资行为人，根据其主观上是否具有非法占有目的，分别以集资诈骗罪和非法吸收公众存款罪追究刑事责任。认定行为人是否具有非法占有目的，应根据其在非法集资中的层级、职责分工、获取收益方式、是否参与对资金处置以及对资金实际用途知情程度等方面综合审查判断。本案中，曹×铭作为非法集资的组织者、参与者，其在非法集资过程中宣称的“老龄产业”及租赁的社区、购买的酒店等均为吸引投资的噱头，目的是诱使集资参与人相信其所谓老龄产业存在真正的居家养老服务，营造其有实体基础的假象，以吸收更多的资金用于借新还旧。曹×铭本人控制与支配所有集资款，且主要用于支付前期集资参与人的本金及收益、支付高管高额薪酬、奖励及销售团队薪酬、提成、个人支配使用、挥霍消费等，用于生产经营或者其宣传的投资项目的资金与其筹集资金规模明显不成比例。在资金链断裂后，曹×铭明知无法归还集资款，仍编造传播旗下公司国外上市等虚假信息进一步扩大吸收资金规模，最后携款潜逃，上述事实足以认定其具有非法占有目的，构成集资诈骗罪。

（二）此罪与彼罪

集资诈骗罪属于诈骗类犯罪，不仅与诈骗犯罪存在竞合，因集资也与非法吸收公众存款罪交织，甚至与洗钱罪之间存在上下游关系，被视为洗钱罪的上游犯罪。

1. 集资诈骗罪与非法吸收公众存款罪

集资诈骗犯罪与非法吸收公众存款犯罪是非法集资犯罪最主要的类型，两者经常被合称为非法集资犯罪。但是，两者吸收公众资金的目的存在本质上的差别，即非法吸收公众存款犯罪行为主要是为了用于投资经营，而集资诈骗犯罪是以非法占有为目的。对于非法占有目的的认定，除上文中相关规范规定以外，在司法实践中更应当围绕融资项目真实性、资金去向、归还能力等事实、证据进行综合判断。但是，在处理具体案件时要注意以下两点：一是不能仅凭较大数额的非法集资款不能返还的结果，

① 李硕、李浣：《关于非法集资等涉众型金融犯罪适用法律问题研究》，《河北法学》2011 年第 6 期。

推定行为人具有非法占有的目的；二是行为人将大部分资金用于投资或生产经营活动，而将少量资金用于个人消费或挥霍的，不应仅以此便认定具有非法占有的目的[①]。此外，在非法集资中，行为人将部分集资款用于所宣称的项目，而将另一部分用于其他活动，表明行为人主观上存在不同意图，应当根据集资款使用的情形分别予以定性。对于此类行为，应当注意行为人非法集资时的主观心态，如在整体上认为行为人不具有非法占有目的，那么认定其行为构成非法吸收公众存款罪即可；如能够区分行为人不同主观故意的部分，则需进行分别定罪，对行为人按照数罪并罚的原则处理。对于此类案件通常情况下的共同犯罪，同样依据不同层级、作用，对具有不同主观故意的被告人进行区别定性，对具有非法占有目的的被告人以集资诈骗罪定罪处罚。在曹×铭案中，对其他积极组织、参与实施非法吸收公众存款行为的 69 名集资团队主要成员，因其不具有非法占有目的，南京市建邺区人民检察院以非法吸收公众存款罪提起公诉，上述人员均被依法追究刑事责任。

2. 集资诈骗罪与组织、领导传销活动罪

根据我国《刑法》第 224 条之一的规定，组织、领导以推销商品、提供服务等经营活动为名，要求参加者以缴纳费用或者购买商品、服务等方式获得加入资格，并按照一定顺序组成层级，直接或者间接以发展人员的数量作为计酬或者返利依据，引诱、胁迫参加者继续发展他人参加，骗取财物，扰乱经济社会秩序的传销活动的，构成组织、领导传销活动罪。根据《刑法》第 192 条规定，以非法占有为目的，使用诈骗方法非法集资，数额较大的，构成集资诈骗罪。相比较来看，传销是一种非法的经营手段，其主要侵犯的是社会主义市场经济秩序。而集资诈骗行为人实施的是非法集资行为，其主要侵犯的是金融管理秩序[②]。

集资诈骗行为人的主要目的就是骗取集资款项占为己有，行为人往往是通过转移、隐匿、挥霍财产等方式，将集资款项非法占有。而在传销犯罪中，传销组织是行为人用来牟利的手段，传销组织存在的时间越长，其行为人的获利就越多。传销组织者、领导者希望传销组织能长期发展下去，其会将所得的款项主要用于维持传销组织的运作，如给发展了下线的成员返利、支付传销组织的必要开支等。传销犯罪的行为人通过组织会牟取一定的利益，但相比较来说，维持传销组织运作，是传销行为人所得款项的主要去处。

实践中，存在传销型集资是以非法占有为目的，以传销的运作方式向社会不特定

① 周少华、董晓瑜：《集资诈骗罪的司法认定》，《人民检察》2010 年第 16 期。

② 刘棉春，李为民：《集资诈骗罪与传销犯罪的区别》，《人民司法（应用）》2016 年第 34 期。

对象公开吸收资金，其在组织建构上具备传销的金字塔结构，客观行为又符合非法集资所要求的公开性、非法性、利诱性特征的违法犯罪活动。不同于传统传销活动以销售实际商品为名掩盖诈骗本质，传销型集资是以经营投资项目或者虚拟财产为名，在性质认定上难以与集资诈骗罪相区分。区分此类犯罪的关键是二者客观方面的手段行为存在排斥关系，同时使用传销手段和集资手段骗取财物，均达到构罪程度的，应数罪并罚。

另外，在集资诈骗罪与洗钱罪的关系中，集资诈骗罪通常是洗钱罪的“上游犯罪”。犯罪分子在通过集资诈骗获取非法资金后，往往会利用洗钱手段来掩饰这些资金的来源和流向，以避免被侦查和追诉。集资诈骗罪作为金融诈骗的一种，其非法所得往往成为洗钱罪掩饰、隐瞒的对象；而洗钱罪则是在集资诈骗罪等上游犯罪之后实施，以进一步掩盖犯罪行为。

二、犯罪学分析

从集资诈骗罪的犯罪诱因看：一是因为群众的投资需求与风险意识不匹配；随着社会经济的发展和人民收入的提高，群众手中的闲散资金往往寻求稳定、高收益的投资渠道。然而，传统的银行储蓄方式已不能满足投资增值的需要，同时群众缺乏投资知识，对股市、期货市场等正规资本市场的风险性存在顾虑，非法集资者往往利用这一点，向投资者许诺高额利益的固定收益，诱使投资者参与集资。二是监管体系不完善；现有的金融监管体系主要监管正规金融机构，而对于非法集资等民间金融活动的监管相对薄弱，这为非法集资者提供了可乘之机。

从集资诈骗犯罪的犯罪手法来看，通常有以下几种：（1）使用诈骗的方法非法吸收公众资金；在集资诈骗犯罪活动中，诈骗的方法主要体现在虚构资金用途、提供虚假证明文件和虚构经济实力等。首先，虚构资金用途是集资诈骗犯罪得以成功实施的核心要素，使被害人误认为其投入的资金是用于能够给其带来较高收益的合法经营项目。其次，提供虚假证明文件是集资诈骗犯罪得以成功实施的重要保障。犯罪嫌疑人经常通过向被害人出示伪造的行业经营许可证、政府项目批文、专利发明证书、权威机构鉴定意见、资产评估报告等证明文件，增强被害人参与集资的信心。（2）吸收公众资金后，任意处置集资款；由于集资诈骗犯罪嫌疑人对虚构的资金用途、各种证明文件以及自身实际经济实力非常清楚，对从事非法集资的目的和动机也心知肚明，因此，在对待集资款的使用上也明显不负责任，表现出很大的随意性。有的犯罪嫌疑人不将集资款用于承诺的投资项目或者仅将少量资金用于正常的生产经营。（3）采取各种手段逃避返还集资资金；集资诈骗犯罪嫌疑人在资金链断裂、罪行暴露后，不是积极想办法筹措资金减少被害人的损失，反而往往是通过各种手段逃避返还资金。常见手段包括携款潜逃，抽逃、转移资金、隐匿财产，隐匿、销毁账目，搞假破产、假倒闭、拒不交代资金去向等。

2017年至2022年8月，全国法院审结非法集资一审刑事案件6.02万件10.87万人。先后审判处置了北京“e租宝”“昆明泛亚”江苏“钱宝”上海“阜兴”等一批重大非法集资案件，取得良好的政治效果、法律效果和社会效果。始终坚持从严惩处的方针，该重判的坚决依法予以重判，非法集资刑事案件平均重刑率为19.99%，其中集资诈骗犯罪案件的重刑率为78.78%，远高于刑事案件平均重刑率①。

风险警示

随着我国进入老龄化社会，中共中央、国务院先后印发了《关于加强新时代老龄工作的意见》《“十四五”国家老龄事业发展和养老服务体系规划》等文件，部署实施积极应对人口老龄化国家战略，推动老龄事业和产业协同发展，着力构建和完善兜底型、普惠型、多样化的养老服务体系。在此背景下，滋生了一部分犯罪分子未经依法批准，向不特定社会公众公开吸收存款，以“养老投资”之名，行“非法集资”之实。另外老年投资群体因危机意识不强，存在侥幸心理，容易被不法分子虚构的高息回报诱惑，导致养老领域非法集资案件高发。

这就要求广大投资者尤其是老年投资群体在投资养老产业时注意辨识合法融资与非法集资，依法理性开展金融投资活动。社会公众投资养老产业时，要根据公司企业经营状况、宣传项目是否真实存在、是否许诺回报或分红、许诺的回报或分红是否超出合理范围、是否具有给付所承诺回报的盈利能力等方面，分辨融资活动是否属于吸收公众存款、公开发行证券等公开募集资金行为甚至诈骗行为。对于公开募集资金行为，还要进一步了解相关公司企业是否具有相应金融业务许可，判断是合法融资还是非法集资。没有取得相关金融业务许可，以入股、投资、预定等名义许诺还本付息或者给付其他投资回报，向不特定社会公众公开吸收资金的，就是非法集资，不能因其以养老产业政策、公司前景、承诺高额回报等为噱头，就误以为是合法业务，不顾风险进行投资。

集资诈骗罪也是近年来司法部门重点打击的金融犯罪之一，对该类犯罪，因其具有参与人数众多、涉及地域广泛等特点，受主客观影响，容易出现取证瑕疵等问题。因此，司法部门及金融监管等部门之间的沟通协调、协作配合、跨区域案件的总体协

① 王丽丽：《依法惩治金融犯罪，维护国家金融安全稳定》，《人民法院报》2022年9月23日。

调尤为重要。此外，推动建立由地方党委、政府牵头，公检法机关、有关职能部门共同参与的处置机制，综合运用民事、经济、行政等多元手段，以最大限度追赃挽损，最大限度减少集资参与人损失亦是解决此类犯罪引发社会问题的重要方向。

问题思考

2014 年，被告人胡×勇收购巨和投资管理（上海）有限公司、上海巨谷股权投资基金有限公司等。2015 年 4 月，胡×勇组建被告单位巨如集团，并担任法定代表人，其后又设立上海丽贯金融信息服务有限公司等公司，并逐步围绕上述公司组建“巨如意”“巨和宝”“币优铺”等网络借贷或者融资平台，延续其所收购巨和公司的经营模式，通过销售各类理财产品等方式集资，筹集资金由巨如集团、胡×勇统一支配使用。2015 年至 2018 年 4 月，被告人胡×勇指使被告单位巨如集团金融板块负责人马×湧等人，违反国家有关规定，伪造借款人信息，虚构债权转让、股权转让及融资项目等，通过业务员上门推销、网络及新闻媒体宣传等方式，承诺 7%—22% 的高额回报，向社会公众公开销售理财产品。其中，“巨如意”“巨和宝”“爱理不离”“山海金”“巨如众吧”等平台假借 P2P 形式，虚构借款人信息，虚设风险准备金，承诺虚假担保，诱骗投资人出借资金；“币优铺”平台虚设债权转让人，进行虚假债权转让；“佑途物联网”进行虚假的新三板股份转让；“巨谷基金”违反私募基金关于客户应为合格投资者、单个客户投资限额、基金产品备案及资金托管等相关规定，以投资上海巨荣投资管理合伙企业文化产业项目及上海洛秦投资管理合伙企业供应链项目为名违规销售基金产品。至案发，累计向 2.9 万余名投资人集资共计 39.4 亿余元①。

集资诈骗罪实际上是一种特殊的诈骗罪，因此它既有一般诈骗罪所具有的共性，也具有一般诈骗罪所不具有的特殊性，除与非法吸收公众存款罪、洗钱罪存在关系外，诈骗方法亦可以通过欺诈或擅自发行股票、债券等行为来实现，与擅自发行股票、公司、企业债券罪、欺诈发行证券罪存在牵扯。综观上述案件，结合本节案例，根据《刑法》规定，探讨以下问题：

（1）本案中通过私募基金集资的行为如何定性？

（2）本案中的私募基金行为是否会触犯非法集资类犯罪？其私募行为是否符合非法集资犯罪的“非法性、公开性、利诱性、社会性”特征？

（3）被告人胡×勇等人的行为应构成非法吸收公众存款罪还是集资诈骗罪？

---

① 参见上海市高级人民法院刑事裁定书（2020）沪刑终 87 号。

第四部分　金融职权犯罪

案例 17:

保险欺诈的内鬼与外联成共犯

立法背景

保险公司工作人员的职务侵占罪，是指保险公司的工作人员利用职务上的便利，故意编造未曾发生的保险事故进行虚假理赔，骗取保险金归自己所有的，数额较大的行为。

1995 年，全国人大常务委员会《关于惩治破坏金融秩序犯罪的决定》第 17 条规定了“保险公司的工作人员利用职务上的便利，故意编造未曾发生的保险事故进行虚假理赔，骗取保险金的，分别依照全国人民代表大会常务委员会《关于惩治贪污罪贿赂罪的补充规定》和《关于惩治违反公司法的犯罪的决定》的有关规定处罚”。1995 年最高人民法院《关于办理违反公司法受贿、侵占、挪用等刑事案件适用法律若干问题的解释》（法发〔1995〕23 号）规定：“根据《决定》第 10 条的规定，公司和其他企业的董事、监事、职工利用职务或者工作上的便利，侵占本公司、企业财物，数额较大的，构成侵占罪”。1997 年《刑法》吸收了上述规定并略加调整。2005 年 6 月 24 日公安部经济犯罪侦查局《关于对非法占有他人股权是否构成职务侵占罪问题的工作意见》指出：“近年来，许多地方公安机关就公司股东之间或者被委托人采用非法手段侵占股权，是否涉嫌职务侵占罪问题请示我局。对此问题，我局多次召开座谈会并分别征求了高检、高法及人大法工委刑法室等有三关部门的意见。近日，最高人民院刑事审判第二庭书面答复我局：对于公司股东之间或者被委托人利用职务便利，非法占有公司股东股权的行为，如果能够认定行为人主观上具有非法占有他人财物的目的，则可对其利用职务便利，非法占有公司管理中的股东股权的行为以职务侵占罪论处。现予网上公布，供各地公安机关办理类似案件时借鉴参考。”

案件情况[①]

徐 × 阳、张 ×、顾 × 清等人与 × × 人寿上海分公司签订保险代理合同书，接受保险公司的培训与管理，对外以保险公司的名义展业。被告人徐 × 栋、朱 × 华于 2020 年 4 月起组织“保险黑产”[②] 犯罪团伙。2020 年 4—6 月，由徐 × 栋先与被害单位 × × 人寿上海分公司现代部业务总监徐 × 阳共谋。由徐 × 阳指使该部门业务主任张 ×、顾 × 清

① 参见上海市静安区人民法院（2021）沪 0106 刑初 735 号刑事判决。

② 所谓保险黑产，是指某些个人或机构利用退保规则漏洞或通过怂恿消费者频繁投诉保险公司等非法手段，以非法牟利为目的，有组织有预谋地进行虚假投保后退保、虚假宣传和不实承诺等行为。

等人提供保险业务团队内新人业务员账号；再由徐×栋、朱×华从他人处购买保险公司客户投保的交易信息，将信息交由“保险黑产”犯罪团伙成员冒充××人寿员工与客户取得联系，采用“撬单”或其他方式促成客户在××人寿购买新的保单。徐×栋、朱×华等团伙成员再将上述销售的新保单挂单在张×、顾×清等人提供的新人业务员账号下，以此骗取××人寿上海分公司对新人业务员提供的新人训练津贴、增员奖等额外奖励共计184.8万余元。赃款由“保险黑产”犯罪团伙成员与××人寿内部人员进行分赃。2020年10月29日，被告人徐×栋、朱×华被公安人员抓获。到案后，被告人徐×栋拒不供认上述犯罪事实。在法院审理过程中，被告人徐×栋、朱×华均能如实供述全部犯罪事实，且徐×栋退出违法所得39万元、朱×华退出违法所得30万元，连同其他同案关系人已退出全部违法所得。

控辩意见

本案控辩争议的焦点：保险代理人是否属于保险公司的工作人员，是否具有相应的职务便利。(1) 保险代理人可以视为保险公司工作人员。同案关系人徐×阳、张×、顾×清等人与××人寿上海分公司签订保险代理合同书，接受保险公司的培训与管理，对外以保险公司的名义展业，从形式上看似与保险公司属于委托代理关系。但从实质上看，保险代理人以保险公司名义为保险公司代办业务，保险公司从保险业务中获得保费收入，从中再支付给保险代理人以佣金，为保证保险代理人的工作质量，保险公司还为保险代理人组织培训，安排监督员实施严格的管理手段，这与保险公司的工作人员工作属性基本相同。两者的区别仅在于赚取收益的形式不同。保险公司签订保险代理合同的根本目的在于保险代理人的用工成本相对较低，不需要为保险代理人支付基本工资及缴纳社保，保险代理人通过实际展业的业务量赚取佣金能够形成激励机制，为保险公司创造收益。因此，仅因支付报酬的方式不同不足以区分保险代理人与保险公司工作人员之间的界限，保险代理人具有职务侵占的主体身份条件。(2) 保险代理人具有保险公司工作人员的职务便利。徐×阳、张×、顾×清等人具有一定上下级的管理关系。××人寿上海分公司的保险代理人采取多层级的管理模式。一般由资深的保险代理人邀请新人保险代理人加入保险公司，被邀请者的数量达到一定标准后，邀请者则晋升为业务主任，对被邀请者们进行管理并从其中的业务分成，被邀请者也可以继续邀请他人加入，当团队规模到达一定标准后，业务主任也可以晋升为部门业务总监、地区业务总监等，管理方式和业务提成以此类推。同案犯徐×阳、张×、顾×清等人虚构新人保险代理人，实际由他人展业，挂单在新人名下的方式，骗取××

人寿上海分公司支付的新人训练津贴、增员奖等额外奖励。这恰恰是利用自己作为业务主任、业务总监等职务便利，向保险公司隐瞒真实的情况，虚构自己邀请并负责管理的下级保险代理人的业务情况。

判决结果

法院认为，被告人徐 × 栋、朱 × 华伙同他人，利用被害单位公司工作人员具有职务上的便利，将被害单位的财物占为己有，数额巨大，其行为均已构成职务侵占罪。公诉机关指控的罪名成立，法院予以支持。在职务侵占的共同犯罪中，被告人徐 × 栋、朱 × 华起主要作用，系主犯；被告人朱 × 华到案后如实供述司法机关还未掌握的本人其他罪行，以自首论，依法可以减轻处罚；被告人徐 × 栋、朱 × 华当庭能如实供述自己的罪行，可以酌情从轻处罚。二名被告人已退赔全部违法所得，亦可以酌情从轻处罚。故法院依法作出如下裁判：

（1）被告人徐 × 栋犯职务侵占罪，判处有期徒刑 3 年 9 个月，并处罚金人民币 15 万元。

（2）被告人朱 × 华犯职务侵占罪，判处有期徒刑 3 年 6 个月，并处罚金人民币 15 万元。

（3）退赔的违法所得发还被害单位中国 × × 人寿保险股份有限公司上海分公司[①]。

理论解说

我国《刑法》第 271 条规定了职务侵占罪，第 183 条规定了保险公司的工作人员特殊主体适用的情形。最高人民检察院、公安部《关于公安机关管辖的刑事案件立案追诉标准的规定（二）》第 76 条规定：公司、企业或者其他单位人员，利用职务上的便利，将本单位财物非法占为己有，数额在 3 万元以上的，应予以立案追诉。

一、刑法学分析

保险公司工作人员的职务侵占罪按照一般职务侵占罪处理，但其认定与职务侵占罪存在不同，区分其罪与非罪的界限尤为重要。

---

① 参见上海市静安区人民法院刑事判决书（2021）沪 0106 刑初 735 号。

（一）罪与非罪的界定

我国《刑法》第 271 条规定了职务侵占罪，《刑法》第 183 条对保险公司工作人员的职务侵占罪规定的是第 271 条的特殊主体实施了职务侵占行为的情形。从以上案例可见，保险代理人与保险公司签订保险代理合同书，接受保险公司的培训与管理，根据保险公司委托，在授权范围内以保险公司的名义代为办理保险业务，并收取佣金。保险代理人与保险公司在实质上符合事实劳动关系。保险代理人在一定时期内实际履行着单位职责，承担着与保险公司业务员相同的工作任务，具有保险公司日常经营业务过程中的职务便利，可以成为职务侵占罪的犯罪主体。

本罪客观行为方面表现为利用职务上的便利，非法占有本单位财物，数额较大的行为。所谓“利用职务上的便利”，是指利用职权及与职务有关的便利条件。“职权”，是指本人职务、岗位范围内的权力；“与职务有关的便利条件”，是指虽然不是直接利用职务或岗位上的权限，但却利用了本人的职权或地位所形成的便利条件，或通过其他人员利用职务或地位上的便利条件。对于保险工作人员涉职务侵占罪的情形而言，保险公司的工作人员虚假理赔犯罪有以下几个构成要件：（1）本罪的犯罪主体是特殊主体，即保险公司的工作人员。如果是非保险公司的工作人员故意编造未曾发生的保险事故，进行虚假理赔，不构成此罪，而构成保险诈骗罪。（2）行为人在主观上有犯罪故意。行为人有故意编造未曾发生的保险事故进行虚假理赔，骗取保险金的目的。（3）行为人实施了利用职务上的便利，故意编造未曾发生的保险事故进行虚假理赔，并将骗取的保险金归自己所有的行为。

（二）此罪与彼罪

保险公司工作人员的职务侵占罪本案中犯罪团伙的行为模式复杂，不是单纯的“利用职务上的便利”侵占公司财物的行为，在整个行为模式里还存在故意编造未曾发生的保险事故进行虚假理赔，实践中存在“诱骗客户退保后重新投保”的手段行为，利用公司各项机制使公司“陷入错误认识”并“处分财产”的欺诈行为。这种貌似针对保险公司的“欺诈行为”，使得本罪在“职务侵占罪”和“诈骗罪”的此罪与彼罪之间极容易混淆。特别是实施此类犯罪获取投保客户信息的，其行为本身只是手段行为，骗取的保险金归自己所有的行为是目的，如果犯罪分子获取信息和共谋侵占保险公司财产的行为可以构成牵连犯。是择一重罪处罚还是数罪并罚需要厘清。

（1）职务侵占罪（本罪）和贪污罪的区分：本罪的主体为保险公司工作人员，是属于不具有国家工作人员身份的职工；贪污罪的主体则只限于国家工作人员，其中包括在国有公司、企业或者其他公司、企业中行使管理职权，并具有国家工作人员身份的人员，包括受国有公司、国有企业委派或者聘请，作为保险公司代表，行使管理职权，可以认定为贪污罪。

（2）本罪与保险诈骗罪的区分。根据《刑法》第 271 条及 2020 年《刑法修正案（十一）》的规定，行为人利用职务上的便利，将本单位财物非法占为己有的，构成职务侵占罪。同时，《刑法》第 183 条规定，保险公司的工作人员利用职务上的便利，故意编造未曾发生的保险事故进行虚假理赔，骗取保险金归自己所有的，按职务侵占罪论处。在《刑法》第 271 条已经明确规定“职务侵占罪”的情况下，《刑法》第 183 条又专门针对保险公司的工作人员犯此罪作出规定，却对其他金融行业人员犯此罪的情况只字未提。故能推论认为，《刑法》第 183 条属于法律拟制规定，即对具有“保险公司工作人员”身份的行为人骗取理赔金的行为进行专门的规制，按职务侵占罪论处，以示与一般诈骗罪、保险诈骗罪的区分。

司法实践中，对于保险从业人员的身份界定仍旧体现出灵活性和多样性的特点，且我国《保险法》也未对“保险公司工作人员”这一主体范围予以明确规定。对于数量庞大的保险业务员，其身份到底是个人代理人、个人经纪人还是保险公司员工，目前存在较大争议，这就使办案机关在个案中对保险从业人员的身份判断更加难以把握。因此，围绕保险业务员的身份问题，不同司法机关在不同案件裁判中给予不同定性，从而使裁判结果迥异。例如，在四川省一案件中，法院认为被告人虽然是个人保险代理人，与保险公司签订的是个人业务保险营销员委托合同，属于委托代理关系，但其仅能代理该保险公司开展业务，且有固定的工作场所，上班、开会均受公司考勤制度管理，按工作量获得劳动报酬，应视为该保险公司员工，故其利用职务便利将本单位财物非法占为己有的行为，构成职务侵占罪。而在广东省的另一案件中，法院则认为我国《保险法》第 116 条和第 131 条对“保险公司及其工作人员”和“保险代理人和保险经纪人”分别规定了在保险业务活动中不同义务，视为保险代理人与保险公司工作人员分属不同范围，而被告人与保险公司之间仅构成保险代理关系，双方之间不构成劳动或劳务关系，故被告人既不属于保险公司工作人员，也不属于鉴定人、证明人、财产评估人，故不符合职务侵占罪和保险诈骗罪的主体要件，对其犯罪行为应按一般诈骗罪论处。

二、犯罪学分析

近年来，保险公司“内鬼作祟”并给公司带来高额损失的情况并不少见，而涉嫌职务侵占的违法犯罪行为也一直是有关部门严厉打击的对象。2022 年最高人民检察院《关于印发职务侵占典型案例的通知》指出，金融保险系统具有行业特殊性，客观上具有利用职务作案的工作条件，一旦监管不力、内控机制失控，将造成无法估量的危害后果。其犯罪体现以下特点。

（1）犯罪主体多是中小企业中的基层业务人员及基层管理人员。我们可以从近年法院裁判的职务侵占案件中发现，犯罪人员的职业职务及于店长、部门负责人、质量检测员、置业顾问、项目组组长、采购员、物流员、销售员、出纳会计、配送员、银行经理、仓库管理员、快递员这一范围，而上述职业身份人员与公司财物有密切关联，甚至存在直接占有的极大便利空间。

（2）犯罪人员“非法占有”的犯罪故意通常较为强烈，且多方面表现。从样本中发现，犯罪人员普遍存在预谋犯罪甚至采取相应的对策试图掩盖犯罪行为的现象。此外，从判决文书中也可以发现，案发后犯罪人员普遍会将多数侵占财物挥霍，或用于个人日常开销，或用于偿还个人债务，或用于购买汽车、房产等高价值物品，甚至用于赌博。可见，犯罪人员在侵占公司财物之初就具有较强的非法占有的目的，且其也往往具备犯罪后附加掩盖犯罪行为的主观心态和行为表现。

（3）犯罪人员的利用职务便利侵吞、窃取、骗取企业财物的手段日趋多样化。当前其犯罪手段大致可以归纳概括为以下几种：一是，与第三人勾结签订虚假合同，通过吃回扣的方式侵占公司财物。二是，收取客户货款，应上交而未上交，将其据为己有。三是，利用他人或自己职务便利，单独或共同盗取公司财物出售。四是，通过涂改账目、伪造单据等形式骗取公司财物。

（4）保险公司工作人员职务侵占犯罪常见的有三种类型。一是，保险公司的工作人员利用职务上的便利，故意编造未曾发生的保险事故进行虚假理赔，骗取保险金归自己所有的，以职务侵占罪定罪处罚。这是保险公司工作人员职务犯罪的最常见的类型。二是，保险公司的工作人员利用职务上的便利，以“挂单”形式骗取公司钱款，以职务侵占罪定罪处罚。所谓的保险挂单是指，保险公司人员通过虚假报告保单销售的方式，将保单挂在某些销售人员名下以达到业绩或其他目的。通过这种方式，某些销售人员可能为了达到公司设定的业绩目标或获取某种奖励，而采取将保单挂在自己名下但并不实际销售的方式。三是，保险公司的工作人员利用职务上的便利，通过收取客户保险金不上缴公司侵占公司钱款，以职务侵占罪定罪处罚。如，上述案件中的徐 × 阳等使用的就是第二种内外相勾结以挂单的形式实现职务侵占的。

风险警示

保险领域利用职务之便为他人或自己谋求不正当利益的现象并不少见，尤其是虚列费用、虚假承保、虚假退保、虚假理赔和虚挂保费行为已严重扰乱保险市场。监管部门对这种违法违规行为无论是罚款的数额还是罚款的力度均呈现出前所未有的严厉，甚至还会被终身禁止进入保险业，实行从业禁止。在刑事犯罪的追诉上，降低了入罪的门槛，监管趋严和打击趋厉使得“锒铛入狱”风险增大，这是从事保险人员需要高度警惕的。职务侵占的发生对于保险公司的信任度和品牌会形成较大的损伤。因此，保险公司要更加重视内部管理的风险控制。

保险公司职务犯罪行为主要集中在保险公司的保险费、账外资金、业务返款、佣金等财产之上，而不法人员之所以能够作案成功，很大一部分原因是保险公司内控机制不够完善，合规管理不到位，在某些环节存在操作风险，尤其是涉及费用管理的内控与合规管理存在薄弱环节甚至漏洞。

一是防范佣金套利风险。保险公司内部涉嫌的职务犯罪，很大一部分来源于佣金套现。首先，应当建立健全佣金套利防范工作机制；其次，加强异常业务测算，合理制定奖励政策；再次，应当科学确定佣金水平；最后，应当建立与业务品质相挂钩的利益发放机制。

二是加强保险合同管理。合同是保险公司业务的载体，合同管理也是保险公司的内控管理和合规工作最为核心的业务。

三是强化理赔管理。保险公司应当合理确定各项业务活动和管理活动的欺诈风险控制点，明确欺诈风险管理相关事项的审核部门和审批权限，执行标准统一的业务流程和管理流程。

四是加强财务管控力度。保险公司应当建立规范统一的收付费管理制度，明确规定收付费的管理流程、作业要求和岗位职责。保险公司应当规范财务支出审批程序。

五是强化保险公司的合规管理。应当加强合规管理人员在日常经营行为过程中的行为风险的防范，加强对异常行为的检测。

问题思考

2018 年 4 月，马 × 合在担任青海省玉树州通天河防洪治理第七标段总负责人期间，以四川明兴建设有限公司的名义向阳光财产保险股份有限公司青海省分公司购买了一份30人不记名的意外险和健康险。2018年8月2日，该工程防洪坝工地工人林×1、马×等人在外出买牛的途中发生车祸，致使林×1死亡、马×受伤。事故发生后，马×合指使防洪坝工地负责人马×全伪造事故现场，并通知阳光保险公司出现场，防洪水渠工地负责人马×奇伪造虚假证明材料并办理马×、林×1保险理赔事宜。阳光保险公司工作人员赵×红在办理理赔工作时，明知此次事故不属于保险理赔范围，仍然帮助马×合、马×全、马×奇向阳光保险公司提供虚假证明材料，致使阳光保险公司损失人民币50万元。案发后，马×合、马×全、马×奇主动投案自首，并退还保险金人民币50万元①。

目前，有些保险公司工作人与其他人员勾结，从其工作人员处购买投保人保单信息。然后以“产品升级”“原保单全额退保”等为名联系投保人，诱骗投保人将原保单退保后购买新保单，将新保单“挂单”在新进保险业务员账号下，侵吞获取保险公司支付给新进业务员的新人训练津贴、增员奖等额外奖励等。纵观上述案件，结合本节案例，根据《刑法》的规定，探讨以下问题：

（1）请具体分析本案当事人马×合为何构成职务侵占罪？

（2）本案当事人赵×红的行为成立保险诈骗罪还是职务侵占罪？

（3）保险公司如何防范赵×红类似的犯罪行为？

---

① 参见青海省西宁市城西区人民法院刑事判决书（2019）青0104刑初99号。

案例 18：

挪用资金还是骗取公款均殊途同归

立法背景

挪用公款罪，是指国家工作人员利用职务上的便利，挪用公款归个人使用，进行非法活动的，或者挪用公款数额较大、进行营利活动的，或者挪用公款数额较大、超过3个月未还的行为。国有商业银行、证券交易所、期货交易所、证券公司、期货经纪公司、保险公司或者其他国有金融机构的工作人员和国有商业银行、证券交易所、期货交易所、证券公司、期货经纪公司、保险公司或者其他国有金融机构委派到前款规定中的非国有机构从事公务的人员依照挪用公款罪定罪处罚。

1988年，全国人大常务委员会《关于惩治贪污罪贿赂罪的补充规定》首次规定了挪用公款罪。1995年全国人大常务委员会《关于惩治违反公司法的犯罪的决定》规定了挪用资金罪。同年全国人大常务委员会《关于惩治破坏金融秩序犯罪的决定》又进一步明确挪用公款罪和挪用资金罪的犯罪构成，即"银行或者其他金融机构的工作人员利用职务上的便利，挪用单位或者客户资金的，分别依照全国人民代表大会常务委员会《关于惩治贪污罪贿赂罪的补充规定》和《关于惩治违反公司法的犯罪的决定》的有关规定处罚"。1997年《刑法》吸收全国人大常委会的上述《决定》的内容，设立了挪用资金罪和挪用公款罪，并在第185条设立以金融机构工作人员为主体的挪用资金罪和挪用公款罪的特殊情形。1999年《刑法修正案》第7条对第185条进行修正，进一步明确挪用资金罪和挪用公款罪的犯罪主体。2016年最高人民法院、最高人民检察院《关于办理贪污贿赂刑事案件适用法律若干问题的解释》提高了挪用公款罪的定罪量刑标准。

案件情况

被告人张Z、田×和在分别担任本×市商业银行股份有限公司溪湖支行副行长、行长期间，于2005—2014年，利用主管贷款业务的职务便利，采取虚构贷款人及违规贷款的手段，违规为张Z办理贷款手续用于本人营利活动，挪用公款共计人民币704.3万元（以下币种相同），截至立案前尚有654.3万元的资金未归还；被告人汤××、花××、李×甲、杨××、姜××、金××、王××在分别担任本×市商业银行股份有限公司溪湖支行信贷科长、信贷员期间，于2005—2014年，利用职务上的便利，在明知被告人张Z利用主管贷款业务的职务便利，采取虚构贷款人及违规贷款的手段，挪用单位公款用于经营活动的情况下，帮助被告人张Z挪用公款，挪用公款数额分别为405.6

万元、200万元、454.3万元、178万元、200万元、170万元、454.3万元。具体事实如下：

（1）被告人张Z在担任本×市商业银行股份有限公司溪湖支行副行长期间，于2005—2014年，利用主管贷款业务的职务便利，在征得时任本×市商业银行股份有限公司溪湖支行行长被告人田×和同意后，采取虚构贷款人及违规贷款的手段，指使该行信贷部员工被告人汤××、花××、李×甲、杨××、姜××、金××、王××违规为其办理贷款手续用于本人营利活动，挪用公款共计704.3万元，截至立案前尚有654.3万元的资金未归还。

（2）被告人田×和在担任本×市商业银行股份有限公司溪湖支行行长期间，于2005—2014年，明知被告人张Z利用主管贷款业务的职务便利，指使被告人汤××、花××、李×甲、姜××、杨××、金××、王××采取虚构贷款人及违规贷款的手段，使用单位公款用于其经营活动的情况下，仍然受被告人张Z的请托，同意为张Z发放贷款，帮助被告人张Z挪用公款共计人民币704.3万元，截至立案前尚有654.3万元的资金未归还。

（3）被告人汤××在担任本×市商业银行股份有限公司溪湖支行信贷科长期间，于2005—2013年，受被告人田×和、张Z的指使，在明知被告人张Z利用主管贷款业务的职务便利，采取虚构贷款人及违规贷款的手段，使用单位公款用于经营活动的情况下，仍伙同被告人金××为被告人张Z办理5笔贷款，伙同被告人李×甲为被告人张Z办理4笔贷款及5笔贷款的转贷款，帮助被告人张Z挪用公款共计405.6万元。

（4）被告人花××在担任本×市商业银行股份有限公司溪湖支行信贷科长期间，于2005—2014年，受被告本人田×和、张Z指使，在明知被告人张Z利用主管贷款业务的职务便利，采取虚构贷款人及违规贷款的手段，使用单位公款用于经营活动的情况下，仍伙同被告人杨××为被告人张Z办理4笔贷款，伙同被告人姜××为被告人张Z办理4笔贷款的转贷款，帮助被告人张Z挪用公款共计200万元，截至立案前尚有200万元的资金未归还。

（5）被告人李×甲在担任本×市商业银行股份有限公司溪湖支行信贷员及信贷科长期间，于2005—2013年，受被告人田×和、张Z、汤××的指使，在明知被告人张Z利用主管贷款业务的职务便利，采取虚构贷款人及违规贷款的手段，使用单位公款用于经营活动的情况下，仍伙同被告人王××为被告人张Z办理2笔贷款及9笔贷款的转贷，帮助被告人张Z挪用公款共计504.5万元，截至立案前尚有454.3万元的资金未归还。

（6）被告人杨××在担任本×市商业银行股份有限公司溪湖支行信贷员期间，于2005—2013 年，受被告人张 Z、花××的指使，在明知被告人张 Z 利用主管贷款业务的职务便利，采取虚构贷款人及违规贷款的手段，使用单位公款用于经营活动的情况下，仍伙同被告人花××为被告人张 Z 办理 4 笔贷款及 4 笔贷款的转贷，帮助被告人张 Z 挪用公款共计 178 万元。

（7）被告人姜××在担任本×市商业银行股份有限公司溪湖支行信贷员期间，于2013—2014 年，受被告人田×和、张 Z、花××的指使，在明知被告人张 Z 利用主管贷款业务的职务便利，采取虚构贷款人及违规贷款的手段，使用单位公款用于经营活动的情况下，仍伙同被告人花××为被告人张 Z 办理 4 笔贷款的转贷，帮助被告人张 Z 挪用公款共计 200 万元，截至立案前尚有 200 万元的资金未归还。

（8）被告人金××在担任本×市商业银行股份有限公司溪湖支行信贷员期间，于2006—2007 年，受被告人张 Z、汤××的指使，在明知被告人张 Z 利用主管贷款业务的职务便利，采取虚构贷款人及违规贷款的手段，使用单位公款用于经营活动的情况下，仍为被告人张 Z 办理 5 笔贷款，帮助被告人张 Z 挪用公款共计 170 万元。

（9）被告人王××在担任本×市商业银行股份有限公司溪湖支行信贷员期间，于2013—2014 年，受被告人田×和、张 Z、李×甲的指使，在明知被告人张 Z 利用主管贷款业务的职务便利，采取虚构贷款人及违规贷款的手段，使用单位公款用于经营活动的情况下，仍伙同被告人李×甲为被告人张 Z 办理 2 笔贷款及 9 笔贷款的转贷，帮助被告人张 Z 挪用公款共计 504.3 万元，截至立案前尚有 454.3 万元的资金未归还。

控辩意见

上诉人张 Z 的上诉理由：他没有虚构贷款人，没有欺骗，所有的借款人都知情，发放贷款都是经领导同意，与信贷科长共同研究后发放的，并且归还了利息。签订的合同都是正规的贷款渠道、审批手续，信贷会计都是通过正常的业务程序进行处理的，没有私自处理的情况。没有办理抵押登记的这种情况在商行有很多，其他行也有这种情况。而且其身份不是国家工作人员，不构成挪用公款罪。其辩护人的辩护意见是：（1）上诉人张 Z 不符合挪用公款罪主体特殊构成要件；（2）上诉人张 Z 没有利用职务便利实施挪用公款的行为；（3）一审法院认定上诉人张 Z 采取虚构贷款人及违规贷款的手段，指使其他几名被告人违规为其办理贷款，与客观事实不符。

上诉人田×和的上诉理由：其起次要作用，不是主犯，一审量刑过重。其构成自首，2015 年 7 月中旬，其到商行纪委主动汇报了贷款的情况。2015 年 10 月 22 日，明山区检察院到其单位，其当时没在单位，后直接去了检察院，其认为是主动投案。其对共同犯罪有异议，当时商行贷款不是很规范，没有房票有合同的不办抵押登记的，是可以办理贷款的。一个人用多个人名字贷款是普遍存在的，不是信贷员故意犯罪，只是由于过失。其辩护人的辩护意见是：（1）原审判处田 × 和挪用公款罪在法律适用上有误；（2）一审判决认定田 × 和涉嫌挪用公款罪数额有误；（3）田 × 和主动投案、如实交代自己的犯罪事实，构成自首，依法可以从轻或减轻处罚；（4）田 × 和不应认定为主犯。

判决结果

上诉人张 Z、田 × 和、原审被告人汤 × ×、花 × ×、李 × 甲、杨 × ×、姜 × ×、金 × ×、王 × × 身为银行工作人员，违反国家规定发放贷款，其中上诉人张 Z、田 × 和作为直接负责的主管人员，违法发放贷款数额特别巨大，原审被告人汤 × ×、花 × ×、李 × 甲、杨 × ×、姜 × ×、金 × ×、王 × × 作为直接责任人员，违法发放贷款，数额巨大，其行为均构成违法发放贷款罪。上诉人张 Z、田 × 和及其他原审被告人经过集体研究决定，通过一定的审批手续向关系人发放贷款，贷款到期后偿还部分利息，明知贷款违反国家规定仍予以发放，其行为侵犯了国家金融管理秩序，构成违法发放贷款罪，而在客观方面和侵犯的客体方面不符合挪用公款罪的构成要件，不构成挪用公款罪。原判认定张 Z、田 × 和、汤 × ×、花 × ×、李 × 甲、杨 × ×、姜 × ×、金 × ×、王 × × 犯挪用公款罪不当，应予调整。判决如下：

（1）撤销本 × 市明山区人民法院（2015）明刑初字第 00267 号刑事判决；

（2）上诉人张 Z 犯违法发放贷款罪，判处有期徒刑 7 年 6 个月；

（3）上诉人田 × 和犯违法发放贷款罪，判处有期徒刑 3 年 6 个月；

（4）原审被告人李 × 甲犯违法发放贷款罪，判处有期徒刑 3 年，缓刑 4 年；

（5）原审被告人汤 × × 犯违法发放贷款罪，判处有期徒刑 2 年，缓刑 3 年；

（6）原审被告人姜 × × 犯违法发放贷款罪，判处有期徒刑 2 年，缓刑 2 年；

（7）原审被告人花 × × 犯违法发放贷款罪，判处有期徒刑 1 年，缓刑 2 年；

（8）原审被告人杨 × × 犯违法发放贷款罪，判处有期徒刑 1 年，缓刑 1 年；

（9）原审被告人金 × × 犯违法发放贷款罪，判处有期徒刑 1 年，缓刑 1 年；

（10）原审被告人王 × × 犯违法发放贷款罪，免予刑事处罚；

（11）责令上诉人张 Z、田 × 和、原审被告人汤 × ×、花 × ×、李 × 甲、杨 × ×、姜××、金××、王××偿还尚未归还的贷款及利息[①]。

理论解说

一、刑法学分析

《刑法》第 384 条规定了挪用公款罪。最高人民检察院、公安部《关于办理贪污贿赂刑事案件适用法律若干问题的解释》第 5 条规定，挪用公款归个人使用，进行非法活动，数额在 3 万元以上的，应当依照《刑法》第 384 条的规定以挪用公款罪追究刑事责任；数额在 3 百万元以上的，应当认定为《刑法》第 384 条第一款规定的“数额巨大”。

（一）罪与非罪的界定

认定挪用公款罪与非罪界限的关键，主要是看其挪用公款的行为，是否属于法定的挪用公款罪范围。除此范围之外的其他挪用公款行为，应视为挪用公款的一般违法行为。较为典型的挪用公款行为主要有：（1）国有公司、企业、事业单位和人民团体工作人员和国有公司、企业、事业单位和人民团体委派到非国有公司、企业、事业单位和人民团体中从事公务的人员，利用职务上的便利，挪用本单位资金归个人使用，进行非法活动；或者挪用本单位资金数额较大，进行营利活动的；或者挪用本单位资金数额较大、超过 3 个月未还的行为。（2）国有公司、企业或其他国有单位中从事公务的人员和国有公司、企业或其他国有单位委派到非国有公司、企业以及其他单位从事公务的人员，利用职务上的便利，挪用本单位资金归个人使用或者借贷给他人，数额较大、超过 3 个月未还的；或者虽未超过 3 个月，但数额较大、进行营利活动的；或者进行非法活动的行为。（3）国家工作人员利用职务上的便利，挪用公款归个人使用，进行非法活动的；或者挪用公款数额较大、进行营利活动的；或者挪用公款数额较大、超过 3 个月未还的行为。如本案中，张×、田×和及其他原审被告人经过集体研究决定，通过一定的审批手续向关系人发放贷款，贷款到期后偿还部分利息，明知贷款违反国家规定仍予以发放，其行为侵犯了国家金融管理秩序，构成违法发放贷款罪，而在客观方面和侵犯的客体方面不符合挪用公款罪的构成要件，不构成挪用公款罪。（4）国家工作人员利用职务上的便利，挪用用于救灾、抢险、防汛优抚、扶贫、

① 参见辽宁省本溪市中级人民法院刑事判决书（2016）辽 05 刑终 52 号。

移民、救济款物归个人使用的行为。其他类型行为，则需要结合案件情况与实质要件具体问题具体分析，而不可一律与挪用公款罪排除关系。

（二）此罪与彼罪

挪用公款罪因其行为是“挪”而非“占”，在司法实践的认定中容易产生认识不统一的现象。特别是与挪用资金罪、贪污罪、拆借资金、一般挪用行为之间有时候存在难以区分的情况。

1. 挪用公款罪与贪污罪的界分

挪用公款罪与贪污罪二者的主要区别在于行为人是否采取弄虚作假的手段，使自己占有公款的事实在账目上难以发现。如使用虚假发票、对账单等会计凭证，使其占用的公款已难以在单位财务账目上反映出来的，一般应当认定为贪污行为。对于行为人采取了弄虚作假的手段平账，但由于受到某种条件的制约，不能完全平账的，也不能仅以账未做平作为不定贪污罪的理由；行为人销毁有关账目的。该行为不仅是逃避侦查的行为，也是掩饰公款去向，试图隐匿公款的行为，反映出行为人主观上有非法占有的目的，是侵吞公款的贪污行为；行为人截取收入不入账的。行为人利用职务上的便利，将本单位的收入直接截留，使账目上不能反映该款项，是直接侵吞公款的贪污行为[①]。此外还要关注挪用公款罪转化为贪污罪的认定，2003 年 11 月 13 日最高人民法院《全国法院审理经济犯罪案件工作座谈会纪要》第四条第（八）项对其作出规定。挪用公款罪与贪污罪的主要区别在于行为人主观上是否具有非法占有的目的。挪用公款是否转化为贪污，应当按照主客观相一致的原则，加以具体判定。在司法实践中，具有以下情形之一的，可以认定行为人具有非法占有公款的目的：（1）“携带挪用的公款潜逃的”，对其携带挪用的公款部分，以贪污罪定罪处罚。（2）行为人挪用公款后采取虚假发票平账、销毁有关账目等手段，使所挪用的公款已难以在单位财务账目上反映出来，且没有归还行为的，应当以贪污罪定罪处罚。（3）行为人截取单位收入不入账，非法占有，使所占有的公款难以在单位财务账目上反映出来，且没有归还行为的，应当以贪污罪定罪处罚。（4）有证据证明行为人有能力归还所挪用的公款而拒不归还，并隐瞒挪用的公款去向的，应当以贪污罪定罪处罚。挪用公款罪的“有挪必有还”与贪污罪的“有吞无还”存在本质区别。

2. 挪用公款罪与挪用资金罪的界分

二者的主要区别不在于挪用的“对象范围”是国家机关、国有公司、企业、事业

① 参见《“彭国军贪污、挪用公款案”的裁判要旨》，最高人民法院《刑事审判参考》第 236 号。

单位、人民团体的“公款”，还是非国有性质的“资金”，而是在于犯罪主体是国家工作人员还是非国家工作人员。《刑法》第 272 条第 1 款规定：“公司、企业或者其他单位的工作人员”利用职务上的便利挪用本单位资金归个人使用或者借贷给他人的，构成挪用资金罪，同时第 2 款又规定：“国有公司、企业或者其他国有单位中从事公务的人员和国有公司、企业或者其他国有单位委派到非国有公司、企业以及其他单位从事公务的人员有前款行为的，依照本法第 384 条的规定定罪处罚”。

《刑法》第 185 条第 2 款规定，国有金融机构工作人员和国有金融机构委派到非国有金融机构从事公务的人员，利用职务上的便利，挪用本单位或者客户资金的行为，依照《刑法》第 384 条的规定定罪处罚。据此，如果行为人是国有公司、企业或者其他国有单位委派到非国有公司、企业以及其他单位从事公务的人员，其利用职务上的便利，挪用该非国有单位的资金归个人使用或者借贷给他人，只要同时在数额、未归还期限以及资金用途方面符合挪用公款罪的要件，就应当以挪用公款罪定罪处罚，而不论这些资金是否国有或国有所占比例多大，其犯罪数额也应是实际挪用的全部数额。因此，挪用公款罪与挪用资金罪的区分，不在于被挪用资金的性质；挪用公款罪的对象并不仅限于纯粹国有性质单位的资金，私有性质单位的资金也可以成为挪用公款罪的对象。挪用单位资金行为是构成挪用公款罪还是挪用资金罪，只需考察行为人身份予以判定：（1）国家机关、国有公司、企业、事业单位、人民团体中的国家工作人员（包括“准国家工作人员”）身份的人，利用职务上的便利挪用本单位资金归个人使用的，构成挪用公款罪；（2）国家机关等国有单位中非国家工作人员挪用本单位资金归个人使用的，构成挪用资金罪；（3）国家机关、国有公司、企业、事业单位委派到非国有公司、企业、事业单位、社会团体从事公务的人员以及其他依照法律从事公务的人员（包括党的机关、政协机关中从事公务的人员），利用职务上的便利挪用本单位资金归个人使用的，构成挪用公款罪；如果非国有公司、企业、事业单位、社会团体中从事公务的人员实施同种行为，构成挪用资金罪。

3. 挪用公款罪与违法发放贷款罪的界分

二者最主要的区别在于行为的主观构成要件和客观的构成要件的不同。（1）挪用公款罪的主观要件是当事人具有非法挪用银行等金融机构公款的主观要件，而违法发放贷款罪则不具有挪用的故意，而体现为在正常的贷款业务中违法的主观要件。（2）行为的客观方面。①行为是职务行为还是擅自的个人行为。违法发放贷款行为具有职务性，其虽然违反相关法律规章，往往超出法定权限和违反法定程序，但本质上仍是贷款行为。挪用公款行为是擅自超越职权的个人行为，即不经合法批准擅自动用公款归个人使用，即使其以单位名义挪用公款借贷给他人使用，该行为亦是个人决定的，单位不承担其法律后果。②是否具有贷款审批手续，以及何时办理的审批手续。根据《商业银行法》等规定，合法的贷款行为必须严格按照贷款调查、贷款审批、签订贷款合同的法定程序办理齐全的贷款手续。违法发放贷款行为往往未履行全部贷款程序，但本质上属于贷款行为，必须具有一定的审批手续，且审批手续在发放贷款之前或之时即已办理。③行为是秘密进行的还是公开进行的。以上案例（2016）辽05刑终52号判决书来看，张Z、田×和等人从主观上来看不具有挪用公款的故意，而且在客观上也履行了一些贷款的手续，但是这些手续由于不充备，导致其贷款行为具有违法性。达到一定程度之后，就构成了违法发放贷款罪。

二、犯罪学分析

目前，经济发展多重困难叠加、风险隐忧交织、下行压力增大，以上引发融资难、融资贵以及财政金融风险的上升。因融资困难而引发的企业间违规资金拆借日益增多，而银行、保险、基金等本就以资本运作为主营业务的金融机构，资金运用过程中的违规情形屡见不鲜，游走在违规和犯罪的边界。挪用公款作为金融领域职务犯罪，大多是该领域专业人员熟悉金融法律法规和市场运作规律，往往会运用内部消息和管理漏洞，设计一些表面合法的理财、信托产品，牟取巨额利益。职权影响、市场变化、智力因素相互交织，使得金融领域职务犯罪事实异常复杂。有些金融机构负责人将挪用公款与拆借资金混同，企业或者银行之间，属于合法行为。将挪用公款视为相互融通短期资金的一种借贷的行为方式，认为是一种违反财务制度的行为，但也不乏以拆借资金为名，逃避信贷监管制度的非法拆借行为，将公款挪为己用，演变为挪用公款罪。

从司法实务中司法机关查办的此类案件来看，挪用公款案件的发生，多数是因为案发单位管理制度存在漏洞，日常管理混乱，规章制度形同虚设，有章不循，责任制度不落实，部门内部检查不到位造成的。特别是在金融机构中，严重违反财经纪律，建立账外账，私设“小金库”，为职务犯罪的发生提供了条件，致使挪用公款等职务犯罪频频发生，屡禁不止。对于此种手段复杂隐蔽的挪用公款犯罪，应从使用公款目的、公款流转去向、违法所得归属多角度审查，确定公款是否“归个人使用”。特别注意新型犯罪形态，如犯罪分子为进行营利活动，违规使用银行资金将理财产品提前兑付，侵犯了银行对公款的管理使用权，使公款置于风险之中，这种行为符合挪用公款罪的特征。对此要保持高度警惕。

风险警示

金融领域职务犯罪与传统犯罪相比，隐蔽性更强，犯罪数额更高，危害性更大，甚至会诱发系统性金融风险。应当通过穿透式审查揭示新型挪用公款犯罪的本质特征，进而追究被告人刑事责任，并追缴违法所得。加强监督和制约，是减少和预防犯罪的重要措施。首先，监督制约不能是停留于书面、挂之于口头、流之于形式的做秀，必须动真碰硬。对重大的经营业务活动，如大额贷款、信用担保、外汇交易、资金拆借和经济开支等，必须明确审批权限和办事程序，要做到会监督、敢监督，把监督落到实处。加强对本单位要害部门、要害岗位的管理和监督检查，重要岗位工作人员应定期轮岗、交流，不断完善内部审计监管制度，加大审计工作力度，要建立健全科学合理的财务管理程序。特别是贷款、承兑汇票等业务必须有严格的办理程序、健全的手续制度和明确的经济责任，要增强这些业务操作的透明度，把办理的结果定期向职工公布，向社会公布，主动接受外部监督。同时要健全责任追究制度，对工作不负责任、玩忽职守的部门领导和工作人员，要依照制度规定进行惩处，若造成重大损失的，要及时移交或协助司法机关处理。通过一系列的制约措施，从根本上防止犯罪的发生。

问题思考

2005 年 9 月至 2016 年 10 月，被告人向 × 兰担任巫溪县胜利乡财政所所长兼出纳，负责胜利乡财政所的全面工作，具有对胜利乡财政资金进行依法管理的职责。2013 年 12 月至 2016 年 12 月，被告人谭 × 星在重庆农村商业银行股份有限公司巫溪支行胜利分理处担任主任。

2014 年 12 月初，被告人谭 × 星分别找到时任胜利乡分管财务的乡党委委员毕 × 锋和被告人向 × 兰，请求借用胜利乡财政所公款用于完成农商行胜利分理处对私存款任务，承诺 2015 年初归还。毕 × 峰和向 × 兰均表示同意。同月 10 日，向 × 兰以津补贴和危旧房改造资金的虚假资金用途出具现金支票，从胜利乡财政所账户上提取现金 300 万元，直接交给谭 × 星。随后，谭 × 星将该 300 万元存入其个人邮政储蓄银行卡。12 月 23—29 日，谭 × 星将其中的 290 万元购买了邮政储蓄银行的“日日升”理财产品，获利 1501.04 元。2015 年 1 月 30 日，谭 × 星通过其个人农商行银行卡转账，向胜利乡财政所归还公款 50 万元，其余 250 万元公款一直由其保管、使用，主要用于归还个人债务、家庭开支、转借给他人等用途。后谭 × 星不能按承诺的时间归还尚欠胜利乡的250万元公款，遂同向×兰共谋，制作虚假银行余额对账单掩盖挪用公款的事实以逃避财务监管。2015年8月19日和10月15日，谭×星分别转账给胜利乡财政所50万元和200万归还了胜利乡财政所资金。

2015年12月，被告人谭×星找到被告人向×兰，请求挪用胜利乡财政所公款四五百万元以完成对私存款任务，承诺2016年年初归还。向×兰征求分管领导毕×峰同意后，按照谭×星的要求，将胜利乡财政所资金490万元转账到谭国星提供的个人账户。谭×星用于偿还其个人债务、工程项目的资金周转等用途。谭×星由于未能按承诺期限归还财政所公款，遂再次同向×兰共谋，制作虚假银行余额对账单掩盖挪用公款的事实以逃避财务监管。2016年8月12日、8月17日、8月19日，谭×星分别转账给胜利乡财政所200万元、240万元和50万元，归还了胜利乡财政所资金。

2017年上半年，巫溪县审计局对胜利乡进行财政财务收支审计时，向×兰主动向胜利乡负责人报告了上述情况。后巫溪县审计局将本案移送检察机关处理。2017年7月27日，侦查人员将向×兰、谭×星通知到巫溪县人民检察院，二人均如实供述了上述事实①。

目前，金融机构实控人或者管理人利用职务便利，隐瞒关联关系，通过向关联企业增资持股、并购资产、购买金融资产份额等方式完成关联企业融资。此类型行为因其隐蔽性、多变性、复杂性加之公司治理的不完善，难以被识别。一旦投资目的未能按照约定实现时，通常会被认定具有挪用资金犯罪。如何在繁杂的犯罪过程中准确厘清犯罪事实与非罪的违规需要探讨。纵观上述案件，结合本节案例，根据《刑法》的规定，探讨以下问题：

（1）被告人向×兰的行为是否属于挪用公款归个人使用的情形？

（2）被告人谭×星是否实施了与挪用人共谋，指使或者参与策划取得挪用款的行为？其行为是否构成挪用公款罪的共犯？

（3）对被告人向×兰、谭×星应当如何裁量刑罚较为妥当？

---

① 参见重庆市第二中级人民法院：《人民司法·案例》2019年6月13日。

案例 19：

为亲友非法牟利获责难逃

立法背景

为亲友非法牟利罪，是指国有公司、企业、事业单位的工作人员，利用职务便利，将本单位的盈利业务交由自己的亲友进行经营，或者以明显高于市场的价格向自己的亲友经营管理的单位采购商品，或者以明显低于市场的价格向自己的亲友经营管理的单位销售商品，或者向自己的亲友经营管理的单位采购不合格商品，使国家利益遭受重大损失的行为。

1979 年制定《刑法》时因没有私营的公司故未将本单位的盈利业务交由自己的亲友进行经营，或者以明显高于市场的价格向自己亲友经营管理的单位采购商品，或者以明显低于市场的价格向自己亲友经营管理的单位销售商品，或者向自己亲友经营管理的单位采购不合格商品的行为予以刑法规制。随着私营公司、企业事业单位的出现，一些公有制公司、企业、事业单位的分配与生产、经营的效益挂钩，国有公司、企业、事业单位的工作人员利用职务便利，实施上述为亲友非法牟利的行为随之出现。1997 年《刑法》将此行为规定为犯罪，旨在防止国有资产流失、维护国家利益。随着市场经济的发展，除了商品之外，非法接受相关“服务”也是为亲友非法牟利的重要方式，2024 年《刑法修正案（十二）》对《刑法》的规定作出修改，不仅完善了法条的表述，增加了有关“服务”的规定，还将为亲友非法牟利罪由国有公司、企业拓展到民营企业。

案件情况

2016—2018 年，被告人韩 × 权任大庆油田有限公司第十采油厂器材供应站站长、财务资产部副主任期间利用职务上的便利收受张 ×1 所送现金共计人民币 55 万元，并为其在物资采购计划方面谋取利益。2014—2018 年，被告人韩 × 权任十厂器材供应站站长、财务资产部副主任期间利用职务上的便利收受张 ×2 所送现金共计人民币 10 万元和让张 ×2 支付装修费用 30815. 44 元，并为其在物资采购方面谋取利益。

2017 年 1 月，被告人韩 × 权任十厂器材供应站站长期间利用职务上的便利收受大庆鑫庆油田科技开发有限公司实际控制人张 ×1 人民币 30 万元，并为其在资金审批计划方面提供帮助，谋取利益。2016 年年底，张 ×1 找到十厂器材供应站站长韩 × 权，请求韩 × 权帮助其实际控制的大庆鑫庆油田科技开发有限公司取得十厂年底物资采购计划，韩 × 权答应找十厂负责资金审批计划领导批复物资采购资金，再由其指定采购计划给鑫庆公司。后韩×权找到十厂财务资产部主任吕×批复有关物资采购的资金，并依据该资金金额制订了物资采购计划并指定给鑫庆公司，使张×1顺利取得十厂年底物资采购计划。2017年1月，张×1送给韩×权人民币30万元，并告知韩×权将其中10万元送给韩×权，20万元送给十厂负责资金计划审批的领导，后韩×权自己留下10万元，将20万元送给吕×。

2018年1月，被告人韩×权任十厂器材供应站站长期间利用职务上的便利收受鑫庆公司实际控制人张×1人民币25万元，并为其在资金审批计划方面提供帮助，谋取利益。2017年年底，张×1找到十厂器材供应站站长韩×权，请求韩×权帮助其实际控制的鑫庆公司取得十厂年底物资采购计划，韩×权答应找十厂负责资金审批计划领导批复物资采购资金，再由其指定采购计划给鑫庆公司。后韩×权找到十厂财务资产部主任吕×批复有关物资采购的资金，依据该资金金额制订了物资采购计划并指定给鑫庆公司，使张×1顺利取得十厂年底物资采购计划。2018年1月，张×1送给韩×权人民币25万元，并告知韩×权，其中5万元给韩×权，20万元送给十厂负责资金计划审批的领导，后韩×权自己留下10万元，将20万元送给吕×。

2015年年初，时任十厂器材供应站站长的被告人韩×权利用职务上的便利收受张×2人民币5万元，并为其在选择供应商方面提供帮助，谋取利益。韩×权收下该款后用于个人支出。2014年年底，韩×权任十厂器材站站长期间，张×2找到韩×权称自己借用的宇田公司已经中标物资公司工具类物资成为可选供应商，希望韩×权利用其作为器材站站长能够选择供应商的权利，指定物资采购计划给张×2借用的宇田公司，韩×权应允并指定十厂的物资采购计划给宇田公司。2015年年初，张×2为感谢韩×权的帮助送给韩×权人民币5万元，韩×权将5万元收下并交给其妻子王×3保管。

2018年年初，时任十厂器材供应站站长的被告人韩×权利用职务上的便利收受张×2人民币5万元，并为其在选择供应商方面提供帮助，谋取利益。韩×权收下该款后用于个人支出。2017年年底，韩×权任十厂器材站站长期间，张×2找到韩×权称自己借用的鼎业公司已经中标物资公司工具类物资成为可选供应商，希望韩×权利用其作为器材站站长能够选择供应商的权利，指定物资采购计划给张×2借用的鼎业公司，韩×权应允并指定十厂物资采购计划给鼎业公司。据被告人韩×权供述。2018年年初，为感谢韩×权的帮助，张×2送给韩×权人民币5万元，韩×权将5万元收下并交给妻子王×3保管。

2016年和2018年，韩×权找到张×2帮忙维修改造其位于兰德湖壹号小区B01号楼2单元101室的住宅前后院落。装修后，韩×权未向张×2支付装修费用，经鉴定，院落装修费共计人民币 30815.44 元。

2013—2014 年，韩×权在担任十厂器材供应站站长期间，利用其能够选择供应商的权力，帮助其亲属吴×、王×1 借用的万×公司和庆丰公司成为十厂的物资供应商，并以高于市场价格与十厂签订物资供应合同。为亲友非法牟利造成国家损失 474038.22 元。

控辩意见

被告人韩×权辩解称，对受贿罪罪名没有异议，对犯罪事实有异议，张×2 的那笔钱是其主动给予的，不是被告人主动索要的；被告人对为亲友非法牟利的事实没有异议，但是其认为该行为不构成犯罪。

辩护人称，对受贿罪的主要事实基本没有异议，对张×2 称韩×权索贿有异议，韩×权的收取张×1 的受贿数额为 15 万元，韩×权收取张×2 钱款数额只有 10 万元现金，对张×2 支付的装修费用鉴定结论不认可；对为亲友非法牟利的罪名及犯罪事实均有异议，及获利高于市场价格的计算有错误，应该是 474038 元，不构成犯罪。

案件结果

被告人韩×权作为国家工作人员，利用职务便利，通过其他国家工作人员职务上的行为，非法收受他人财物，为他人谋取利益，数额巨大，其行为构成受贿罪。被告人韩×权作为国有企业的工作人员，利用职务上的便利，将本单位的盈利业务交由自己的亲友进行经营，为亲友非法牟利 474038.22 元，使国家利益遭受重大损失，其行为构成为亲友非法牟利罪。关于辩护人提出被告人韩×权受贿金额应认定为 15 万元，不能认定为 55 万元的意见，经查，依据《刑法》规定，国家工作人员利用本人职权或者地位形成的便利条件，通过其他国家工作人员职务上的行为，为请托人谋取不正当利益，收受他人财物的，以受贿论处，其收到 55 万元受贿款后，处分受贿款行为不影响认定其犯罪数额，故对其辩护意见不予支持，但可酌情从轻处罚。关于辩护人提出被告人韩×权收取张×2 行贿金额为 10 万元，不能认定为 130815.44 元；大庆市价格认证中心对韩×权 101 室前后院落装修费用 30815.44 元的价格认定结论书不予认可，认定过程程序违法，没有认定人员的签名，违反了《黑龙江省纪检监察机关查办案件涉案财物价格认定工作程序暂行办法》第 12 条的规定的意见以及“两高”《关于办理贪污贿赂刑事案件适用法律若干问题的解释》规定，贿赂犯罪中的财物包括财产性利益，财产性利益包括房屋装修等事项，故张×2为韩×权装修院落出资的事实，应认定被告人韩×权为受贿行为；价格认定结论书鉴定机构资质完备、检材来源合法、形式要件完备、程序合法、鉴定意见明确，故对该辩护意见不予支持。关于辩护人提出被告人检举吕×犯罪，具有立功情节的意见。经查，被告人韩×权如实供述受贿钱款去向，应认定为如实供述犯罪事实，不能认定为检举揭发他人犯罪，故对该辩护意见不予支持；关于辩护人提出被告人检举郭×2犯罪，具有立功情节的意见。经查，郭×2犯罪未查证属实，故对该辩护意见不予支持；关于辩护人提出被告人非主动索贿，收受张×2贿赂部分属于主动交代的意见，与事实相符，本院应予支持。被告人韩×权在监察委掌握部分受贿犯罪事实的情况下，到案后能够如实供述，对其受贿犯罪应认定构成坦白，依法应从轻处罚。2019年6月2日龙凤监委对韩×权受贿问题进行立案调查后，被告人到案后主动交代了办案机关尚未掌握为亲友非法牟利犯罪事实，对其为亲友非法牟利犯罪可认定自首，依法应从轻处罚。综合全案，应对被告从轻处罚。

（1）被告人韩×权犯受贿罪判处有期徒刑3年6个月，并处罚金人民币30万元；犯为亲友非法牟利罪判处有期徒刑10个月，并处罚金人民币5万元；数罪并罚，决定执行有期徒刑3年10个月，并处罚金人民币35万元。

（2）对被告人韩×权受贿违法所得280815.44元及其孳息予以没收，上缴国库；对被告人为亲友非法牟利违法所得474038.22元及其孳息予以返还受害单位；其他扣押在案款项及其孳息并入罚金刑执行[①]。

理论解说

一、刑法学分析

《刑法》第166条规定了为亲友非法牟利罪。2010年最高人民检察院、公安部《关于公安机关管辖的刑事案件立案追诉标准的规定（二）》规定，造成国家直接经济损失数额在10万元以上的，或者使其亲友非法获利数额在20万元以上的，或者造成有关单位破产，停业6个月以上，或者被吊销许可证和营业执照、责令关闭、撤销、解散的，以及其他致使国家利益遭受重大损失的情形，应予以立案追诉。

① 【2020】黑06刑终244号。

（一）罪与非罪的界定

一是为亲友非法牟利构成犯罪主要体现在以下方面：一是将本单位的盈利业务交由自己的亲友经营。将本单位的盈利业务交由自己的亲友经营，是指行为人利用自己决定、参与本单位的生产、经贸等经营活动，掌握经贸信息、市场行情等职务上的条件，把本属于自己所在单位的盈利项目私自转交、提供、介绍给自己的亲戚或者朋友进行经营的行为。需要注意的是，本单位的盈利业务不仅包括本单位必然会盈利的业务，也包括正常情况下应当盈利的业务。至于其亲友在获得该盈利业务后，以何种方式、何人名义去经营、最终是否盈利等，不影响本罪认定。如行为人将本单位盈利业务交由亲友经营后，亲友经营不善导致亏损，系其个人原因，不影响本罪认定。

二是以明显高于市场的价格向自己的亲友经营管理的单位采购商品或以明显低于市场的价格向自己的亲友经营管理的单位销售商品。这一类为亲友非法牟利的犯罪需要具备两个条件：（1）交易的对象是行为人自己的亲友经营管理的单位，包括自己亲友投资的企业、自己亲友担任经营管理职务的单位等；（2）向对方采购商品的价格明显高于市场价格，向对方销售商品的价格明显低于市场价格。对于“明显高于”或“明显低于”市场价格不能片面地以价差比例或价差数额认定，应注意把握背离市场价格常理、违反商业习惯常情、存在巨大价差等情形，根据案件实际情况综合认定。

三是向自己的亲友经营管理的单位采购不合格商品。这一行为要求行为人明知亲友经营管理单位的商品属于不合格商品仍决意购买。如果确实不知道是不合格商品而采购的，应不属于以明显高于市场的价格向自己的亲友经营管理的单位采购商品的情况，否则，不构成本罪；同时，向自己的亲友经营管理的单位采购不合格商品，不论其价格如何，是否属于高价采购，只要其行为致使国家利益遭受了重大损失，都可以本罪论处。

需要注意的是，厘清该犯罪行为和一般违纪行为的界限。为亲友非法牟利罪与党纪规定有相似之处，但在行为性质和严重程度方面却有根本不同。主观方面，违纪行为的主观方面有可能是间接故意，甚至是过失，但为亲友非法牟利罪的主观方面只能是直接故意，即行为人故意为亲友非法牟利，且明确认识到自己的行为可能使公共财产、国家利益遭受重大损失，仍然积极追求这种损公肥私的结果。在客观方面，为亲友非法牟利罪表现为竞业禁止、价格反常、质量不达标等明显违背市场经济规则的行为，后果是造成了公共利益的重大损失，而上述违纪行为构成无这个硬性要求。

（二）此罪与彼罪

为亲友非法牟利罪与受贿罪、贪污罪均属于国家工作人员利用职务上的便利实施的化公为私、损公肥私型犯罪，在犯罪手段上存在相似之处，在定性上极易产生争议，需要严格区分。

1. 厘清本罪与受贿罪、贪污罪等职务犯罪的区别

从犯罪构成特征看，为亲友非法牟利罪与贪污罪具有相同或相似的一面，均属于国家工作人员利用职务便利实施的化公为私、损公肥私型犯罪。区分亲友非法牟利罪和贪污罪，主要是看非法获利者是否实施了真实的经营行为。为亲友非法牟利罪中的亲友在客观方面必须实施一定的经营行为，付出一定的经营性劳动，这是其获取非法利益的客观基础；相对而言，贪污罪通常表现为利用职务便利直接侵占公共财物，其主客观方面的危害性更大。利用职务便利为亲友非法牟取的只是基于经营行为产生的利润，尽管经常表现为明显超出市场价格的暴利，但一般说来，利润通常受到市场规律的制约，在一般社会观念上必有一定的数额限度。因此，非法牟取经营利润的行为对国有财产的侵害程度，较之贪污罪所表现的利用职务便利直接侵吞国有财产的行为，则具有相对有限的一面。基于这种分析，为亲友非法牟利罪与贪污罪的界限可以从两个方面进行甄别：（1）应当考察非法获利者（即亲友）是否实施了一定的经营行为。对于在国有单位的购销活动中通过实施一定的经营行为牟取非法利润的行为，一般可以依法认定为为亲友非法牟利罪；反之，对于借从事经营活动之名，行侵占公共财物之实的行为，则可以考虑依法认定贪污罪。（2）还应当考察非法获利者（即亲友）所取得的是否属于实施经营行为的利润。在司法实践中，有些非法获利者也实施了一定的经营行为，如在国有单位的购销活动中参与实施了介绍货源或商品买家等行为，但其从国有单位所获取的已绝非从事经营行为之利润或从事中介活动之报酬，其非法所得与行为时的相应市价或报酬水平显著背离，以致达到了社会一般观念普遍不能认同为利润或报酬的程度。概言之，为亲友非法牟利罪以国有单位人员利用职务便利让亲友实施一定的经营行为赚取非法利润为特点；相对而言，贪污罪则以国有单位人员利用职务便利直接让亲友非法占有公共财物为特征。与此相应，为亲友非法牟利罪的罪本质主要表现为侵犯市场经济的正当竞争秩序和国家利益；贪污罪的罪质则主要表现为侵犯公共财物的所有权。如，上述案件中的被告人韩×权作为国有企业的工作人员，不仅触犯了受贿罪，而且利用职务上的便利，将本单位的盈利业务交由自己的亲友进行经营，为亲友非法牟利 474038.22 元，使国家利益遭受重大损失，其行为构成为亲友非法牟利罪。

2. 本罪与非法经营同类营业罪的界限

非法经营同类营业罪，是指国有公司、企业的董事、经理利用职务便利，自己经营或者为他人经营与其所任职公司、企业同类的营业，获取非法利益，数额巨大的行

为。本罪与非法经营同类营业罪的区别表现在：本罪的客观方面表现为行为人利用职务便利，将本单位盈利的业务交由自己的亲友经营，或者与自己亲友经营管理的单位发生明显有利于对方的购销活动的行为，行为的实质是为自己的亲友牟取非法利益。后者的客观方面表现为行为人利用职务便利，自己经营或者为他人经营与其所在公司、企业同类的营业的行为，其实质是为自己牟取非法利益。司法实践中，有的国有公司、企业的董事、经理利用职务便利，将本单位盈利的业务交由与本人职务没有关联，但实际上自己实控较大比例股份的其他公司、企业经营，造成了国家利益的重大损失。如果行为人的行为仅仅是造成了国家利益的重大损失，而自己并未从中获取巨大的非法利益，那就应按为亲友非法牟利罪定罪处罚；如果行为人的行为不仅造成了国家利益的重大损失，而且自己从中获取了巨大的非法利益，那就是一个行为同时触犯了为亲友非法牟利罪和非法经营同类营业罪两个罪名，属于想象竞合犯。由于上述两个罪的法定刑完全相同，因而无法适用从一重处的原则。对此种情况按非法经营同类营业罪定罪处罚比较合适，盖因该罪体现了行为人为自己牟取非法利益的特征。

二、犯罪学分析

实践中，很多涉嫌为亲友非法牟利罪的行为人往往具备“双重以权谋私”的违法典型性，即行为人因手中掌握大宗采购、定价审批等职权，先是被亲友围猎为己谋私，而后利用上述职务便利为亲友在与本单位“做生意”时谋私。有些国有企业领导干部错误地认为，只要自己不把钱装进个人口袋，利用“代言人”和“白手套”，设立“影子公司”，将任职公司企业的利益输送给亲友，使亲友从中牟取非法利益。

风险警示

我国《刑法修正案（十二）》将为亲友非法牟利罪的适用主体从国有公司、企业、事业单位扩张至民营公司和企业的工作人员。在这种情况之下，所有的公司、企业、事业单位的工作人员，包括企和民企在内，扩大了涉亲情的刑事犯罪的范围。所有公司工作人员均应谨防为了企业利益与他人订立合同、发生交易，事后却面临被公司追究刑事责任的风险。2024 年施行的《关于办理国有企业管理人员渎职犯罪案件适用法律若干问题的意见》也围绕为亲友非法牟利罪等 4 类案件作出规定，解决了追诉标准、犯罪主体、犯罪地、“国家利益遭受损失”及挽回后处置、犯罪构成的认定标准等问题，从而加大对为亲友非法牟利犯罪的查处。一般来说，公司工作人员在其亲友与公司订立合同或者进行交易时，履行上述报告、批准程序，会导致法律责任豁免，从而不构成犯罪。但需警惕的是，欺骗公司同意与其亲友进行交易仍可能构成犯罪。

因此，要做好风险防范，其措施主要有以下方面。（1）为了企业利益与他人订立合同、发生交易或者提供服务时，应当向公司、企业或事业单位披露亲友的身份；（2）主动申请回避参与交易；（3）交易价格应当遵循之前的交易惯例；（4）亲友的企业应主动对亲友关系进行披露。党员干部尤其是领导干部带头遵纪守法，带头廉洁治家，从严管好自己、管好身边人，在树立良好家风上为社会作表率，以纯正家风涵养清朗党风政风社风。

问题思考

2020 年 1 月，A 为解决其子 B 就业，安排成立哈尔滨易路通汽车租赁有限公司（以下简称易路通公司），A 与朋友、表弟等出资入股该公司，其中 A 实际占股约 43%，是公司最大股东，B 主要负责该公司财务工作。2022 年 2 月，为拓展业务，A 安排易路通公司出资成立哈尔滨海轩科贸有限公司（以下简称海轩科贸公司），上述两家公司均由 A 实际控制，且工作人员相同。

2022 年年底，A 利用担任中国移动福建公司副总经理的职务便利，让其下属公司福州分公司以 210 万元的价格向海轩科贸公司采购 48650 公斤五常大米，经鉴定，所采购的大米 2023 年 1 月在福州市的市场价格为 87.57 万元，海轩科贸公司非法获利 122.43 万元。该款项后被用于公司购车及日常经营等[①]。

纵观上述案件，结合本节案例，根据《刑法》的规定，探讨以下问题：

（1）A 作为国有控股公司工作人员，是否属于国有公司工作人员？

（2）如何理解“利用职务上的便利”？

（3）兼具为自己以及亲友牟利因素的行为如何定性？

① 参见“刘×宇为亲友非法牟利案——如何认定为亲友非法牟利罪”，最高人民法院刑事审判第一、二、三、四、五庭编：《刑事审判参考》2022 年第 133 辑。

案例 20：

吸收客户资金不入账的飞单祸水

立法背景

吸收客户资金不入账罪，是指银行或者其他金融机构的工作人员吸收客户资金不入账，数额巨大或者造成重大损失的行为。

1997 年《刑法》规定了此罪。1999 年《金融违法行为处罚办法》对金融机构从事账外经营行为作出了限制。2001 年最高人民法院关于印发《全国法院审理金融犯罪案件工作座谈会纪要》的通知（法〔2001〕8 号）对于“用账外客户资金非法拆借、发放贷款行为的认定和处罚”作出规定。2006 年《刑法修正案（六）》删去了“以牟利为目的”的主观要件和“将资金用于非法拆借、发放贷款”的客观要件，改为“吸收客户资金不入账罪”，同时将犯罪结果“造成重大损失”修改为“数额巨大”或者“造成重大损失”，扩大了入罪的范围，降低了入罪标准。2010 年最高人民检察院法律政策研究室对《关于征求吸收客户资金不入账犯罪法律适用问题的函》（高检研函字〔2010〕74 号）规定：“保险费属于刑法第 187 条规定的客户资金，保险公司及其工作人员收到保险费不入账，数额巨大或者造成重大损失的，应按吸收客户资金不入账罪追究刑事责任”。

基本案情

自 2013 年以来，张 × 担任民 × 银行北京分行航天桥支行行长期间，以高息为诱饵，诱骗被害人签订虚假的理财产品购买或转让协议，并将购买或受让虚假理财产品的钱款转入其控制的个人银行账户，骗取 147 名被害人共计人民币 27.46 亿余元（以下币种均为人民币）。张 × 将骗取的钱款用于购买房产、汽车、奢侈品，向个人、企业支付额外的存款好处费。被告人肖 × 身为民 × 银行北京分行航天桥支行分管个人理财业务的副行长，明知被告人张 × 向被害人转让虚假的理财产品，仍帮助张 × 向被害人推销虚假的理财产品，在虚假理财产品转让协议上伪造出让人签名，加盖张 × 指使航天桥支行员工何蕊（已判刑）伪造的民 × 银行航天桥支行储蓄业务公章。2017 年 4 月 12 日，张 × 接受民 × 银行调查期间，张 ×、肖 × 指示航天桥支行员工删除张 ×、肖 ×、航天桥支行员工电脑中涉及虚假理财产品的相关内容数据，转移张 ×、肖 × 处的虚假理财合同、销售记录和伪造的储蓄业务公章。

控辩意见

张×的辩护人发表如下辩护意见：（1）一审判决认定张×构成合同诈骗罪系适用法律错误。张×之所以能够控制使用涉案资金，根本原因在于其利用了行长的职务便利，将客户转入银行的资金进行了不当使用。张×没有诈骗理财客户，民×银行才是实质的被害人，而且民×银行已经赔付了理财投资人的损失。张×利用职务便利造成单位损失，应构成职务侵占罪。（2）一审法院未对张×到案详细情况进行核实，就认定其不构成自首，系认定事实错误、适用法律错误。（3）一审判决没有考虑张×的自首情节、犯罪动机、民×银行的责任及损失可能挽回等从轻处罚的情节，对张×量刑畸重。

肖×的上诉理由为：（1）一审判决改变指控罪名属于程序违法；（2）其行为不构成合同诈骗罪的共犯，仅构成帮助毁灭证据罪。

肖×的辩护人发表如下辩护意见：（1）在案证据足以证明张×向所有人隐瞒了涉案理财产品系虚假产品，要求肖×质疑涉案理财产品的真实性没有期待可能性，肖×的行为不构成合同诈骗罪。（2）在案证据无法证明肖×有吸收客户资金不入账的犯罪故意，即便构成该罪，也系从犯，应依法减轻处罚。

关于检辩双方的争议焦点，二审法院综合分析评判如下：

1. 上诉人张×的上诉理由及辩护人的辩护意见不能成立

张×的行为构成合同诈骗罪而非职务侵占罪。（1）区分此罪彼罪的核心要素在于张×据为己有的资金归属问题。本案中，虽然客户的资金转入陈×等人在民×银行开立的银行账户，但这些账户均在张×的控制之下，由于根本不存在真实的理财产品，上述购买所谓理财产品的资金完全游离于民×银行的监管体系之外，张×通过欺骗手段以及对资金池的绝对控制，将客户的钱款据为己有。当客户的钱款进入张×控制的资金池时，被害人对资金的占有已经丧失，且由于脱离了民×银行的实际控制，故无法认定为民×银行的财物。因此，张×的行为构成合同诈骗罪而非职务侵占罪。（2）如何看待张×利用职务便利在本案中所起到的作用。利用职务便利是构成职务侵占罪的必要而非充要条件。本案中，张×违规开立他人账户、指使下属违规转账等行为，确系利用其行长的职务便利，航天桥支行的其他工作人员也是基于张×的行长身份才配合实施违规行为，但是张×利用职务便利的行为，仅仅是其在非法归集、控制、支配、使用被害人资金过程中的重要环节，是其实施合同诈骗的手段。因此，利用了职务便利并不排斥张×最终构成合同诈骗罪。

2. 肖×不构成合同诈骗罪的共犯

（1）不能排除张×供述的合理性。张×从案发到二审阶段，始终不承认曾明确告知肖×涉案理财产品为虚假。张×和肖×的微信通话记录也显示，张×一直向肖×掩饰理财产品转让的真实来源，二人之间亦不存在利益输送的情况。故认定二人存在共谋缺乏直接证据。（2）不能排除肖×辩解不知情的可能性。一是在案件背景方面，肖×提出民×银行粗放式的管理方式和张×个人影响力对其主观判断产生了实质影响，具有合理性。加之张×一开始做虚假理财产品转让时比较谨慎，她让陈×本人签过字，也让肖×找过陈×签字，就是为了增加可信度。后来前几期产品也如期兑现，这样张×与肖×之间就增加了信任度。故现有证据无法确认肖×能够认识到涉案理财产品转让就是虚假的。二是从涉案核心证据之一微信聊天记录来看，肖×的辩解具有合理性。张×与肖×二人之间的微信聊天记录相对客观，对其全面审查有助于还原案件的事实。经查阅2016年4月21日（开始做虚假理财产品转让之日）到2017年4月12日（案发时）近一年间张×与肖×的全部微信聊天记录，肖×对张×言听计从，对涉案理财产品转让的任何环节出现的问题都会向张×及时请示汇报，对如何解决问题也会主动献言献策。因此，肖×就微信聊天记录内容是关于销售策略探讨的辩解具有一定合理性。三是肖×关于没有诈骗客户资金目的的辩解具有合理性。合同诈骗罪是目的犯，其不仅要求通过签订、履行合同实施诈骗行为，更要求具有将被害人财物非法占有的目的。现有证据一方面难以证明肖×有非法占有客户理财资金的目的，同时也难以证明肖×有帮助张×非法占有客户理财资金的目的。从微信聊天记录上看，肖×曾经与张×商量在给客户利率方面为银行留出1个点，以方便后续给客户做活动，这一反证与肖×的辩解能够相互印证。四是在案发因素方面，肖×辩解如果与张×共谋，则会试图安抚举报人，而不是任由其向北京分行举报，这一辩解符合逻辑，具有合理性。综合全案证据，尤其是考虑到张×及肖×的供述和辩解，不能排除肖×始终信赖张×基于自身职务组织销售理财产品转让，无法确认肖×能够认识到涉案理财产品转让就是虚假的，无法证明其具有帮助张×诈骗客户资金并非法占有的目的，故认定肖×构成张×合同诈骗罪共犯的证据未达到确实、充分且排除合理怀疑的标准，一审判决确有错误。但一审法院经开庭听取控辩双方的意见后改变指控罪名的做法，已充分保障了肖×及其辩护人的辩护权，符合司法解释的规定，不属于程序违法。

3. 肖×的行为构成吸收客户资金不入账罪

虽然不能证明肖×在主观上对张×销售虚假理财产品系明知，但其在客观上实施了一系列帮助行为，除了积极向客户推销涉案理财转让产品外，还包括以下行为：参与制作虚假理财合同，在转让人处代客户签字，对理财产品协议上加盖伪造的储蓄业务公章知情，定期催促张×提供不同转让人账户信息以方便扩大销售规模，对所谓的转让人账户不是实际转让人情况明知，主动联系理财经理用其母亲的账户作为转让人账户，对张×提供和自己找的转让人账户均为中间过渡账户明知，应张×规避反洗钱系统的要求对客户的转账行为不备注为理财转让，对客户仅是普通转账而非柜台通过银行理财系统进行资金划拨的程序违规明知，对客户打入过渡账户后的资金流向采取放任态度，对于理财转让完成后没有更名的情况明知，等等。二审法院认为，张×与肖×分别作为航天桥支行的行长、副行长在吸收客户资金不入账罪的范围内已经成立共同犯罪，且均系主犯；张×因具有非法占有目的被认定为合同诈骗罪，并不影响将肖×的上述违规帮助行为独立评价为吸收客户资金不入账罪。一是客户资金没有进入法定账户，必然会影响银行法定账目的记载。案发前，2015 年 4 月，民×银行总行资产管理部下发了《中国民×银行理财产品转让管理细则》。根据该细则，理财产品转让的具体办理过程为：理财产品转让方和接收方必须本人到银行，双方签署民×银行总行下发的制式理财产品转让协议，在柜台办理理财转让业务，资金通过银行理财系统从接收方的账户转到转出方的账户，并签署理财转让业务凭证，理财产品变到接收方名下，在交易明细中明确显示理财转让。可见民×银行的理财产品转让有三个关键：其一，必须通过银行理财系统而非存款系统进行资金划转；其二，从接收方的理财金账户转到转出方的理财金账户，而非普通存款账户直接划转；其三，原始理财客户的名称变更为受让方。因此，尽管张×、肖×辩称航天桥支行一直做理财转让就是客户存款账户之间互转，而不是通过理财金账户的互转，但是习以为常的实际操作并不能改变违规事实的成立，不能改变对银行关于理财产品的法定账目记载的影响。二是肖×对于吸收客户资金没有进入法定账户明知，且对后续资金走向采取放任态度。本案中，张×一开始欺骗肖×其有大客户需要进行理财转让，在肖×不知情的情况下，将客户资金按照张×的指示打入陈×的账户，虽然没有打入陈×的理财金账户，但仅系程序违规，不足以认定肖×构成犯罪。而在发展的后期，随着理财转让产品规模的扩张，肖×急于完成销售任务，不仅定期向张×索要中间过渡账户，而且还主动去找理财经理母亲这样的过渡账户，其对资金没有打入张×所谓的真实转让人账户是明知的。此外，张×以民×银行总行的名义与被害人签订交易资金监管协议，谎称在理财产品到期前由民×银行总行对理财产品原持有人接收转让资金的账户进行冻结，并加盖伪造的航天桥支行储蓄业务公章。据张×供述，肖×看过张×加盖伪造的公章，因此对于资金监管协议是无效的、不可能受到总行的真正监管也是明知的。由于肖×在销售理财转让产品过程中，明知客户资金打入张×提供或者自己寻找的过渡账户，而并非打入张×所称的实际转让人账户，其在应当采取措施且有能力采取措施的情况下，却没有采取措施去避免或降低客户资金脱离银行有效监管的风险。肖 × 对客户资金的后续去向持放任态度，不仅严重影响了银行对该部分资金账目真实性的记载，最终也造成了客户资金的巨大损失，应当以吸收客户资金不入账罪追究肖 × 的刑事责任。三是对肖 × 帮助毁灭证据的行为不再单独评价。案发后，肖 × 指示航天桥支行员工删除肖 × 及员工电脑中涉及虚假理财产品的相关内容数据，转移张 ×、肖 × 处的虚假理财合同、销售记录和伪造的储蓄业务公章，该行为触犯帮助毁灭证据罪。但在肖 × 已经构成吸收客户资金不入账罪的前提下，事后帮助毁灭证据的行为属于事后不可罚的行为，不再单独评价，仅成立吸收客户资金不入账罪一罪。

二审法院认为，上诉人张 ×、肖 × 身为银行工作人员，吸收客户资金不入账，数额特别巨大，且造成特别重大损失，二人的行为均已构成吸收客户资金不入账罪；同时上诉人张 × 以非法占有为目的，冒用他人名义签订合同，骗取对方当事人财物，数额特别巨大，其行为又构成合同诈骗罪；鉴于张 × 的吸收客户资金不入账罪与合同诈骗罪存在手段行为与目的行为的牵连关系，应从一重罪处罚，故仅以合同诈骗罪追究其刑事责任。张 ×、肖 × 虽都具有如实供述自己罪行的坦白情节，但考虑二人所犯罪行的严重程度和各自应负刑事责任的大小，根据罪责刑相适应原则，在量刑时不宜对张 × 从轻处罚，对肖 × 可酌予从轻处罚。

案件结果

二审法院认为，上诉人张 ×、肖 × 身为银行工作人员，吸收客户资金不入账，数额特别巨大，且造成特别重大损失，二人的行为均已构成吸收客户资金不入账罪；同时上诉人张 × 以非法占有为目的，冒用他人名义签订合同，骗取对方当事人财物，数额特别巨大，其行为又构成合同诈骗罪；鉴于张 × 的吸收客户资金不入账罪与合同诈骗罪存在手段行为与目的行为的牵连关系，应从一重罪处罚，故仅以合同诈骗罪追究其刑事责任。张 ×、肖 × 虽都具有如实供述自己罪行的坦白情节，但考虑二人所犯罪行的严重程度和各自应负刑事责任的大小，根据罪责刑相适应原则，在量刑时不宜对张 × 从轻处罚，对肖 × 可酌予从轻处罚。

（1）维持北京市第一中级人民法院（2018）京 01 刑初 69 号刑事判决的第一项、第三项，即被告人张 × 犯合同诈骗罪，判处无期徒刑，剥夺政治权利终身，并处没收个人全部财产；责令被告人张 × 退赔违法所得。在案查封、扣押、冻结的财物，折抵张 × 的退赔款，在赔付尚未受偿被害人的损失后，发还民 × 银行；与犯罪事实无关的，退回北京市人民检察院第一分院处理。

（2）撤销北京市第一中级人民法院（2018）京 01 刑初 69 号刑事判决的第二项，即被告人肖 × 犯合同诈骗罪，判处有期徒刑 10 年，剥夺政治权利 2 年，并处罚金人民币 10 万元。

（3）上诉人肖 × 犯吸收客户资金不入账罪，判处有期徒刑 9 年，并处罚金人民币 9 万元[①]。

理论解说

一、刑法学分析

《刑法》第 187 条规定了吸收客户资金不入账罪。最高人民检察院、公安部《关于公安机关管辖的刑事案件立案追诉标准的规定（二）》第 38 条规定，银行或者其他金融机构及其工作人员吸收客户资金不入账，涉嫌下列情形之一的，应予立案追诉：（1）吸收客户资金不入账，数额在 200 万元以上的；（2）吸收客户资金不入账，造成直接经济损失数额在 50 万元以上的。

（一）罪与非罪的界定

银行或者其他金融机构的工作人员吸收客户资金不入账是否是犯罪，不仅需要判断不入账是否违法，还应判断是否达到数额巨大或者造成重大损失。对前者，可依照国务院《金融违法行为处理办法》第 11 条的规定作出判断。银行或者其他金融机构的工作人员吸收客户资金不入账的行为主要包括以下情形：（1）办理存款、贷款等业务不按照会计制度记账、登记，或者不在会计报表中反映。金融会计的核心是金融业务活动的记录和核算。从事金融业务活动时，必须根据存贷资金原始凭证如实记账登记在册，使之外显在会计报表中。而本罪中资金不入账就是为规避国家监管不按照会计制度记账登记，或者虽然记账登记但是无法查证，虚构存贷资金流向、虚构去向科目入账，致使金融监督管理部门或者内部审计部门无法查询监督，法律将此类行为纳入不入账行为范畴之内。（2）将存款与贷款等不同业务在同一账户内轧差处理。在会计科目中，存款按活期和定期来分类，且在会计科目表中按短期和长期进行外显，存款对于金融机构来说属于负债；贷款则截然相反，在金融机构中属于资产，分为短期

① 参见北京市高级人民法院刑事判决书（2020）京刑终 96 号。

贷款、中长期贷款等科目在会计科目表中显示。若将存款和贷款等不同业务在同一账户内轧差处理，最终只能看到存贷款余额数，而无法显示金融机构存贷款具体流向等情况。(3）经营收入未列入会计账册。(4）其他方式的账外经营行为。此条为兜底性条款，为其他不入账行为寻求法律的支撑，如金融机构设置真假账目或多本不同账目、在会计账目中记载的数据不真实、未按照会计准则做账等其他方式均属于“不入账”的行为方式。根据最高人民法院关于印发《全国法院审理金融犯罪案件工作座谈会纪要》的通知的要求，不记入金融机构的法定存款账目，旨在以逃避国家金融监管，至于是否记入法定账目以外设立的账目不影响该罪成立。同时还达到数额在 200 万元以上或者造成直接经济损失数额在 50 万元以上。上述案件中的张 × 和肖 × 不仅违反了《金融违法行为处理办法》第 11 条的规定，而且吸收客户资金不入账的资金巨大，故二人都构成吸收客户资金不入账罪，只不过张 × 的行为触犯其他罪名，择一重罪处罚。而肖某则被判为吸收客户资金不入账罪。

（二）此罪与彼罪

侵犯金融机构财产和客户资金的所有权或使用权的将有可能构成挪用公款罪、挪用资金罪、贪污罪、职务侵占罪、非法吸收公众存款罪、集资诈骗罪等金融犯罪。这时就产生了实施吸收客户资金不入账行为同时又实施关联罪名的行为应该如何认定的问题，构成一罪还是数罪；如果是一罪的话，又如何区分此罪与彼罪的问题。根据最高人民法院关于印发《全国法院审理金融犯罪案件工作座谈会纪要》的通知的要求，“审理银行或者其他金融机构及其工作人员用账外客户资金非法拆借、发放贷款案件，要注意将用账外客户资金非法拆借、发放贷款的行为与挪用公款罪和挪用资金罪区别开来。对于利用职务上的便利，挪用已经记入金融机构法定存款账户的客户资金归个人使用的，或者吸收客户资金不入账，却给客户开具银行存单，客户也认为将款已存入银行，该款却被行为人以个人名义借贷给他人的，均应认定为挪用公款罪或者挪用资金罪”。“对于用款人为取得贷款而支付的回扣、手续费等，应根据具体情况分别处理：银行或者其他金融机构用账外客户资金非法拆借、发放贷款，收取的回扣、手续费等，应认定为‘牟利’；银行或者其他金融机构的工作人员利用职务上的便利，用账外客户资金非法拆借、发放贷款，收取回扣、手续费等，数额较小的，以‘牟利’论处；银行或者其他金融机构的工作人员将用款人支付给单位的回扣、手续费秘密占为己有，数额较大的，以贪污罪定罪处罚；银行或者其他金融机构的工作人员利用职务便利，用账外客户资金非法拆借、发放贷款，索取用款人的财物，或者非法收受其他财物，或者收取回扣、手续费等，数额较大的，以受贿罪定罪处罚。”

1. 本罪与合同诈骗罪的区别

如果犯罪主体为银行或其他金融机构的工作人员，应优先考虑是否适用吸收客户资金不入账罪。如行为人具有非法占有目的或非法占有目的明显，可以认定为合同诈骗罪，没有非法占有的故意或非法占有的故意不明显，则可认定为吸收客户资金不入账罪。在客观行为方面，两罪都涉及引诱、欺骗客户签订购买或转让理财产品的协议。例如，上述案件中的张×、肖×身为银行工作人员，吸收客户资金不入账，数额特别巨大，且造成特别重大损失，二人的行为均已构成吸收客户资金不入账罪。同时张×以非法占有为目的，冒用他人名义签订合同，骗取对方当事人财物，数额特别巨大，其行为又构成合同诈骗罪。鉴于张×的吸收客户资金不入账罪与合同诈骗罪存在手段行为与目的行为的牵连关系，应从一重罪处罚，故仅以合同诈骗罪追究其刑事责任。而肖×不构成合同诈骗罪的构成要件，故判吸收客户资金不入账罪。

2. 本罪与违规发放贷款罪的区别

违法发放贷款罪违反了国家对相关发放贷款的政策和法规，并没有向客户隐瞒资金的来源和违规发放贷款的事实。本罪吸收客户资金不入账的行为存在向客户隐瞒了没有将客户资金入账的情况，同时也存在对监管机构隐瞒了存在账外存款的情况。违法发放贷款罪侵犯的对象是金融机构法定账户内合法的客户资金。本罪侵犯的对象是未进入金融机构法定账户内的合法客户资金。

3. 本罪与挪用型犯罪的区分

挪用资金罪、挪用公款罪侵犯的客体是单位财产权利和国家工作人员职务的廉洁性和公共产权权利，将资金或者公款归个人使用，或以个人名义给他人使用。本罪侵犯的客体是国家的金融管理秩序和管理制度，吸收客户资金不入账后，客户存款以任何方式在账外运转。吸收客户资金不入账罪的资金使用人可以个人也可以是单位，区别于挪用型犯罪的归个人使用的客观要件。违法发放贷款罪侵犯的对象是金融机构法定账户内合法的客户资金。本罪侵犯的对象是未进入金融机构法定账户内的合法客户资金。

二、犯罪学分析

金融机构工作人员吸收客户资金不入账的原因是多方面的，手段是多元化，目的与获得额外非法利益有关。从金融监管的视角看，金融机构及其工作人员通过吸收客户资金不入账的方式，可以逃避国家金融监管，从而进行一些不合规的操作牟取利益。从业务上看，通过非法拆借和发放贷款将没有入账的资金挪借给其他单位，或者将没有入账的资金作为贷款发放给其他单位或个人，以此牟利。从增加金融机构收益追求的指标看，金融机构及其工作人员通过不入账的方式，金融机构可以隐瞒部分收入，从而减少应缴纳的税费，增加其实际收益。

金融机构及其工作人员吸收客户资金不入账牟取利益，却带来了风险甚至危险。因为这种行为不仅侵犯了国家对存贷款的管理秩序，还会导致金融市场的正常运行受到干扰，增加了金融风险。如果大量资金通过这种方式被非法使用，又会逃避税收和金融监管，致使国家税收流失的同时，更会导致金融监管失效，进而可能会引发系统性金融风险，影响整个金融体系的稳定。这种行为使得客户的资金无法得到有效监管，可能导致资金被挪用、拆借或发放贷款，造成客户的经济损失，严重时甚至会导致客户的资金无法收回，损害客户利益。金融机构的这种行为会损害其在公众中的信誉，影响其正常运营和客户信任度，影响金融机构的信誉，最终因小失大，丧失长期利益。银行及其他金融机构的工作人员站在全局的高度来杜绝和防范此种行为的发生。

风险警示

随着我国金融领域改革的不断深入，涉及金融领域犯罪频发，吸收客户资金不入账罪的犯罪的情形也不断随之变化。对于金融从业者需要关注。《刑法修正案（六）》对吸收客户资金不入账罪删去了非法拆借、发放贷款的客观要件后，吸收资金不入账罪的适用范围扩大，减少本罪的构成要件客观上减轻了举证责任，扩大了本罪的适用范围，在无法查明吸收资金具体用途的情况下，可以认定构成吸收客户资金不入账罪。一旦构成此罪，将面临 5 年以下的有期徒刑或者拘役，并且还要缴纳一定数额的罚金。这 5 年时间不仅错过了多少美好的生活，而巨额罚金可能使经济雪上加霜，似乎在吞噬“赔了夫人又折兵”的恶果。

问题思考

2017 年以来，被告人李 × 利用中国农业银行赣县支行职员的身份，多次亲手把银行客户何 ×、戚 ×、邝 × 兰、韩 ×、罗 × 等人用于购买理财产品的资金私自转存到其使用的戴 ×1（中国农业银行借记卡，卡号 62 × × ×73）、王 ×（中国农业银行借记卡，卡号 62 × × ×79）等多人的银行账户内，并按真实购买中国农业银行理财产品的程序给购买客户出具《中国农业银行理财产品及风险和客户权益说明书》和中国农业银行的进账单，到期后李 × 则根据理财产品承诺的利率支付客户利息和归还本金，并引导客户进行复购。被告人李×采取同样的手段作案，直到2019年4月案发时，吸收客户资金不入账1004万元，吸收到的资金除用于支付客户的本金和利息外，其余用于购买金银首饰、汽车等个人开支挥霍，造成何某实际损失129万元。

本院认为，被告人李×身为银行工作人员，吸收客户资金不入账，数额特别巨大、造成特别重大损失，其行为已构成吸收客户资金不入账罪。公诉机关指控的罪名成立。被告人李×被采取强制措施、多次讯问之后才如实交代侦查机关已掌握主要犯罪事实，系坦白，自愿认罪认罚，能取得部分被害人的谅解，依法可以从轻、从宽处罚。公诉机关提出的对被告人李×判处有期徒刑六年、并处罚金6万元的量刑建议适当，本院予以采纳。辩护人提出被害人复购的资金不应认定为犯罪金额、实际损失应扣除被害人已收取的利息的辩护意见，于法无据，本院不予采纳；辩护人还提出案发前已由李娜的弟弟李某代李娜向工作单位主动交代案件情况，构成自首的辩护意见，经查，根据证人钟×（农行赣县支行纪委书记）的证言，可以证实李×并未如实向所在单位交代犯罪事实，李×经民警电话传唤后的第一次讯问笔录中也未如实供述自己的罪行，而是在被采取强制措施、多次讯问之后才如实交代了侦查机关已掌握的主要犯罪事实，依法不能认定为自首，本院对该辩护意见不予采纳。据此，依照《中华人民共和国刑法》第一百八十七条第一款，第六十七条第三款，第五十二条，第五十三条，第六十四条，《中华人民共和国刑事诉讼法》第十五条之规定，判决如下：

（1）被告人李×犯吸收客户资金不入账罪，判处有期徒刑六年，并处罚金人民币60000元。

（2）继续追缴被告人李×违法所得人民币129万元，发还给被害人何×[①]。

纵观上述案件，结合本节案例，根据《刑法》的规定，探讨以下问题：

（1）吸收客户资金不入账罪与吸收客户资金不入账罪关联的挪用型犯罪如何区分？

（2）吸收客户资金后又“飞单”售卖其他理财产品是吸收客户资金不入账罪还是非法吸收公众存款罪？

（3）法院裁判认为银行违规销售理财产品，其工作人员离职前后吸收客户理财资金不入账，侵犯的客体是国家对存贷款的管理秩序和受害人的财产所有权，不构成合同诈骗罪或挪用资金罪。银行员工辞职后吸收客户理财资金在行为方式、行为特征和行为对象与之前发生的理财资金的回报及模式特点相一致，具有连续性的，应对银行员工的行为作整体评价，统一认定为吸收客户资金不入账罪，对此如何理解？

---

① 参见江西省赣州市赣县区人民法院刑事判决书（2020）赣0721刑初109号。

案例 21：

金融机构工作人员受贿的人财两空

立法背景

受贿罪，是指银行或者其他金融机构的工作人员在金融业务活动中索取他人财物或者非法收受他人财物，为他人谋取利益的，或者违反国家规定，收受各种名义的回扣、手续费，归个人所有的行为。

我国《刑法》银行或者其他金融机构的工作人员受贿的专门规定源于 1995 年全国人大常务委员会《关于惩治破坏金融秩序犯罪的决定》第 18 条规定："银行或者其他金融机构的工作人员在金融业务活动中索取、收受贿赂，或者违反国家规定收受各种名义的回扣、手续费的，分别依照全国人民代表大会常务委员会《关于惩治贪污罪贿赂罪的补充规定》和《关于惩治违反公司法的犯罪的决定》的有关规定处罚。" 1997 年《刑法》吸收修改单行刑法作出的规定，并对上述的规定作了适应性的调整，并对国家工作人员受贿罪、受贿罪的使用作了提示性规定。我国《刑法》第 184 条第 2 款规定，国有金融机构工作人员和国有金融机构委派到非国有金融机构从事公务的人员有上述行为的，也按照受贿罪定罪处罚。对银行或者其他金融机构的工作人员、国有金融机构工作人员和国有金融机构委派到非国有金融机构从事公务的人员在金融业务活动中的受贿行为单独规定为受贿罪。

案件情况

被告人桑 ×，甲资产管理股份有限公司（国有非银行金融机构，以下简称甲公司）原总裁助理、投资投行事业部总经理，乙投资管理有限公司（甲公司的全资子公司，以下简称乙公司）原总经理、董事长。

一、受贿罪

2009—2017 年，被告人桑 × 利用担任甲公司投资投行部总经理，乙公司总经理、董事长等职务上的便利，为相关公司或个人在企业融资等事项上提供帮助，收受公司、个人给予的股权、钱款共计折合人民币 1.05 亿余元。2015—2017 年，桑 × 利用职务便利，为郭 × 实际控制的泉州 × 公司借壳黑龙江 × 公司上市、获得乙公司融资支持等事项提供帮助。借壳上市成功后，黑龙江 × 公司股票更名为泉州 × 公司股票。2016 年 9 月，桑 × 安排朋友蒋 × 与郭 × 签订股权收益权代持协议，约定郭 × 低价将泉州 × 公司股票 500 万股股份收益权以上市前的价格即每股 7.26 元转让给蒋×，协议有效期至少为 1 年，按照退出日前 20 个交易日均价的 9 折计算回购股份金额，蒋×向郭×支付 3630 万元。2017 年 3 月，协议有效期尚未到期，蒋×见市场行情较好，遂与郭×签订协议，约定由郭×提前回购股权收益权，回购总价款为 6200 万元。同年 4 月至 7 月，郭×分两次将 6200 万元转账给蒋×。蒋×实际获益 2570 万元，并与桑×约定平分。

二、国有公司人员滥用职权罪

2015 年 6 月，乙公司管理的一个基金项目成立，桑×让其朋友温×的云南×公司投资 1.61 亿余元作为基金劣后级，后其中的 1.3 亿元出让给乙公司，云南×公司剩余 3132.55 万元劣后级份额。为帮助云南×公司提前转让该剩余部分份额获利，2018 年 2 月，桑×找到朱×帮助承接，同时未经乙公司经营决策委员会及董事会研究决定，违规安排乙公司向朱×实际控制的上海×公司出具函件，表示知晓上海×公司出资 1.01 亿元购买云南×公司剩余的全部劣后级份额，并承诺将来按照其出资份额而非基金份额分配股票。2018 年 3 月，上海×公司出资 1.01 亿元承接云南×公司劣后级份额后，云南×公司早于乙公司退出该基金项目，并获利 7000 余万元。因云南×公司提前退出，导致改变了劣后级合伙人分配协议等文件约定的浮动收益分配规则，使得基金份额年化收益出现差别，经会计师事务所测算，乙公司少分得投资收益 1986.99 万元。

三、利用未公开信息交易罪

2015 年 6 月至 2016 年 9 月，桑×利用职务便利，获取乙公司及该公司实际控制的×基金证券账户投资股票名称、交易时间、交易价格等未公开信息。经证监会认定，上述信息属于内幕信息以外的其他未公开信息。其间，桑×违反相关规定，利用上述未公开信息，操作其本人控制的公司和他人名下证券账户进行关联趋同交易，非法获利 441.66 万元。本案由北京市监察委员会调查终结后移送起诉。

控辩意见

检察机关针对本案利用未公开信息交易犯罪中获利数额的认定问题，听取了证券交易所等机构的意见，确定了趋同性交易股票“前五后二”的比对原则、交易金额及盈利计算方法即“先进先出法”、盈利数额的计算公式，最终以上海、深圳证券交易所提供的交易数据为依据，认定桑×非法获利共计441.66万元。

被告人和辩护人提出：桑×、蒋×和郭×之间签订的股权收益权代持融资协议属于正常商业投资，涉案基金项目并未造成公共财产损失等意见，有针对性地进行了质证和答辩。

公诉人认为，该笔系以股权收益权代持融资协议的方式受贿，不属于资本市场正常的投融资行为。一是签订股权收益权代持融资协议的背景异常。桑×安排蒋×与郭×签订协议时，郭×公司没有大额融资需求，且当时公司已经上市，股权价格正处于上涨区间，郭×将500万股股权收益权转让给他人，属于让渡具有高度确定性的预期利益，不符合常理。二是转让价格异常。双方签订协议时公司已经上市，桑×方按照公司上市前的价格计算应支付的价款，显然与正常交易价格不符。三是回购时间异常。股权收益权代持融资协议约定协议有效期至少为1年，也就是桑×方至少在1年后方能要求郭×公司回购股权收益权，但在协议签订后6个月左右，桑×方为兑现收益，即要求郭×提前回购，有违协议约定的主要条款。此外，桑×利用职务便利为郭×实际控制的公司借壳上市、获得乙公司融资支持等事项提供帮助。综上，涉案股权收益权代持融资协议具有虚假性，实为权钱交易、输送利益的手段。

判决结果

2021年8月27日，北京市第二中级人民法院作出一审判决，以桑×犯受贿罪，判处无期徒刑，剥夺政治权利终身，并处没收个人全部财产；犯利用未公开信息交易罪，判处有期徒刑3年，并处罚金人民币450万元；犯国有公司人员滥用职权罪，判处有期徒刑5年；决定执行无期徒刑，剥夺政治权利终身，并处没收个人全部财产。

一审宣判后，桑×提出上诉。北京市高级人民法院二审裁定驳回上诉，维持原判①。

理论解说

一、刑法学分析

《刑法》第184条规定了以国有金融机构工作人员和国有金融机构委派到非国有

① 参见最高检发布第四十七批指导性案例。（检例第188号）“桑×受贿、国有公司人员滥用职权、利用未公开信息交易案”。

金融机构从事公务的人员为主体的受贿罪，对于这种行为依照《刑法》第385条、第386条的规定定罪处罚。2016年最高人民法院、最高人民检察院《关于办理贪污贿赂刑事案件适用法律若干问题的解释》第1条规定，贪污或者受贿数额在3万元以上不满20万元的，应当认定为《刑法》第383条第1款规定的“数额较大”，依法判处3年以下有期徒刑或者拘役，并处罚金。

（一）罪与非罪的界定

1. 金融机构行为人主体身份的认定

受贿罪主体是银行或者其他金融机构的工作人员，其他人员不能成为该罪行为的主体。（1）金融机构包含银行、证券、保险、信托、基金等众多主体。“金融机构”与一般性工商企业的内在本质性区别在于，其从事的是以金钱权益为载体的无形“金融交易”，而不在于其监管单位、组织形式、注册地点、互联网线上或实体线下渠道、资金投向标的等外在因素。金融机构人员受贿罪中的“金融机构”的定义可在中国人民银行《金融机构编码规范》原有32类“金融机构”的基础上，吸纳私募基金管理人、中国证监会和中国银保监会批准设立的金融机构的各类子公司、第三方支付机构、消费金融公司等更多类型的机构。（2）当涉案人员为国有金融机构工作人员和国有金融机构委派到非国有金融机构从事公务的人员，需依照受贿罪的规定定罪处罚。因此，在判断金融机构工作人员主体的基础上，还要考虑金融机构是否国有，是否国有金融机构委派，是否从事公务。国有金融机构是指国家通过出资或者投资关系、协议、其他安排，能够实际支配的金融机构，包括国有独资、国有全资、国有控股、实际控制等情形。实际控制是指通过领导关系、人事任命、行使股东权利、决策重大事项等形式，能够实际支配公司行为。从以上案例可以看出，桑×为甲资产管理股份有限公司原总裁助理、投资投行事业部总经理，而乙投资管理有限公司又是甲公司的全资子公司的原总经理、董事长，可见桑×是该当受贿罪构成要件的主体要件的。

2. 该罪行为上必须有“在金融业务活动中索取他人财物或者非法收受他人财物，为他人谋取利益的，或者违反国家规定，收受各种名义的回扣、手续费，归个人所有的”的情形存在

（1）行为人在办理金融业务中有索取、收受贿赂的行为。（2）本条所称“索取”贿赂，是指行为人公开向对方索要财物，或者以各种方式提示对方行贿。“收受贿赂”，是指行为人接受对方给予的财物。“违反国家规定收受各种名义的回扣、手续费”，是指银行或者其他金融机构的工作人员违反国家规定，以收取回扣或者其他各种名义的手续费的形式变相收取贿赂的行为。（3）收受贿赂的形式。根据《关于办理

受贿刑事案件适用法律若干问题的意见》的规定，常见的收受手段有以交易形式收受贿赂；以干股的形式收受贿赂；以开办公司等合作投资名义收受贿赂；以委托请托人投资证券、期货或者其他委托理财的名义收受贿赂；以赌博形式收受贿；以特定关系人“挂名”领取薪酬；由特定关系人收受贿赂；收受贿赂物品未办理权属变更；收受财物后退还或者上交；在职时为请托人谋利，离职后收受财物。需要说明的是，受金融行业特点影响，还有一些收受手段较为隐蔽但同样被认定为受贿的情形存在。如收受银行卡更改密码但并未支取，行为人在收受财物后因对财物具有控制力，随时可支取使用，故暂存暂放并不对其主观故意产生影响，或者行为人因收取劳务报酬但未提供劳务，或领取的劳务报酬明显高于市场价格，或者虚构收费项目为他人谋取利益。从以上案例可以看出桑×的行为不仅签订股权收益权代持融资协议的背景异常，而且转让价格异常，回购时间也存在异常。因此桑×的行为该当受贿罪的客观构成要件。

3. “为他人谋取利益”的认定

为他人谋取利益包括承诺、实施和实现三个阶段的行为。只要具有其中一个阶段的行为，如金融机构工作人员收受他人财物时，根据他人提出的具体请托事项，承诺为他人谋取利益的，就具备了为他人谋取利益的要件。明知他人有具体请托事项而收受其财物的，视为承诺为他人谋取利益。从以上案例可以看出，桑×的行为清楚地表明他在为郭×谋取违法利益，因此桑×的行为符合受贿罪的该要件。

（二）此罪与彼罪

1. 受贿罪与贪污罪的区分

二者区分主要体现在客观的犯罪手段的不同。受贿罪是采取为他人谋利益的手段，非法索取、收受他人财物；贪污罪是采取侵吞、窃取、骗取等手段，非法占有自已主管、经营、经手的公共财物。在主观方面，受贿罪是为了获取他人的财物，贪污罪是为了非法占有公共财物。

2. 受贿罪（斡旋受贿）与利用影响力受贿罪的区分

其区分主要在主体的身份。斡旋受贿作为受贿的特殊类型，被转请托人用权的根源在于受贿人的职权影响，受贿人及被转请托人的身份必须均是国家工作人员。利用影响力受贿罪中被转请托人系国家工作人员，受贿人并不限于国家工作人员，可以是国家工作人员的近亲属或者其他与该国家工作人员关系密切的人，以及离职的国家工作人员或者其近亲属以及其他与其关系密切的人。当受贿人不是国家工作人员，那么他不可能成为斡旋受贿的主体，只需判断是否构成利用影响力受贿罪。

3. 受贿罪与非国家工作人员受贿罪的区分

受贿罪的主体是国家工作人员。非国家工作人员受贿罪的主体是公司、企业或者其他非国有单位或组织的工作人员。且受贿罪系利用对公共事务管理权的职权或者所形成的便利，非国家工作人员受贿罪所利用的职务便利系非公务性质。

4. 受贿罪（索贿）与敲诈勒索罪的区分

敲诈勒索是指以非法占有为目的，对被害人使用威胁或要挟的方法，强行索要公私财物的行为。犯罪主体是一般主体。索贿型受贿罪，犯罪主体是特殊主体，是指非国家工作人员利用职务上的便利，主动向他人索要或勒索并收受财物，多以国家工作人员利用职务上的便利，索取他人财物的行为与国家工作人员利用职务上的便利，非法收受他人财物，为他人谋取利益的行为。

二、犯罪学分析

金融机构工作人员受贿源于凭借审批权进行的寻租，贷款审批、基金代销等岗位成为职务犯罪高风险地带。银行、证券等金融企业在负责贷款审批、基金代销、对外投资等业务时，相关岗位具有决策权，容易成为围猎目标。资金作为稀缺资源，部分拥有审批权的工作人员通过故意提高信贷门槛、拖延审批时长、提出不合理要求等方式来寻求腐败租金。为了获得贷款，部分企业和个体会对拥有信贷审批权的银行相关工作人员进行贿赂（如额外给工作人员支付高额利息），相关工作人员可能违法发放贷款并收受贿赂。例如，在原包商银行发生的腐败案件中，原主要行领导、部分中层管理人员和客户经理等违规发放贷款，有关企业采取虚报等手段骗贷，原行领导和特定关系人搞内幕交易、关联交易进行利益输送。

金融机构工作人员的受贿侵害金融管理秩序，产生金融风险。微观上，腐败行为案发后，如牵涉信贷或投资业务，金融机构的债权或股权可能受到直接损失。宏观上，潜在金融腐败不仅诱发了金融风险，还加重了风险症候。金融腐败对信用体系的侵蚀是分层扩散的，从单体机构资产劣变开始，进而影响金融信用，直至影响国家金融安全。（1）潜在的金融腐败为资金使用人提供了大量低成本资金，使资金使用人更易出现违约行为，表现为已发生的涉腐案件相关金融资产质量劣变，难以清收而造成直接损失。（2）金融腐败案件暴露影响公众情绪，将风险扩散至同区域内或同类别金融机构，甚至对整个金融体系形成冲击。非金融企业部门或其他部门的微观主体，通过腐败行为获得资金，可能对真正的资金需求者形成挤出效应。（3）国家信用是金融信用的基础，金融领域的腐败对信用的影响可能间接侵蚀国家信用。

金融机构工作人员受贿近年来表现出隐蔽性增强、专业性提升、涉及面变广、潜伏期延长等新动向新趋势。（1）在金融领域高压反腐的态势下，腐败分子的腐败行为变得更加隐蔽。相关腐败行为通常经过周密的预谋，往往只有发生腐败的双方当事人知晓，且有的金融腐败还依靠高科技手段和现代金融工具来进行，这也增加了腐败的隐蔽性。（2）随着我国金融行业的快速发展，对从业人员的资历和专业知识的要求越来越高。作为资源富集的行业，金融行业中能够升任到中层及以上职位的管理人员通常专业化水平较高。这些人恰恰掌握着一定的权力，也容易成为金融腐败的高风险人群。包括一些银行行长、副行长在内的部分管理人员，尤其是高管干部，其腐败的专业化程度较高、证据链条较长、手段较为新颖灵活，被发现的难度较大。如，在以货币周转为主的业务经营过程中发生的金融腐败案件，有的单笔业务就要经过多个金融部门和多个专业岗位，复杂程度空前提高，所需具备的知识也相当专业。又如有的腐败分子故意针对跨市场、跨行业、跨系统交易设置多套编码规则，增加了追溯和验证的难度。（3）涉及面变广。随着市场经济的快速发展以及金融业务和领域的不断拓展，金融腐败不仅时常出现多名管理人员共同联手作案等“团伙式腐败”，而且涉及领域已经从银行系统内部扩展到更为广泛的社会领域，牵扯到更为复杂的社会关系。从金融行业的特殊性来看，该行业作为经营货币的特殊行业，直接掌握着大量货币资产。该领域触及的社会关系较为广泛，与其他机构、个体等的业务关系较为密切。在广泛的社会关系和业务关系驱动下，金融腐败的涉及面变得更加广泛。

金融机构工作人员受贿的成因较为复杂，在很大程度上是多种因素综合作用的结果。金融腐败的发生既由腐败的高收益诱导所致，又与金融机构内控机制不完善有关，还与金融领域相关法律法规不健全、协同监督不到位等外部因素有关。但是主要有内外两种因素。外部因素主要有：（1）对从业人员的全周期考察缺失。金融领域因为与金钱有密切的接触，所以对从业人员的道德素质、法治观念、业务能力等综合素质有较高的要求。（2）内控机制不完善。金融腐败产生的最常见原因是内控机制存在缺陷。有的金融机构建立健全内控机制的意识较为欠缺，没有真正认识到内控作为一种机制，应贯穿决策、执行和监督的全过程。还有的金融机构虽有内控机制，但运用不充分、执行不严格，导致内控机制难以切实发挥作用。更深层次的原因是金融从业人员政治贪婪心理所导致。（2）蒙混过关的侥幸心理。（3）深感吃亏的补偿心理。（4）贪图享乐的虚荣心理。（5）孤注一掷的赌徒心理。

风险警示

金融领域腐败隐蔽性强、潜伏期长、波及面广，常披着市场化、专业化外衣，是新型腐败和隐性腐败的集中地、多发区。银行及其他金融机构受贿犯罪高发，也凸显了在金融行业职务犯罪的风险的增高。根据中央纪委国家监委网站做不完全统计，2024 年以来接受“党纪政务处分”的金融干部至少有 32 人。其中，“中管干部”3 人，“中央一级党和国家机关、国企和金融单位干部”29 人，涉及银行、保险、监管系统等细分领域。如，2021 年 1 月 21 日，天津市高级人民法院对中国华融资产管理股份有限公司原党委书记、董事长赖小民受贿、贪污、重婚案二审公开宣判，裁定驳回上诉，维持原判。2021 年 1 月 29 日上午，经最高人民法院核准，天津市第二中级人民法院依照法定程序对赖小民执行了死刑。再如，中国人民银行原党委委员、副行长范一飞利用担任原中国人民建设银行信托投资公司计财部经理、总经理助理、资金计划部副主任，中国建设银行资金计划部副主任、财务会计部总经理、计划财务部总经理、行长助理、党委委员、副行长，中国投资有限责任公司党委委员、副总经理兼上海银行董事长，中国人民银行党委委员、副行长等职务上的便利以及职权、地位形成的便利条件，为相关单位和个人在贷款融资、业务承揽、工作调动等事项上提供帮助，直接或者通过他人非法收受财物共计折合人民币 3.86 亿余元。对其以受贿罪判处死刑，缓期二年执行，剥夺政治权利终身，并处没收个人全部财产，在其死刑缓期执行二年期满依法减为无期徒刑后，终身监禁，不得减刑、假释；对其受贿所得财物及孳息依法予以追缴，上缴国库。上述的教训是深刻的，因犯罪付出生命代价也是沉重的。

金融机构应当根据自身的性质和专业特点，从预防金融腐败出发，加强内部管理、强化金融监督、完善业务制度建设，建立健全内部防范机制，严格授权和转授权，比如交易操作人员和交易决策人员相分离，针对不同性质、规模、业务范围的金融机构制定不同的合规管理体系。从防范风险出发，建立集识别、评估、监测、控制、处置为一体的全方位防控体系。为了应对这些风险，银行及金融机构应当在以下几个方面工作。（1）防范在贷款审查、审批、发放、支付等事项中索取或非法收受他人财物。（2）防范在员工入职、职务升迁、选拔任用等事项中索取或非法收受他人财物。（3）防范在招标、采购等事项中索取或非法收受他人财物。（4）防范在基建、装修等事项中索取或非法收受他人财物。（5）防范在账户开立、资金存取、票据业务、银行函证等事项中索取或非法收受他人财物。（6）防范在代理业务中违反国家规定，收受各种名义的回扣、手续费。

问题思考

1997—2022 年，被告人田惠宇利用担任中国信达信托投资公司副总裁，上海银行股份有限公司党委委员、副行长，中国建设银行股份有限公司上海市分行党委副书记、副行长，中国建设银行股份有限公司深圳市分行党委书记、行长，中国建设银行股份有限公司北京市分行党委书记、行长，招商银行股份有限公司党委书记、行长等职务上的便利以及职权、地位形成的便利条件，为有关单位和个人在贷款审批、业务承揽、工作调动等事项上提供帮助，非法收受财物折合人民币共计 2.1 亿余元。田惠宇在担任招商银行股份有限公司党委书记、行长期间，为徇个人私利，违反规定，滥用职权，干预招商银行股份有限公司附属机构正常经营决策活动，致使国家利益遭受特别重大损失。田惠宇利用因职务便利获取的内幕信息以外的其他未公开信息，违反规定，从事与上述信息相关的证券交易活动，非法获利 2.9 亿余元。田惠宇身为证券内幕信息知情人员，在相关信息尚未公开前，买入该证券，或者泄露相关信息，明示、暗示他人从事上述交易活动，非法获利 807 万余元。

2024 年 2 月 5 日，湖南省常德市中级人民法院一审公开宣判招商银行股份有限公司原党委书记、行长田惠宇受贿、国有公司人员滥用职权、利用未公开信息交易、内幕交易、泄露内幕信息一案，对被告人田惠宇以受贿罪判处死刑，缓期二年执行，剥夺政治权利终身，并处没收个人全部财产；以国有公司人员滥用职权罪判处有期徒刑五年；以利用未公开信息交易罪判处有期徒刑七年，并处罚金人民币三亿元；以内幕交易、泄露内幕信息罪判处有期徒刑三年，并处罚金人民币八百五十万元，决定执行死刑，缓期二年执行，剥夺政治权利终身，并处没收个人全部财产；对田惠宇犯罪所得及孳息依法予以追缴，上缴国库①。

金融机构工作人员尤其是领导层利用金融资源权力大搞幕后交易、侵吞国有资产的腐败分子，依法打击各类新型、隐蔽金融领域腐败犯罪，坚决惩治官商勾连、靠贷吃贷、滥用职权造成国有资产重大损失的腐败行为，均存在受贿罪。纵观上述案件，结合本节案例，根据《刑法》的规定，探讨以下问题：

（1）资本领域腐败涉及权力寻租、收受贿赂、内幕交易等多方面问题，一般可被

---

① 参见魏哲哲：《招商银行原党委书记、行长田惠宇一审被判处死缓》，最高人民检察院网，https：//www.spp.gov.cn/spp/zdgz/202402/t20240205_642937.shtml。访问时间：2024 年 11 月 3 日。

分为资金交易腐败和监管腐败两大基本类型。资金交易腐败和监管腐败均是用“权”换“利”的行为，金融领域的受贿属于资金交易腐败和监管腐败？

（2）金融领域涉案人员职级高、腐败时间久、系列案件多、信贷基建领域多发、兼有年轻化趋势、风腐一体严重、新型隐性腐败突出，如何控制此类犯罪？

（3）金融领域内外勾结型犯罪没有办法区分主从犯怎么办？

编后说明

本书作为专业学位研究生的案例教程是《金融证券犯罪案例精选（第1辑）》（2015年版）的续编，主要选编了2015年至2024年富有争议的金融证券犯罪经典案例。对于这些案例，本书既真实完整地予以呈现案例原貌，也从犯罪学、刑法学以及公诉、辩护和裁判的实践维度作出理论分析，为法学、经济学、金融学、管理学等交叉学科的专业学位研究生课程的案例演习提供了揆诸现实、深刻讨论、多维辩论和深入思考的案例资料，作为案例研习教材具有较强的实用价值和现实意义。本教材的编写参阅金融证券犯罪的内部资料，选编了富有争议的典型性公开案例，并经教学过程验证，属于可供资用且富有讨论价值的案例教材。本书除主编郭华（中央财经大学法学院教授、博士生导师、博士后合作导师，法学博士）参加编写外，参与讨论和撰写人员主要包括：中央财经大学金融学博士后研究人员郭栋磊（中国政法大学刑法学博士）、种君（意大利都灵大学法学博士），北京市朝阳区人民法院刑事审判庭孙文（法律硕士）、北京市海淀区人民法院万浩盛（法律硕士），中央财经大学法学博士研究生朱泽宇、王军，硕士研究生王逸飞、程晨、卜泓方、刘瀛子、王鑫洋等。在编写过程中，朱泽宇、王军和郭栋磊参与了部分审稿工作。本教材编写过程中得到了中央财经大学研究生院培养办刘明旭主任的大力支持，在此衷心感谢！

郭　华

2025年5月2日